Wally

The Extraordinary Story of A Female Aviation Pioneer

Funk's

竞逐太空

女性航天先驱沃利·芬克的非凡故事

[英]苏·尼尔森 著　　姜洁 译

Race

Sue Nelson

for

Space

文化发展出版社
Cultural Development Press
·北京·

WALLY FUNK'S RACE FOR SPACE: THE EXTRAORDINARY STORY OF A FEMALE AVIATION PIONEER Copyright © 2018 by Sue Nelson. This edition arranged with The Science Factory and Louisa Pritchard Associates through BIG APPLE AGENCY, LABUAN, MALAYSIA.
Simplified Chinese Copyright©2023by Cultural Development Press Co., Ltd. All Rights Reserved.

图书在版编目（CIP）数据

竞逐太空：女性航天先驱沃利·芬克的非凡故事 /（英）苏·尼尔森著；姜洁译．— 北京：文化发展出版社，2023.9
ISBN 978-7-5142-3931-7

Ⅰ．①竞… Ⅱ．①苏… ②姜… Ⅲ．①沃利·芬克－事迹 Ⅳ．① K837.126.16

中国版本图书馆 CIP 数据核字 (2023) 第 052629 号

著作权合同登记号：01-2023-1344

竞逐太空：女性航天先驱沃利·芬克的非凡故事

著　者：[英]苏·尼尔森
译　者：姜　洁

出版人：宋　娜
策划编辑：冯语嫣　　　　责任编辑：冯语嫣
责任校对：岳智勇　　　　封面设计：梁依宁
责任印制：杨　骏
出版发行：文化发展出版社（北京市翠微路 2 号 邮编：100036）
发行电话：010-88275993　010-88275711
网　　址：www.wenhuafazhan.com
经　　销：全国新华书店
印　　刷：天津嘉恒印务有限公司

开　本：880mm×1230mm　1/32
字　数：192 千字
印　张：10
版　次：2023 年 9 月第 1 版
印　次：2023 年 9 月第 1 次印刷

定　价：95.00 元
ISBN：978-7-5142-3931-7

◆ 如有印装质量问题，请与我社印制部联系　电话：010-88275710

致沃利和所有壮志凌云的女人

前言　准备发射

一辆福特小货车以车速60英里[①]每小时的速度行驶在达拉斯一条高速公路上，底盘摇晃着，发出一阵咔嗒的响声。毫无疑问，车窗上贴的那些充满年代感的太空主题贴纸也一路掉了不少。我坐在副驾，手死死抓着座位，准备好随时可能送命。在那次无法避免的事故后，我突然想到，至少一块很有个性的车牌可以让我们易于辨认。车牌上写着："WF——一个女人的座位应该在驾驶舱里"。

WF是司机名字的首字母：一位78岁的飞行员，名叫沃利·芬克。确切地说，她叫玛丽·华莱士·芬克，但她不喜欢被叫作玛丽或华莱士。其实名字已经无所谓了，因为她很明显更适合开飞机而不是开汽车，因为她两只手都没放在方向盘上。

---

① 1英里约合1.6千米。

她把右手伸向后座，摸索着找东西。小货车令人担心地飘向了另一条车道。遮阳板上夹着的一张纸片吸引了我的注意力。看起来那是一张用药单，唯一可以看清的字写着"不要心肺复苏"。我发出声音的时候，一半是在大吼一半是在尖叫。

"双手扶住方向盘啊！"

沃利调皮地冲我笑笑，一边假装天真地说："什么？你从来没有用膝盖开过车吗？"

这就是沃利·芬克。她天生配得上各种形容词：天生有力的、无法阻挡的，有时候，她还被称为寻死的女人。过去几年以来，她（非自觉地）几次想要"害死"我。沃利听到可能会很惊讶——其实我有时候也想"杀了"她。可是无论如何，我们成了朋友。

我们初次相见是在1997年，我当时在做一档BBC广播纪录片，名为《不甘雌伏——美国太空计划中的首批女性太空英雄》（*Right Stuff Wrong Sex*）。前一年，我在美国的某张报纸上读到过水星13号这个名字。那个时候的我，就像如今的很多人一样，并不知道这个计划。水星13号计划包括13位了不起的女性飞行员，她们在1960年至1961年间通过了和水星7号计划中美国首批航天员一样的生理和心理测试。这些计划都属于威廉·伦道夫·"兰迪"·洛夫莱斯二世（Dr William Randolph "Randy" Lovelace II）私人赞助的项目。

沃利·芬克正是那13位精英女性之一。洛夫莱斯的赞助在几天的时间内就被叫停了,详情后文会作解释,总之这13位女性中没有一位得以登上太空。

作为一名女权主义者和太空迷,我简直无法相信这样一段不寻常的历史差点儿与我失之交臂。我因此下定决心要把这个故事带给英国观众。纪录片的名字直接采纳了汤姆·沃尔夫(Tom Wolfe)的小说《太空英雄》(*The Right Stuff*),原书讲述的是美国首批(男性)航天员的诞生和他们征服太空的壮举。1997年4月,这部纪录片在英国的BBC4套播出,后来删减版在美国的全国公共广播电台播出。

20世纪60年代,水星13号的成就是各大报纸争相报道的话题,但随着时间的流逝,这13位女性也慢慢变得不为人所知。她们的故事有如沙滩上的纹路,从人们的话题和认知中慢慢褪去,仿佛所有有关她们的成就的记忆都被抹去了。我经常会做讲座,谈从事太空事业的女性,每次我都想,"现在人们肯定知道水星13号了",然而满满一屋子的人却往往集体一脸茫然地看着我。这深刻地提醒了我,重塑公众对这些女性先驱的认知任重而道远。

拍摄1997年的纪录片的目的是唤醒人们对这13位女性的历史的记忆。我在《卫报》上也写过有关水星13号的文章,紧接着的几个月里,《嘉人》和其他一些媒体也跟进报道了她们的故事。很多年后,我遇到过一个人,她曾经参与在位于莱斯特的英国国家太空中心组织纪念水星13号的展览。我对这个活动表示赞赏,当问起展览的缘起,她说:"我在4套上听过一个节目。"

我和沃利在采访过后一直保持着联系，其间有过一段时间失联，后来又通过电话找到彼此，在我们初次见面几乎20年后，我们终于再相见。这时候的沃利已经不再仅仅是一个工作上的采访对象，而是慢慢变得更像是我的朋友了。这本书中回顾了我们1997年的相见，但主要聚焦在2016年和2017年间，我和沃利一起乘飞机、坐火车、自驾穿越美国和欧洲的经历。

大部分参与了水星13号的女性飞行员都去世了，但沃利不只是活着，而且真正活出了生命的精彩。许多事情不只是发生在沃利的生活中，而正是沃利让它们出现，让它们成真。沃利的过去经历让我们得以一窥她的决心和毅力，这更是这段特殊的历史中真正的主旨，因为沃利就是这段历史本身。只用1961年她在洛夫莱斯的测试中熬过的五天是不能给沃利下定义的，甚至整段水星13号的经历都不足以为之，这会让人忽略掉她在航空事业中所取得的非凡成就，也会让人忽视她毕生追求冒险的精神。沃利从来没有放弃过她的航天梦，直到今天，她仍决心有朝一日登上太空。

你也许也看得出，沃利是一个令人敬畏的女人。她是那种从小就会射击、打猎、钓鱼的狠角色，那种觉得穿裤子靴子比穿短裙和高跟鞋更舒服的女人，那种可以用左膝控制驾驶一辆福特小货车的女人。若非时运不济，沃利本可以是那种"首位登月"的女人。她在过去的50多年里一直在努力成为一名航天员登上太空，随着商业太空旅行的诞生，如今，她距离自己梦想成真的那一刻前所未有的近。我对这样的渴望感同身受。

1974年，我还是一个英国的普通女学生，我给美国国家航空航天局（后称NASA）写了一封信，问询如何才能成为一名航天员。彼时年少无知的我并不知道，成为NASA航天员的第一步是加入美国籍。其实即便我知道这一点，结果也并不会有分别。瓦莲京娜·捷列什科娃（Valentina Tereshkova）在1963年成为全世界首位进入太空的女性，然而NASA却直到1978年才允许女性加入航天项目。在我这次稚嫩又微不足道的尝试中，就像沃利一样，我亦是生不逢时。

此后，作为一名记者，我经由他人的视角也算在太空中留下了自己的足迹。我在做BBC科技记者的时候给电视和广播媒体报道过航天任务；我在做BBC广播的时候也做过相关主题的纪录片，给欧洲航天局做过航天任务的短片，也为博芬传媒太空频道（Space Boffins）的播客采访过航天员和太空科学家。

2017年12月，我还亲自体验了零重力的环境，我乘坐新空间公司（Novespace）的Zero G飞机体验了一套31次的抛物线飞行，这款飞机也被欧洲航天局用于微重力环境下的科学实验和航天员训练。当然，沃利在这一点上也早就一马当先。她第一次像航天员一样飘浮在失重环境下是早在2000年，当时她还拍照留念，照片上的她头朝下在机舱内，双臂展开，大笑着。那一年，她61岁。

2007年，就在水星13号计划50年后，美国国会通过了421号决议，"表彰水星13号计划中取得开拓性成就的女性成员，她们在20世纪60年代初期所做出的不懈努力，展示了美国女性在人类探索太空进程中的巨大才能"。这一表彰在国会记录（6月6日，153卷，90号）中可查，旨在"鼓励年轻女性向这些女性学习，追随她们的步伐，在航空和航天，以及工程和科学方面不断精进"。然而对于一些人来说，仅仅是赞赏和肯定是不够的，还有些未完成的事需要解决。

2019年[①]，阿波罗登月50周年，沃利也要80岁了。她终于有望登上维珍银河的航天飞船，完成首批商业太空旅行。可以想见她有多么期待太空旅行时代的到来，那一刻，对于沃利来说，一切终于回到起点。我们希望她不会等太久，她已经苦苦等了一辈子——留给她的时间也不多了。

---

① 本书于2018年成书，当时作者尚未可知沃利后来的机遇。——编者注

目录

- 001　第一章　久闻大名，葡萄藤市得见
- 052　第二章　休斯敦，我们有麻烦了
- 091　第三章　卡纳维拉尔角
- 127　第四章　候选人名单
- 165　第五章　美国人在巴黎
- 201　第六章　美国太空港
- 237　第七章　一个包罗万象的储藏室
- 278　参考文献与拓展阅读
- 282　致谢
- 285　后记（2019年3月）
- 290　后记　沃利·芬克飞上了太空！（2022年11月）

第一章　久闻大名，葡萄藤市得见

2016年5月。这是一次不一般的欢迎仪式，服装也很特别。沃利·芬克张着臂膀，咧着嘴，她穿着一件矢车菊蓝的飞行服，衣服上贴着不同的NASA任务臂章，左肩上还绣着一面美国国旗，看起来一半像飞行员一半像歇班的航天员。其实严格说这和她本人从事的工作很接近，她曾是一名飞行员也是一名预备航天员。如今的事业承载了她多年的抱负。

她的头发和我印象中的一模一样：像我一样的短发，但白到刺眼。和大多数美国人一样，她看起来比我有更多的牙，而且还又白又整齐。时间并没有改变她的体态，她还是又高又瘦。沃利和年轻人一样，充满活力，身手矫健。如今她已经77岁了，这是我们19年来第一次再次面对面，我们两人中，似乎只有我变老了。

"嘿，苏！"她高声叫道，声音引得前台众人纷纷侧目。"我以为我会给你个惊喜。你飞过来一路怎么样？天气还好吗？英格兰冷不冷？我听说你还等错了地方。你会去我家吗？葡萄藤市离这里不远。你把行李放到房间就来我家吧。你可以看看奶牛。"

我被这一连串问题问蒙了，脑袋里像刚引爆了炸药，嗡嗡作响。她刚刚是说奶牛吗？

我一时间无法思考。我上飞机的时候英国还是料峭春风，没想到下飞机后得克萨斯这里已经热浪袭人。在一场漫长的跨大西洋的飞行后，我又在毫无遮挡的烈日下等了一个多小时汽车旅店的摆渡车，后来才发现我在达拉斯–沃思堡国际机场航站楼等车的出口是对的，但等错了楼层。我专门把到达的这一晚空出来，原计划洗个澡，早早休息倒倒时差，然后再去见沃利——第二天早上她就会开始主持我的BBC广播纪录片。

沃利随手拦住一个陌生人，递过去她的数码相机，让对方给我们拍照。那个相机看上去像是20世纪90年代的。我后来看了照片，兴奋的沃利高高举起她的右臂，而我看上去一脸茫然。

"抱歉，这一趟飞的时间挺长，所以我本来想早点儿休息的。"

沃利瞪大了双眼，眼里都是失望。"哦……"她说，听上去很伤心。

我把行李放到了酒店房间。回到前台的时候，沃利已经换掉了她的飞行服，她现在穿着一条长裤、一件蓝色T恤，上面的图案是一架正在发射的航天飞机（space shuttle），火箭助推器喷着火，背后是一轮月亮。外罩一件同样蓝色的缎面飞行夹克，背后印着一架发射台上的航

第一章 久闻大名，葡萄藤市得见

天飞机，下面有一行字："肯尼迪航天中心。"在那旁边还绣着："STS-93，哥伦比亚号，艾琳·M.柯林斯，第一位航天飞机女机长。"

沃利的小货车在外面的停车场里，我想它很多年之前看起来一定还不错。不过现在它看起来就像史酷比里的神秘货车：破破烂烂，但随时准备好了继续冒险。窗户上的贴纸写着"空军学院""NASA"，还有"我们天上有朋友"。她拍拍引擎盖，说："这车可给我长脸了，里程已经有十多万英里了。"

她要倒车的时候，我发现她没有系安全带。我向她指出来，她却嗤之以鼻："我不喜欢系。"

车子刚刚在她小房子的车库里一停稳，沃利就直奔后院去了。我跟着她，发现她的房子后面是一大片地。一群牛听见了她回家的声音，满是期待地走到铁丝网前，迎接栅栏这面带着一大包饲料开始喂食的沃利。

"你要不要拍个我喂牛的照片？电视台都喜欢这么拍。来，来拍我喂牛。它们都走到栅栏这里了。你要不要喂牛？你可以直接用手拿着喂给它们。"

她看起来有点儿疯疯癫癫的，也许是因为我的大脑正在停转，我努力保持着清醒。

"不了吧，谢了。"

"你确定不要？他们一般都想拍我喂牛，我估计画面看起来还不错。"

"我没有摄像机，我是做广播纪录片的。"

"噢。"

一阵短暂的令人困惑的沉默，仿佛沃利在试图处理一场巨大的误会。"你确定不要拍个照？"

我投降了。我用我的苹果手机随便咔嚓了几张照片。沃利满意了，才让我进屋。房间里，几乎每个角落，横七竖八到处是航空航天相关的物件。壁炉架上方钉着一个螺旋桨。墙上挂着另一件航天飞机主题的缎面夹克。我还看到了一个木制的航天飞机。到处都是成堆的书和相框里的航天员照片，还有数百张没装裱的照片和高度易燃的剪报一起，令人不安地铺在烤箱的烤盘上。

"你做饭的时候还是要小心一点儿，不然我们得报警了。"

"哈！"沃利叫出声，"你打开看看。"

烤架上全是锅碗瓢盆。

"你再看看洗碗机里。"

我打开了洗碗机，里面全是洗涤用品。

"你看，完全没问题的，亲爱的，"她愉快地说道，"我根本不做饭。"

"没问题，我做饭，但是不负责收拾。"

"那正好，咱俩搭配，干活不累。"

第一章 久闻大名，葡萄藤市得见

我在她的客厅里转了转，然后发现了一个不同之处："你怎么有两个电视？"

"因为这个是看普通电视的，那个专门是看NASA的，那台电视从来不关。我想要实时跟进NASA的一切，那些发射啊登陆啊什么的。我就是在这台电视上看到了女孩子们上太空的消息。"

这个琳琅满目的客厅让我一时间不知道看哪里才好，直到玻璃柜里一套小小的玻璃杯和玻璃醒酒器吸引了我的注意，它们看起来和这个房间如此的不协调。"这是伊丽莎白王后（伊丽莎白二世之母）的。"

"什么？"

"我之前有一辆王后的劳斯莱斯，"她说，仿佛只是在说一件平平无奇的事，"这套玻璃酒器是车里的。我卖车的时候留下了它们。走廊里有车的照片。"

当然了，那是一张裱着相框的黑白照片，拍摄于20世纪70年代，照片上的沃利和一个男人在一起，两人都穿着入时，站在一辆1951年产的劳斯莱斯古董车旁边，她穿着一条白色长礼服裙。"那是我妈妈的婚纱。"她说。

那个男人的名字叫迈克，在IBM工作，那时候的他们已经在一起18个月了。"你们结婚了吗？"

"没有，"沃利立刻答道，"我和我的飞机结婚了。"

她现在坐到了一张桌子旁，在一堆打开了的信封里翻找着："人们总是给我写信或者寄照片,让我给他们签名。我已经不再签了,因为有人已经挂到eBay上卖钱去了,卖200美元呢!"

她终于找到了她要给我看的东西。"我通常不会把所有东西拿出来,但我这次可都拿出来了,这样你能好好看看。"那是一套位于俄亥俄州克利夫兰市的国际妇女航空航天博物馆出售的扑克牌。她把扑克牌捻开成扇形,然后拿出其中一张。沃利是方片七。我身旁的这个女人,被永远地纪念在一张扑克牌上,牌面上的她穿着一件海军飞行员夹克,一脸梦幻地望着天上,最上面是一行字:"美国联邦航空管理局首位女性检查员。"

我还在试图消化这一切,沃利从另一张桌子上拿过来一枚纪念章,桌上还有至少30多枚类似的纪念章,此外还有很多领章、徽章和太空任务的臂章。她给我看的这一枚来自一次她在部队做的演讲。

"你每去到一个军事基地,他们就会和你握手,手里还握着一枚纪念章,"她说,"是给你的纪念章。这一枚是我所有的里面最大的。这我得感谢指挥官。我没有他的名片,不知道他的名字,但他给了我这块漂亮的纪念章。我后来坐上豪华轿车,给司机看我的纪念章,他问我:'你不知道你刚见了谁吗?'我说:'不,我不知道。'然后他说:'就是那个人杀了本·拉登。'"

欢迎来到沃利的世界——精彩纷呈,偶尔让人目眩,而且往往充满惊喜。

第一章 久闻大名，葡萄藤市得见

"你是不是要拍我说这些，亲爱的？"

"我做的是广播纪录片，沃利。"

虽然我的原计划是离开机场后就可以睡觉，但我背包里确实带着便携录音设备。于是她在客厅里边走边介绍那些代表了她人生经历的各类物品。她一边介绍，我一边录音。

"看见这个徽章没？"

这个充满了回忆的小东西和一张照片一起被装裱进一个相框里。照片我一眼就看出来了，拍摄时间1995年，人物是七名水星13号计划的成员，包括沃利。她穿着一件NASA的毛衣，站在卡纳维拉尔角空军基地的发射塔前，纪念航天飞机的发射。沃利站在吉娜·诺拉·施特伦博夫·杰森（Gene Nora Stumbough Jessen）和杰里·科布（Jerrie Cobb）中间，旁边是杰里·斯隆·特鲁希尔（Jerrie Sloan Truhill）、莎拉·戈雷利克·拉特利（Sarah Gorelick Ratley）、默特尔·卡洛（Myrtle Cagle）和伯尼斯·斯蒂德曼（Bernice Steadman）。她们都是航天员艾琳·柯林斯（Eileen Collins）邀请来的特殊客人。

柯林斯也关注到水星13号这段历史，1995年2月3日，她专门邀请了这些仍健在的当年通过了洛夫莱斯"太空妇女"项目的女性飞行员，来观看她作为首个航天飞机女机长的历史性发射。这一事件让人们的目光再次投向了"水星13号"计划，这些女性的故事再一次走进美国各大媒体。2月3日《亚利桑那共和报》头版标题写道：《34年后，致敬太空巾帼英雄》，稿件内容来自美联社。

"性别壁垒被打破了。"拉特利说道。

"终于！"特鲁希尔说。

那期报纸还刊登了一张沃利的照片，她正和杰森以及拉特利庆祝迟到的生日，照片上的沃利正在给一个巨大的航天飞机主题的生日蛋糕点细长的蜡烛。两天前，她刚刚过了56岁生日。这次发射对她来说一定是一份又幸福又有些许心酸的礼物。

沃利家客厅里的这张照片旁放着一枚小小的胸针，和照片一道躺在相框里。

"这是我的99s徽章，就是国际女飞行员组织，"她介绍道，"这是我的一部分，这部分的我上过太空，"她无不向往地说，"因为艾琳戴着它去过太空。"

艾琳·柯林斯的飞船发射两年后，沃利和我第一次见面。那是1997年的3月，我当时正在为我的BBC广播纪录片《不甘雌伏》录制采访内容。那时候计算机和电子邮件还不普及，所以我都是通过最古老的方式联系采访对象：邮件、电话还有联系人的关系，尽我所能地联系上水星13号计划中的女性和其他采访对象。那时候已经有几位女性成员去世了。杰里·科布是她们当中第一个通过测试的，当时正在亚马孙为教会开飞机。幸运的是，我能找到的其他四位女性成员全部答应接受

第一章 久闻大名，葡萄藤市得见

采访：杰拉尔丁·"杰里"·特鲁希尔（本姓斯隆）（Geraldine "Jerri" Truhill），莎拉·拉特利（本姓戈雷里克）（Sarah Ratley），艾琳·勒沃顿（Irene Leverton），还有大名鼎鼎的沃利·芬克。

艾琳·勒沃顿是美国首位女性农用飞机飞行员，也是一位颇具实力的竞技飞行员，她是水星13号计划中年纪最大的。1997年，她已经70岁了，具有长达53年的飞行经历，并在当地机场担任航空资源管理顾问，她小时候经常和家人一起看飞行表演，和沃利一样，也会做飞机模型。勒沃顿9岁的时候就已经在到处和人说自己长大要做飞行员。

1961年，当邀请测试的电话找到她时，勒沃顿正在洛杉矶为一家公司开飞机，公司并不愿意给她准假一周。"我老板的意思是，如果我这趟去了，他就开除我。"然而勒沃顿还是去参加了测试，也的确因此失去了工作。她签了所有的文件，去了洛夫莱斯的诊所。作为NASA水星计划的生命科学委员会主席，洛夫莱斯参与设计了美国首批航天员选拔机制。体能测试是严酷的，为了帮他们为未知的太空环境做好准备，候选人被要求通过一系列极端测试。参加选拔的男性都是飞行员，女性测试者们也一样，后来这些男人们被全世界记住了，他们成了"水星七杰"。

"我那时候要不就是太天真，要不就是太聪明了，"她说，"我也说不清到底是哪种情况。我还记得一些事，一个是往耳朵里喷冰水，那是为了测试我们从眩晕状态下恢复的能力。他们给我计时，我就一直盯着这个刺眼的光，眼睛快速地来回看，等他们停下来，你的眼睛就又能聚焦了，那种眩晕感就消失了。但是真的很难受。"

勒沃顿很清楚，洛夫莱斯的测试是想要看看女性是否也能达到水星7号男性航天员的标准。"我觉得这是另一个需要被打破的障碍，那时候太空中还没有女航天员，"她说，"我非常骄傲，我就是觉得我的身体素质——那时候还是很好的——可以向他们证明，女人在太空中也有一席之地。如果我们当中有人可以上天，那就足够了。"

她坦陈，当第二阶段被叫停时，她感到"些许恼火"。"我当时想，还有什么新鲜把戏吗？哦原来如此，一定是有些女孩子在测试中表现得太好了。我一直觉得自己无所不能。这一切就像是你打开门，太阳就照进来，你关上门，屋里就一片黑暗，然后一切都结束了。当然，这是一个错失的机会，但那时候全国还是极端保守主义，能做到这一步已经很棒了。感谢上帝，多亏有洛夫莱斯和科克伦的支持。"她最后这句说的是杰奎琳·科克伦（Jackie Cochran），正是她的资金支持才让整个计划得以推进。

巧合的是，特鲁希尔、拉特利和沃利那时正要在同一时间赶赴同一地点——达拉斯-沃思堡国际机场的凯悦酒店参加一场妇女与航天主题大会。作为得克萨斯州人，特鲁希尔正在自己的主场上，我们听从了她的建议，在她家附近完成了她和拉特利的采访录制。当天晚上，沃利在另一个地方接受了采访。勒沃顿的采访需要我专门飞赴亚利桑那，我在BBC的项目预算有限，还好我一路上还给其他几家英国报纸做自由撰稿

第一章　久闻大名，葡萄藤市得见

人，用稿费弥补了预算的不足。

水星13号计划的成员出席柯林斯的发射现场引起了不小的轰动，然而对于20世纪90年代后期的大众来说，这个计划仍遥远而陌生。对于她们本人来说，采访也是一次少有的体验。这些女人在谈话中思路清晰，回答干练，同时无比真诚又充满了热情。她们为自己的雄心壮志和成功的飞行事业感到自豪，对于那些未能成真的承诺，她们表现出了理解，但对于这其中的不公正对待也愤愤不平，特鲁希尔在说到这些的时候还流下了眼泪，我立刻喜欢上了她。她充满活力而直言不讳，像所有这些女人一样，本已经准备好为国家的事业奉献自己，本以为自己可以成为一名航天员。

杰拉尔丁·"杰里"·特鲁希尔给我展示了一封医学博士威廉·伦道夫·洛夫莱斯二世的打印签字的信，落款是位于阿尔伯克基的洛夫莱斯医学基金会，时间是1960年9月14日。"我们获悉，您可能有兴趣志愿参加女航天员候选人的初步测试，"信中写道，"这些测试流程大约需要一周时间，并且将出于完全自愿的情况下进行。除非本人同意，该计划不会强制候选人跟进'太空妇女'项目。"

通知到特鲁希尔的时候，她正参与多个官方保密项目。她开着B25和B26双发轰炸机测试首个制导炸弹和一套军用红外系统。当科布亲自给她打电话问她是否可以抽时间参与一个绝密项目的时候，她只回复了一个字："好。"然而当她收到洛夫莱斯的信，发现里面提及的是航天员训练计划，还是大吃了一惊。"我完全愣住了。我吓了一跳，因为我们进展得并不顺利，很多火箭在发射塔上就炸了。至于把人送上天，我感觉还是许多年后的事。但我想，如果他们可以发射成功，那我愿意一试，不管那是什么。我当时还有点儿期待能开到X15那样的飞机，因为女人压根不允许开战斗机。B25和B26是很重要，但如果有机会的话，我还是想试试战斗机，所以我报名了。"

特鲁希尔还给我看了她的确认信，时间是1961年3月24日，信上要求她于9天后，4月2日，开始进行测试。几星期前，沃利已经完成并通过了她的测试，但特鲁希尔那时候还不知道。她们一直到几十年后，在柯林斯的发射现场，才第一次见到彼此。特鲁希尔记得自己在阿尔伯克基的一个汽车旅馆里签了很多文件。"我确认免除政府对我的死亡和伤残所承担的任何责任，然后签上了我的名字，"她说，"我当时一定是疯了。"

特鲁希尔的父亲从小就经常带她坐飞机出差，她喜欢坐在驾驶舱里假装自己开飞机。"我爸爸说：'杰里，你长大了就去做护士，或者你也可以去航空公司做空乘。'我说：'我不要做空姐，我要做飞行员。'我记得当时我爸爸都要晕过去了。他说：'女人不能开飞机。'我说：'我要开。'然后我就真的开上了飞机。"

特鲁希尔接到航天员测试通知的时候已经结婚了，孩子还很小，她的丈夫本身也是一名飞行员，在"二战"期间战果累累。尽管他支持并鼓励她的飞行梦想，但对于这次的测试，他阻拦了她。"我们当时还有

第一章　久闻大名，葡萄藤市得见

别的矛盾，这件事一下把矛盾激化了。"她的丈夫下了最后通牒：选他还是选太空。特鲁希尔选择了后者，义无反顾地前往了阿尔伯克基参加测试。

"我从洛夫莱斯基金会回来，人刚到机场，就接到了离婚信。我想我们都为这个项目付出了太多，它改变了我们的生活，我们所有人的生活。我们都做出了牺牲。可是我们的那些努力，那些爱国的热情，到最后却只换来了满天的流言蜚语。詹妮·哈特——她老公是参议员菲尔·哈特——有人写信骂她说：'你怎么不能在家好好看孩子？'都是这些非常没教养的话。很多女孩子丢了工作。我觉得我是她们当中唯一丢了老公的人。"

同样令她愤慨的是，当时报纸上有篇报道引用了一位NASA官员的话，那位官员说，与其送女人去太空，还不如派一群猴子。特鲁希尔认为，这位官员其实就是NASA的飞行总指挥克里斯·克拉夫特（Chris Kraft）。"他说这话还算客气的。"

莎拉·拉特利是数学系的毕业生，我们相识的时候，她在堪萨斯住，日常的工作是一名会计。20世纪60年代，洛夫莱斯的邀请找到她的时候，她正在美国电话电报公司（后称AT&T）做电气工程师，拥有1500小时的飞行时长，持有商业飞行驾照，大学期间一直做飞行教练。和很多水星13号的成员一样，拉特利也参加过"粉扑德比"，这是一项发起于1947年的全美女子飞行员竞技大赛。拉特利记得："当时洛夫莱斯的工作人员一直夸我，他们说：'你可以的，我们希望你通过测试。'人们支持我们，鼓励我们，就是希望我们完成测试，希望我们别离开这个项目。我当时一心想通过测试，进入项目。我那时候还年轻，一个人年轻的时候总觉得自己天下无敌。"

结果原计划在彭萨科拉进行的测试被取消了，那一刻，拉特利说自己"崩溃"了。"我当时收到的解释是，他们没准备好让我们飞。"拉特利说，"他们觉得上太空更是男人该做的事。女人就应该在家，应该被保护，他们不想让我们参与危险的任务。那时候大家都这么想。就像亚瑟王传说里的卡美洛城堡。女人们都活在骑士的保护下，守在家里，照顾家人。"

我们的采访结束后，我问起来她们知不知道沃利。对话都在此陷入停滞，仿佛谁都不愿说出得罪人的话。特鲁希尔略不屑地说："我觉得她有点儿摆架子。"

我完全没有想到特鲁希尔会这样评价她，尤其是我接触到的沃利是如此的合群、活泼，还很爱笑。诚然，她的精力水平似乎永远都在满血状态，甚至有些超人的精力。也许，这就是问题之所在。

虽然那时候沃利才50多岁，但一头利落的短发已经雪白。从远处看，她看起来已近耄耋。但仔细看她的脸，你会发现她那张神采奕奕、永远都在笑的脸，让她看起来至少要年轻10岁。我从她身上可以看到一点儿自己童年的影子：小时候，我总是在爬树、骑车、学着怎么丢石子、玩各种各样的体育项目。她同样也是这样一个假小子，只是更吵，

第一章 久闻大名，葡萄藤市得见

更调皮，而且更美国。

我对她的采访当天下午在达拉斯-沃思堡国际机场酒店进行。她刚刚在大会上完成了一场关于飞行安全的讲座。"沃利是什么的缩写吗？"我一边抛出第一个问题，一边打开麦克风。对于英国的听众来说，沃利不仅更像一个男人的名字，还会带有一种漫画式的侮辱感。[①]

"没有，"她坚定地说，"我就叫沃利。"

我们第一次关于她名字的对话就这样结束了。差不多20年后，她才告诉我她出生时的名字还有她的出生日期：玛丽·华莱士·芬克，生于1939年2月1日。她实在是迫于无奈才告诉我的——不然我没法帮她订机票。沃利和"水星13号"的故事和其他人的大相径庭。第一个让女性参与测试的人是唐纳德·弗利金杰准将（Brigadier General Donald Flickinger），他当时在位于俄亥俄州代顿市的怀特-帕特森航空医学实验室从事研究工作。他尝试进行的"女子航天测试"——又称WISE计划，即妇女太空早期测试计划（Program Woman in Space Earliest）——在1959年年末被取消。他致信洛夫莱斯，恳请他将测试继续进行下去。洛夫莱斯同意了，他将测试更名为"太空妇女"计划，并联系了飞行员

[①] 《沃利在哪里》（Where is Wally）是一套英国的儿童读物，目标是在一张人山人海的图片中找出一个特定的人物。——译者注

杰里·科布。

那一年，科布28岁。她从16岁开始开飞机，是一个极佳的测试对象。1960年2月，科布在测试中的表现堪称"卓越"，在所有NASA的航天员候选人中排名前2%。同年8月，洛夫莱斯作为NASA水星计划生命科学委员会主席，在瑞典斯德哥尔摩举行的太空及海军医学大会上，透露了他关于科布和测试的"秘密"。

当时"水星7号"计划中的美国首批航天员还没有飞向太空。事实上，当时还没有人类登上过太空。但是这七位美国男性已经展示了他们可以通过洛夫莱斯及其团队设计的全套测试。那么女性是否也一样呢？科布证明了显然有女人可以胜任。

但是那时的媒体报道并没有给科布和她的成绩应有的光环，甚至拿她开玩笑。她被称为"月亮女仆""太空小妇人"，也有报道写她是"要大闹天宫的宇宙第一女孩"，甚至有的记者专门突出她有着胸围36英寸、腰围27英寸、臀围36英寸的魔鬼身材。洛夫莱斯的大会发言后，1960年8月19日，《华盛顿邮报》从斯德哥尔摩现场发回转引美联社的报道，口径变得更加精准而客观。报道标题为《通过了太空训练测试的女人》，第一段开门见山地写道："美国首位女性航天员候选人是杰里·科布，28岁，来自俄克拉荷马市，她是一位空军上校的女儿，也是多项女性飞行纪录的保持者。"

为了确保科布的成功不是偶然，洛夫莱斯希望有更多同样优秀的女

第一章 久闻大名，葡萄藤市得见

性可以参加这次测试，他的好朋友杰奎琳·科克伦因此成了他的顾问，杰奎琳本身也是一位著名的飞行员。像所有的男性候选人一样，所有的女性航天员候选人也必须是经验丰富的飞行员。科布帮洛夫莱斯列了一个名单，但名单上没有沃利的名字。这并不是因为沃利不优秀，事实上，她是一名非常出色的飞行员。沃利不在名单上，是因为她太年轻了。当时推荐候选人的最低年龄是25岁。

结果，21岁的沃利在《生活》杂志1960年8月29日刊上读到了这样一篇文章，题目是《一位证明了她适合太空飞行的女性》。主人公正是29岁的杰拉尔黛·"杰里"·科布，1959年的全美年度女性航空之星，也是航空设计与制造公司（Aero Design&Engineering Company）的销售部经理。科布"在一个迄今尚未公开的，由12名女性成员参与的测试项目中，有望成为首位航天员"。

沃利从文章中读到，科布如何经历了75场大小测试，其间"比'水星计划'里的男人怨言还少"。《生活》杂志的独家图片展示了科布骑着自行车，参加体能和耐力测试，或者冲着面罩呼气，测试心肺功能，这位指定的"航天小姐"也留下了打网球、游泳和跪着祷告的照片。

科布的成就点燃了沃利心中的一团火，这团火从那一刻一直烧到了现在。她也想要参加这个测试，而且时至今日，依旧想要登上太空。她甚至还认出了医学博士威廉·伦道夫·洛夫莱斯二世的姓氏。她想起来，在她从小长大的新墨西哥州，在洛夫莱斯医学基金会所在的阿尔伯

017

克基，她父亲的医生也姓洛夫莱斯。沃利立刻写信给杰里·科布，但她并没有收到回信。紧接着，她在1960年11月5日直接把信寄给了洛夫莱斯，信中详述了她的600个飞行小时数，她的教育学本科背景，还有她的商用水上飞机驾照、商用飞机驾照以及飞行教员许可证；她也介绍了自己是如何在校际飞行大会上，"连续两年，作为男女同校制下的全国顶级飞行员，拿到99s国际女飞行员组织的徽章"；她尤其强调了她对于"成为航天员"这一项目的热忱，和成为测试项目中的一员的强烈渴望。洛夫莱斯在六天后回复道：

亲爱的芬克小姐：
　　谢谢您11月5日的来信。
　　随信附有一张卡片，列有我们希望了解的关于您的背景信息。如果您可以按此要求准备简历，我们将不胜感激。当我们有机会讨论此问题时，我们将进一步与您联系。
　　我会在另一封信中向您寄送有关基金会和本诊所的介绍。
　　　　　　　　　　　　　　　　　　　您的真诚的，
　　　　　　　　　　　　　　W. 伦道夫·洛夫莱斯二世，医学博士

几周后，11月快要结束的时候，科布给沃利寄来了一封略带歉意的回信，信纸的抬头是航空设计与制造公司。

第一章　久闻大名，葡萄藤市得见

亲爱的沃利：

　　谢谢你10月27日的来信。我很抱歉没能早点回复你，但过去的三个月，我一直在各地参加飞行活动。

　　得知你对这项女性航天项目有此热情我十分开心，你给阿尔伯克基的伦道夫·洛夫莱斯二世博士去信是一个正确的决定，他正是组织此次研究的人。在接下来的几个月里，还会有大约12位女性在洛夫莱斯基金会参与测试，我很确定你会收到洛夫莱斯博士有关这个问题的回信。

　　再次感谢你友好的来信。如果你在任何时候需要我的帮助，只管告诉我。

　　　　　　　　　　　　　致以最诚挚的个人问候，您永远真诚的，
　　　　　　　　　　　　　杰里·科布（小姐），广告销售部经理

99s国际女飞行员组织是一个由多位女飞行员成立的组织，其中包括阿梅莉亚·埃尔哈特（Amelia Earhart）[①]。科布已经通过这个组织帮洛夫莱斯私人赞助的"太空妇女"计划找到了不少飞行员。候选人首先

[①] 阿梅莉亚·埃尔哈特，著名美国女飞行员，是世界上第一位独自飞越大西洋的女飞行员。——译者注

必须接受过高等教育，身高不能高于1.8米——不然坐不进水星计划设计的太空舱，此外还必须有不低于1500小时的飞行时长（科布本人的飞行时长高达10 000小时）。但女性和男性候选人在选拔标准上有一处明显的不同：水星7号的候选人同时还都是战斗机飞行员，都毕业于军队的试飞学院。但由于这些学院并不招收女学员，自然地，这一条标准在筛选女性候选人时被删掉了。这种灵活调整是很合理的，何况水星7号的选拔过程也变通过不少。

对高等教育学历的要求被认为是必需的，因为成为一名航天员不仅需要高超的驾驶技巧也必须懂工程学。"水星七杰"中，约翰·葛伦（John Glenn）和斯科特·卡彭特（Scott Carpenter）都没有大学文凭，但显然，他们的理工科水平都足够，因此被破格任用。葛伦大学期间确实是学工程的，但还没毕业，就加入了海军陆战队。然而这条学历规定也剥夺了当时某些顶级试飞员的机会，这其中包括查尔斯·"查克"·叶格（Charles "Chuck" Yeager），而他是世界上第一个突破音障的人。

最初的年龄标准线并没有区分性别，男性和女性候选人都要求在25岁到40岁之间。幸运的是，沃利自身不平凡的经历打动了洛夫莱斯。虽然她和标准年龄的最低线还差四岁，但她毕竟从1957年就开始开飞机，也是俄克拉何马州锡尔堡美军基地里的一名平民教员，而且是那所陆军地面部队飞行训练学院中唯一的女教员。

第一章 久闻大名，葡萄藤市得见

沃利在高海拔的新墨西哥州陶斯（Taos）长大，从小到处骑车、爬树、钓鱼玩。她是一名专业的枪手，拿过杰出步枪手奖，同时还是一名颇具实力的滑雪运动员。当年早些时候，她还在加利福尼亚州斯阔谷（Squaw Valley）参加1960年美国冬奥滑雪队集训，后来因为后背受伤而被迫停赛。可以说，无论以什么标准，沃利都毫无疑问符合航天员的所有要求。1961年2月2日，沃利22岁，洛夫莱斯正式通知沃利，她被录取了。

亲爱的芬克小姐：
　　对未来女航天员的招募计划仍在继续。我们已审核您提交的材料，并认为您可以参加此次测试。慷慨的杰奎琳·科克伦女士已经同意审查监督整个测试计划，并向本基金会捐款，款项将用于你在此地大约六天的食宿，总计不超过100美元。科克伦小姐本人也有丰富的飞行经验，曾在"二战"期间担任美国女子航空勤务飞行队队长。她将在此次计划中担任特殊顾问……

当时的科克伦已经打破了多项纪录，是她成立了美国女子航空勤务飞行队，组织训练女性平民飞行员驾驶军用飞机，从而把男性飞行员解放到战斗岗位上去。如今已过半百的她早已错过了参加测试的最佳年龄。科克伦从小家境贫寒，六岁就开始在纺织厂做苦工，现如今，她嫁给了弗洛伊德·奥德伦（Floyd Oldum），美国最富有的商人之一。他们住在加利福尼亚州一个巨大的牧场上，对于洛夫莱斯的计划，他们提供了丰厚的财力支持。给沃利的信继续道：

> 我们希望您可以于2月26日（周日）抵达阿尔伯克基，周一早上8点到诊所报到，请从周日凌晨12点起，保持空腹，忌食忌水，请不要吸烟或嚼食如口香糖类等食物。预计测试结束时间为下周六中午。

洛夫莱斯在结尾处写道：

> 只有通过全部测试的人才会公布名字。我们计划安排今年春末召集通过测试的候选人。

几周后，沃利一路向西从俄克拉何马州赶往新墨西哥州，毕业时父母送给她一辆红色沃克斯豪尔汽车，开着这辆车，她回到了位于陶斯的父母家。由于她不符合洛夫莱斯对候选人的年龄要求，只能由她的母亲开车送她到阿尔伯克基，然后签字同意自己的女儿参与此次测试。沃利接着在诊所对面的极乐鸟汽车旅店住下。当天晚上，诊所送来了"干这个用的容器"，进行第一次粪便样本采集，此后六天里也有无数次采样。沃利起初并没有理解。她对我说，她当时还以为他们说的是坐着给

第一章 久闻大名,葡萄藤市得见

奶牛挤奶的凳子。①

水星7号的男性航天员们在测试期间是集体作战,作为一个团队共同面对极端的身体考验,然而对女性航天员的测试却有所不同。她们大多数都是两人一组进行测试。沃利在诊所里见到了要和自己一起测试的女人,两人一起要在五天半的时间里,完成一系列共87项测试。所有的测试内容和强度和对男性航天员的测试完全一致,另外还做了妇科检查。

沃利的队友几小时不到就主动退出了。她再也没有见过这个队友,甚至也记不起她的名字。那一周坚持完成测试的还有17个女人,加上科布,一共19人。每个人的测试都在不同的时间进行,很多时候,没人知道除了自己之外,还有谁经历过和自己同样的测试。其中有两个女人是双胞胎,沃利此前还叫上了另一位飞行员吉娜·诺拉·施特伦博夫,让她也给洛夫莱斯写信申请参与测试。沃利队友的退出意味着,沃利未来一周的所有测试将独自完成。她给我讲了每天的测试安排。

第一天,1961年2月27日。没有进食,没有喝水,没有抽烟,"如果周日晚上没有搞好的话",还要带着粪便样本。早上7点,拉瑟特大楼一层,沃利在实验室前台报到。她先吃了早饭,接着,早上8点,开始马斯特氏二阶运动测试。这项以亚瑟·马斯特博士(Dr Arthur Master)命名的测试

---

① 此处英文为 stool,既有粪便,也有凳子的意思。——译者注

主要考察的是心肺能力。通过上下台阶的运动，可以暴露隐藏的心脏问题，设计这个测试主要是因为担心航天飞行可能会给心脏过大的压力。

早上9点，沃利到地下室报到，准备耳科检查；早上10点，大楼三层，开始冷压测试。沃利被要求把手放进4℃的水中，静置三分钟，其间有工作人员每分钟测血压和心跳。她还把脚放进水里完成了一遍同样的测试。半小时后，测试继续。中午12点，午饭。下午1点半，直肠镜（直肠）检查。对于一个毕业于相对闭塞的女校学生来说，这样的检查必然是令人震惊的。然而沃利却平静地接受了，甚至没把检查过程中的侵犯性动作当回事，也没有对要求服用放射性物质表示异议。"我们吃了钡餐。我们做了钡灌肠。一直有灌肠。不过没什么大不了的。我们都知道我们必须接受测试。"

鼻窦X光片检查是在下午2点，然后下午3点还有更多测试。从下午3点半开始，在一楼的生理学部进行肺功能检查。到了晚上，"没再要求不吃不喝不抽烟"，但粪便采样还是照旧，或者当日或者周二一早送样本。这样的安排持续了一周。整个过程中，沃利独自一人完成了所有测试。其间，她同意不断做抽血检查，让针头从各个地方扎进她的身体；她还吞下了三英尺长的橡胶软管，用于检查胃液。难不难受？我问她。"当然啦，"她说，"其实我也没想到，那么长的管子，我竟然都咽下去了，外面还有好长，我还可以都吃下去。"

可是她究竟怎么能咽下三英尺长的橡皮管子？"你就坐着，然后这样……"沃利从喉咙里发出奇怪的巨响,仿佛一只狼吞虎咽的火鸡,接着她自己笑起来,"就这样,就咽下去了。"

又是针扎又被捅,又是被天天测大便,还要吃钡餐……沃利面对所有的一切始终带着一种高度乐观积极的态度,这让人得以一窥她强大的内心。自行车测力计测试期间,沃利按要求跨坐在一架室内健身自行车上,身上连着电极,监测她的耗氧量和肺活量。"那玩意不是像现在一样贴在身上的,而是扎进肉里的,其实挺疼的。但疼不算什么,上刀山下火海,在所不辞,"她说,"你面前放着一块表,我感觉肯定是考验心理素质用的,你就跟着节拍器一直蹬。它就一直摆来摆去地嘀嗒响,然后你身边满屋子都是医生和护士。"

这项测试的要求是测试者到自己身体极限就结束。"我想要打破这个测试的纪录,我要蹬到11分钟,因为他们估计我能蹬10分钟。前面都挺容易的,到9分半、10分钟的时候是真的累了。但我闭眼咬牙坚持,一直到把这段熬过去,后面就感觉轻松了一点儿,我做到了。11分钟。后来他们把电极都拔掉了,然后跟我说:'沃利,我们可能最好扶你下来。'我说:'不用,我没事。'结果……"她猛地拍手,"结果我一下就摔地上了。"

所有测试的设计初衷都是将男性和女性候选人推到他们身体的极限,目的是确保在执行太空任务之前,发现任何不为人知或不可预见的健康问题。在发射过程中,在未知的宇宙空间里,人体会受到载荷的作用,载荷是由加速度或重力作用在物体上的力。一般人在地球上生活是不会感觉到载荷的，我们自身的重力就是1个G。当飞船长时间加速飞向外太空，人体会感受到载荷增加所带来的压力。心率会加速。血压可能会升高。"我们无法承担忽视任何一项测试的后果，这些测试可能发现哪怕是一点轻微的心脏异常，"洛夫莱斯在1959年4月20日刊的《生活》杂志中写道，"譬如，如果候选人心脏中间有一道微小的先天性开口，通常患有此种疾病的人并不会有明显的心脏病症状，但在极端情况下，比如在高海拔下突然遭遇减压，这样的先天性缺陷就可能致死。"基于此，这些测试涵盖了身体的各个方面的检查，包括肝功能和甲状腺激素情况，而每天的尿检则是检查激素的排泄情况。

洛夫莱斯自己把其中一项测试比作中世纪的浸水刑凳。候选人坐在椅子上，被浸到一个水箱里，通过这样的方法测出身体的重力，进而继续确定身体脂肪的总量。

3月2日，星期四，沃利在市机场（Municipal Airport）向卡尔科空军部（Carco Air Service）报到，然后飞赴洛斯阿拉莫斯。她喝下了带放射性物质的水，用于人体内放射性核素全身计数，那天晚上，她按要求洗了头，但不能"重复用洗发水或护发素，要等到周五早上脑电图做完之后才行"，目的是防止油脂或者洗护用品影响计数。

周五这天，开局有些不同。"你可以先吃早饭"，这之后，早上8点半，她做了脑电图监测大脑活动。午饭前还有些别的测试项目，当天的最后一项是下午在心脏科的倾斜台测试，用以检测心血管缺陷。沃利在

第一章 久闻大名，葡萄藤市得见

《生活》杂志上看过科布做倾斜台测试的照片，如今她也成了测试对象。她躺在一张桌子上，桌子从水平位置转到垂直地面65度，每次时长25分钟，目的是测试她的身体是否可以承受这样的姿势。测试期间，每分钟测一次血压和心率。

虽然没有了竞争对手，但沃利不仅毫无怨言地完成了每一项测试，而且努力做到最好。3月17日，洛夫莱斯在写给沃利的信中，对她做出了认可和肯定：

亲爱的芬克小姐：

我们希望到6月时，所有的候选人都可以通过在这里的测试，并作为一个团队，集体前往军用实验室，继续后续的测试。一旦日期确定，我会立刻通知您。我们也希望，届时仍有资金保障你们的差旅费用以及在那里的其他支出。

与此同时，我提醒您要为后续的测试调整最佳的身体状态，因为接下来的测试会更加考验体力与耐力。我个人推荐散步、游泳、骑行还有健美操。

我很高兴地通知您，您是成功通过测试的候选人之一。

您的真诚的，
W.伦道夫·洛夫莱斯二世，医学博士

竞逐太空

1961年5月29日,科布也向像她一样身体力行证明了自己的另外12位女人发去贺信。

亲爱的女航天学员们:

我怀着激动的心情向你们表示诚挚的祝贺。恭喜你们通过了洛夫莱斯基金会的航天员测试。

美国海军已经安排我们在佛罗里达州彭萨科拉的航空医学研究所接受进一步测试。测试内容包括身体素质、耐力、低压模拟舱、最大加速度测试、临床检查、机载脑电图等。我已经完成了这些测试。我相信你们也会觉得测试很有趣又很让人长见识。

此外我提醒各位切记,务必不要将此消息透露给任何媒体。

真诚的,

杰里·科布

沃利给洛夫莱斯打印了回信,日期是5月31日,在信中毫不掩饰她对于参与后续测试的迫切渴望还有"我能行"的态度。

亲爱的洛夫莱斯博士:

收到您的令人激动的来信,告知我通过了所有测试,我非常开心。事实上,我已经立刻开始了您的推荐训练科目:我每天上班往返骑行八公里，努力接触更多的飞机，做健美操，还跑步。能通过未来（几个月）的训练帮助您的研究，对我来说意义重大，我也希望在更长远的未来，我可以为国家贡献自己的力量。

她提出要参加更多会议、测试和任务：

为了帮助本计划，也为了在这个重要的科学领域中更好地学习，我可以随时前往美国任何地方参加会议、测试和其他任务。我的工作安排非常灵活。如果朝有一日资金周转出现困难，我愿以我个人的方式提供帮助（原文如此）。

沃利在信的最后描述了随信附上的一张照片：

随信附上大约一个月前我拍的照片，那时我飞往谢波德空军基地参加战斗机预备课程，并有幸驾驶了F86模拟器。我很高兴地通知您，我的飞行小时数已经达到了1300小时。

F86，绰号"佩刀"，是一款单座喷气式战斗机，由北美航空公司生产。F86模拟器正是用于训练飞行员学习适应这款战斗机的。朝鲜战争期间，F86在与苏联的米格战斗机作战中，发挥了极其重要的作用。当时女性飞行员被官方明确禁止驾驶战斗机，可沃利还是坐进了战斗机模拟器。她对于飞行的热情和主动性一览无余，而且明眼人都看得出，这个女人为了成为合格的航天员可以不惜一切代价。

事实上，这并不是沃利第一次坐进战斗机的驾驶舱，而且还不是模拟器。她曾在锡尔堡飞过T33教练机。"那时候有教员带我飞，"她告诉我，"那感觉棒极了，飞得特别快。起飞和降落的速度都快得多，亲爱的，我跟你说，但其他的飞行控制就一样了。当然，和现在的战斗机肯定不能比啦。T33只是一款教练机，飞起来和通航飞机似的，就是快一点儿，马力更足，更灵活。我可以做机动动作，起飞啊，降落啊，360度啊，转弯啊，失速啊……"

到美国海军航空医学院进行第二阶段测试，沃利就终于可以见到那些和自己一样成功通过测试的女人，并和她们一道进行集体测试。在10天的时间里，她们将一起进行体能测试、高海拔模拟舱测试，体验载荷带来的过载，边做战斗机机动动作边做大脑活动检测，还可以练习水下驾驶舱逃脱。科布5月就完成了这些航天模拟测试，成绩可以比肩经验丰富的海军飞行员。

其余12位通过前期测试的女人要和科布一样完成同样的测试，时间计划是在7月。此时的科布已经被提拔为NASA的兼职特殊顾问，同时她也在洛夫莱斯的项目中扮演着重要的角色。这个宏大的项目仍主要依靠科克伦和丈夫的资助，但科克伦却对第二阶段测试毫不知情，对此她

第一章　久闻大名，葡萄藤市得见

深感不满。她向洛夫莱斯表明自己要求更深入地参与项目，并要求担任更多领导角色。洛夫莱斯只好急匆匆地按科克伦的档期修改时间，而这就意味着，这些女人的第二阶段测试要被推迟数月。

1961年6月29日，沃利收到一封西联汇款电报：

> 洛夫莱斯博士已经将测试时间改期到9月。如届时不便参与，请立即通知洛夫莱斯或联系本人。祝好，杰里·科布

这是一封颇有心计的电报，因为实际上并不是洛夫莱斯，而是科克伦要求延期。几周后，又一封信寄到，寄信人是洛夫莱斯：

> 1961年7月8日
> 亲爱的芬克小姐：
> 　　您可能已经知悉"太空妇女"计划下阶段测试的安排，参与者是在本基金会实验室通过了初期测试的女孩子们。第二阶段测试原计划在7月18日开始，但因计划有变，目前已经将测试开始日期调整到9月18日，周一。
> 　　第二阶段测试将在美国海军航空医学院进行，位于佛罗里达州彭萨科拉。您应于9月17日，周日，抵达彭萨科拉，并将在此完成两周的测试。目前我们还在制定进一步的测试安排，后续会和您同

步更多信息。

请注意，有关您前往彭萨科拉进行测试的消息需全程保密。有关新闻通稿或消息的解禁时间均为测试完成后，发布前将征得美国海军和参加测试的女孩子们的同意。

对于沃利这样的人来说，单身飞行教员的生活可以让她快速调整自己的工作和生活安排，所以把第二阶段测试放到佛罗里达州彭萨科拉对她来说尽管不便但仍可行。对于那些既要照顾家庭又要兼顾工作的女候选人来说，这一调整意味着更困难的后勤工作。但即便如此，12位女候选人还是都做好了必要的准备工作。

与此同时，洛夫莱斯也正小心翼翼地处理自己的工作关系和私人关系。一方面，他需要科克伦的资金支持，何况大名鼎鼎的杰奎琳·科克伦是他20多年的老朋友；杰里·科布，他的第一个成功的女性测试对象，他的医学测试计划的化身：她的成功证明了，生理上，没有什么可以阻挡女性成为航天员，进入太空。另一方面，他作为一名医学家，他又必须拿出更多测试对象的数据，来证明科布的成功不是个例。

7月12日，洛夫莱斯首次来信的仅仅几天过后，他又一次写信给沃利。这封信的字里行间表明，他因对科克伦的配合得到了他们夫妇金钱上的回报，这是至关重要的。虽然水星7号的男性候选人参加的测试内容和如今的别无二致，当年的测试可是通过NASA获得的政府

第一章 久闻大名,葡萄藤市得见

资金支持。

亲爱的芬克小姐:

这封信是我7月8日有关彭萨科拉测试时间安排的后续跟进。

杰奎琳·科克伦小姐已经同意为你们往返彭萨科拉支付差旅费,如有需要也可提供一定的日常开支补助。她将以向洛夫莱斯基金会捐款的形式提供所必需的资金……

测试期间,科克伦小姐本人也将在彭萨科拉停驻几日,届时您可以向其当面致谢。

仿佛如此明示暗示还不够清楚,这封信还抄送给了科克伦。一直到这一刻,所有的信件往来始终在反复强调计划的保密性。终于,在这封信的结尾,洛夫莱斯留下了一道关于女人们的未来将如何展开的预言。

在有关最终筛选的决定做出后,通过在彭萨科拉测试的人选将作为一个团体,参与讨论制定最终的公关措施和规定。如您所知,男性航天员基于每次(原文如此)他们的最初选择,在所有公关场合,都以团体亮相并参与活动。我强烈建议您届时认真考虑是否参考他们在这一问题上的团队行动方式。

杰奎琳·科克伦同天也给成功通过测试的候选人们去信。除了强调了自己作为资助方的身份，她在信中表明了她出资支持的原因：

> 你们可能发现了我本人并没有参与这些医学测试和检查，因为这些测试的年龄限制在40岁以下。你们当中可能有人一直在猜测，我为什么对这个计划有如此高的兴趣并愿意倾囊相助。
>
> 迄今为止，还没有一个女性航天项目。在阿尔伯克基的医学检查和即将在彭萨科拉进行的测试都完全出于测试和研究目的，由对航天医学感兴趣的医生和他们的助手操作完成。到目前为止，也并没有任何一个政府机构接受以女性为主体的项目。因此，在阿尔伯克基成功通过测试后，您没有义务继续参与后续测试；同样，如果您通过了在彭萨科拉的测试，也没有义务继续未来的计划。
>
> 但我认为，如果能有一个组织正规的女性航天员项目是一件极好的事。我希望尽我的绵薄之力，推动这一项目的实现。

1961年7月，杰里·科布也给沃利和其他水星13号计划的成员写信，在她们9月前往佛罗里达州参加第二阶段测试之前，邀请她们自愿参加在俄克拉何马市组织的补充心理测试和压力测试评估。有两个人参加了这个测试。无奖竞猜：其中有谁？

第一章 久闻大名，葡萄藤市得见

亲爱的沃利：

很抱歉没有接到你的电话，但是邦妮告诉我，你更想要于8月3日至5日在俄克拉何马市参加心理和感知剥夺实验。我们已经与杰·T. 舒尔利博士（Dr Jay T. Shurley）安排好，他是退伍军人管理局医院的精神卫生中心主任，你可以在8月3日，周四，上午8点开始测试，预计结束时间是周六下午。

来自得克萨斯州休斯敦的利娅·沃特曼周日会到，并于周日早上开始测试，最迟周三下午结束。我不知道她具体什么时候走，但如果你周三下午或者晚上到，也许你们有机会彼此认识一下。

如果你在这儿的几天里，有时间来我家坐坐，我会非常开心。如果你愿意来做客，如果你能告诉我你大概什么时候来，我来接你。你要是开车，我可以告诉你路线。之前很高兴在加利福尼亚和你见面，期待能在8月2日，星期三，再见到你。有任何需要我帮助的事，请别犹豫，直接给我打反向收费电话。

送上最好的祝福，我仍然是

你真诚的，

杰里·科布

感知剥夺实验和水星7号的测试完全不同。男候选人被要求在一间全黑的、隔音的房间里待上不超过三小时。比如，约翰·葛伦就在黑暗中摸到了一支笔，然后坐在一张桌子前写了三个小时的诗来打发时间。对于女候选人来说，实验在同样全黑的隔音房间里，但把她们放进了一个圆形的漂浮舱中。实验对象看不到、听不到、尝不到、闻不到任何东西。由于水温和人体体温相似，触觉也会受到影响。大多数人在感知剥夺实验中都会出现幻觉。沃利是个例外。她在绝对寂静的舱内待了10小时35分钟，一直到实验被叫停。舒尔利博士告诉她，她已经打破了实验纪录。为了参加第二阶段的航天员测试，她拼尽了全力，是真正的我命由我不由天。令人扼腕的是，此后事情的发展却再也由不得沃利。

尽管洛夫莱斯的测试获得了NASA的许可，但这个由私人资助的项目实际上没有NASA的官方参与。他和海军航天医学院就彭萨科拉二期测试私下达成了协议。杰奎琳·科克伦后来做出了一个令人难以理解的举动：这位女性航空的领路人向该学院的上级罗伯特·皮里上将（Admiral Robert Pirie），表达了对于"太空妇女"计划的担忧。接下来发生的事就是，学院向NASA解释整个情况。NASA表示第二阶段测试并不是官方的要求。于是测试被取消了。

1961年9月11日，沃利收到了杰里·科布的西联汇款电报，每个字都用的大写字母，发电报的人是杰里的同事邦妮·道尔。

> 刚刚来自华盛顿的科布小姐的消息，她无法更改再次推迟佛罗里达州测试的决定。洛夫莱斯将很快联系您。但杰里想立刻通知您，避

第一章　久闻大名，葡萄藤市得见

免影响本周末的出行。很抱歉如此临时地通知您，但已成定局。

一天后，沃利在俄克拉何马州锡尔堡收到了另一封西联汇款的电报，也是全文大写字母，甚至连标点都没有，来电报的是洛夫莱斯，时间是1961年9月12日。仅仅6天后，那些通过了地球上最难的身体测试的女候选人们，就要开始她们第二阶段的测试。

遗憾告知彭萨科拉的安排被取消，这部分计划可能无法执行，您给洛夫莱斯基金会的预付款会被退回，并将由我转交，事情解决后会致信进一步通知。

W. 伦道夫·洛夫莱斯二世，医学博士

到这一刻，沃利和所有的这些女人已经付出了太多，这是残酷而令人震惊的打击。有些女人为了参加第二阶段的测试丢了工作。还有些人，比如特鲁希尔，失去的是家庭。成为一名航天员，至少是在美国的土地上成为一名航天员，在此后的17年中，依旧是男性独有的工作权利。

1962年7月，水星13号计划的一切机会正式落空。13人中的其中两人——杰里·科布和詹尼·哈特（Janey Hart）——在众议院科学和航天小组委员会发起了为期三天的国会听证会，旨在代表该计划成员，突出水星13号的成就，呼吁允许女性参加NASA官方航天员培训计划。第一次，水星13号计划的全部候选人名单被公之于众，她们是：杰拉尔黛·"杰里"·科布（Geraldyne "Jerrie" Cobb）、简·"詹尼"·哈特（本姓布里格斯）（Jane "Janey" Hart）、杰拉尔丁·"杰里"·斯隆（婚后改姓特鲁希尔）（Geraldine "Jerri" Sloan）、莎拉·拉特利（本姓戈雷里克）（Sarah Ratley）、伯尼斯·"碧"·斯泰曼（Bernice "Bea" Steadman）、艾琳·勒沃顿（Irene Leverton）、珍·希森（Jean Hixson）、双胞胎珍妮特·"詹"和玛丽恩·迪特里希（Janet "Jan" and Marion Dietrich）、利娅·赫勒（Rhea Hurrle）、吉娜·诺拉·施特伦博夫（Gene Nora Stumbough）、默特尔·卡格尔（Myrtle Cagle），还有最年轻的，玛丽·华莱士·芬克（Mary Wallance Funk）。

据《华盛顿邮报》报道，哈特开诚布公地提出了自己的理由："我不是想说女人要被允许上太空，仅仅是为了让她们不会觉得被歧视；我是在说，女人应该在太空有一席之地，因为她们可以实实在在做出贡献。面对现实吧，对于很多女人来说，仅仅参加家长教师委员会是不够的。"最后这句大概的确是她的肺腑之言，因为哈特自己有八个孩子。她在陈述时也说道："外太空仅对男性开放，这件事简直难以置信，就像某种男人帮。"

听证会召开的这几天里，科布陆陆续续接受了几家纸媒的采访，但记者们在报道中对她的成就毫无敬意，甚至颇为轻佻，问的问题都是关

第一章 久闻大名，葡萄藤市得见

于她的妆容或者婚姻状况。这样的报道引来的是更多的是非争议，她们其中有人收到充满了恶言恶语的来信，叫她们老老实实回家带孩子。

"女性总有一天会登上太空的，"科布对众议院的太空小组委员会说道，"这一点毫无疑问。那为什么不能现在开始呢？"事后，她在接受采访时透露"他们不让我上真正的训练科目，后来我看见了一只叫格伦达的雌性黑猩猩，他们在训练它上这些科目。"

NASA方面派出了三名男性代表发言，其中包括航天员约翰·葛伦和斯科特·卡彭特。"说真的，我认为这就说回到了我们的社会秩序的构成，"葛伦说，"这就是一个事实。男人上战场、开飞机、回来继续设计制造试飞。女人们没有做这方面的事，这就是社会秩序的现实而已。也许没那么令人满意。"

水星13号的第三位证人是杰奎琳·科克伦。她是第一个突破音障的女性，而这一壮举的见证者是她的护航飞行员查克·叶格。科克伦当时已经上了年纪，无法再参与水星13号的测试，然而令人惊讶的是，尽管她自掏腰包支持洛夫莱斯的测试，她却没有像大姐姐一样，为年轻一代女孩子们的理想站脚助威。

在哈特和科布的慷慨陈词过后，第三个发言的是科克伦，然而这个本该为同胞发声的女人却做出极具杀伤力的陈述。"考虑到和苏联人的太空竞赛，"科克伦说，"当然做第一一定很好，但一定能做第一才好。就全世界范围而言，女性能有朝一日登上天空也毫无疑问的，我认为女人和男人一样优秀……"紧接着,她话锋一转:"我不想看到女人犯错丢人。"

尽管水星13号的成员已经证明了自己足以胜任航天员的工作,科克伦仍指出,对于女性航天员的可行性,需要更多的研究和测试。在很多水星13号的成员看来,科克伦的这番公开演说是一场不留情面的背叛。第二天,在计划结束日期之前,听证会提前结束了,最终判决认为:女性不能加入NASA,因为她们不能参军,因此不能获得所必需的战斗机驾驶经验。

一年后,1963年6月16日,历史上留下了浓墨重彩的一笔:世界上第一位女性登上了太空。令美国大失所望的是,和人类历史上第一位航天员一样,第一位女性航天员依旧不是美国人。她的名字叫瓦莲京娜·捷列什科娃。更让美国难堪的是,这位创纪录的苏联宇航员根本不是飞行员。

"她突破了性别障碍,环行于更高的轨道。"《生活》杂志在报道中惊呼,称这位人类首位女太空人是一位"在苏联太空壮举中,金发碧眼、发型入时的明星"。如此描述捷列什科娃着实奇怪,因为文字旁的配图正是捷列什科娃,而她本人一头深色头发。但那时候的美国,20世纪60年代早期的美国,每四个女人中只有一个有工作。对于女人来说,大众对女性只有三种期待:做妻子、做母亲、做花瓶。即便如此,这篇报道还是写到了那些不平凡的女人:"在美国,有13名比捷列什科娃更

第一章 久闻大名，葡萄藤市得见

优秀的女性。但由于种种原因，包括NASA工作热情的极度匮乏，我们的女太空人项目至今毫无起步的迹象。"

洛夫莱斯的计划泡汤了，但沃利自己并没有放弃成为航天员的梦想和努力。她游遍美国参加各种测试，包括杰里·科布在一年前完成的测试，也包括那场本该在佛罗里达州进行的测试。她给各种军事基地写信，也动用了她的私人关系，这其中不乏很多她的飞行学员，只是为了让她做第二三阶段的航天员测试。她还在南加利福尼亚大学完成了离心测试。1962年8月，在位于加利福尼亚州的埃尔托罗海军陆战队航空站，沃利又参加了马丁贝克弹射座椅测试，其间她坐在座椅上，沿着一根杆子高速飞向高空再落下。

有不少人看过她的高海拔模拟舱测试。这个测试会逐渐减少舱内氧气量，帮助飞行员识别缺氧（低氧）的症状。沃利先是通过面罩呼吸纯氧。当舱内气压降低，模拟高海拔条件时，吸纯氧可以清除血液中的氮气并消除减压症的风险。

"他们透过窗户看着我，模拟舱调到四万英尺，我当时在纸上写着字，"沃利解释道，"然后他们说：'沃利，把氧气面罩摘了。'我就摘了，我没多想，因为我之前在12 000英尺到14 000英尺开过斯蒂尔曼，那时候也没有氧气面罩，我的胃可以承受。从前的飞行竞技让我变得很结实。四万英尺的时候，你要摘了面罩还要做指令动作，写东西啦，按这个蓝按钮，按那个红按钮，按那个黄按钮什么的。后来他们突然冲我大喊：'沃利快把面罩戴上，沃利快戴面罩，沃利快戴面罩！'我没觉得头晕，我也没觉得恶心，后来医生冲进来把面罩给我戴上了，"她说，"是这样的，亲爱的，我现在看你，看大家都是彩色的。那时候我没有明白，直到后来有一次我演讲的时候才明白，那最后的几分钟里，因为缺氧，你看到的东西都是灰色的。"

她同样没有意识到的是，她写的字也已经乱成了一团。"这种时候就是真的有大麻烦了，事故也都是这时候发生的。你真该看看那帮人，把脸都贴窗户上了，看这姑娘要怎么办呀？他们难道以为我会原地爆炸吗？我和男人没有区别，我做得和他们一样好。"

在离心机测试中，沃利的主动性展露无遗。她很清楚，普通人是没机会穿G力服的。这是一种飞行员专供的紧身加压飞行服，在做特定机动动作的时候可以缓解过载。穿上飞行服可以阻止血液在腿部和脚部积聚，防止大脑缺血缺氧，降低昏厥的可能性。

"所以我就给我妈妈打电话，我说：'你快把你最丑的那件快乐寡妇找出来，再多来几条束腹带。'"快乐寡妇（Merry Widow）是20世纪50年代美国很流行的一种无肩带紧身内衣，有点儿像巴斯克内衣或束腰。"我给自己做了一套'载荷服'，裹在身上穿得硬邦邦地去了，他们都不知道我做了什么，反正我就是没晕过去。"

1997年，我第一次采访沃利的时候，她已经向NASA航天员项目提出了多次申请，然而由于缺乏要求的工程或科学资质，她从来没有成功

第一章　久闻大名，葡萄藤市得见

过。但她同样从来没有放弃。采访结束后，我们互相交换了地址，纪录片发布后我好给她寄磁带。过去的几年中，我偶尔给沃利、杰里·特鲁西尔还有艾琳·勒沃顿写信。特鲁希尔给了我一张精美的黑白照片，我装裱起来做了收藏，照片上的她站在一架飞机的机翼上，在为某款飞行服做模特。勒沃顿写了不少信，给我讲她在亚利桑那州生活的日常。沃利给我寄过照片，她的信都很短，内容活泼，还经常画着笑脸。我觉得，我不会有机会和她再见了。

时间一晃到了2016年，这个世界变得对女人友好了一点儿。在过去的几十年中，她们克服了重重阻碍，包括性别歧视，才得以在航天事业中为自己争得一席之地。我想要把这些最新的故事讲给我的听众，我要把这部新的女性航天纪录片卖给BBC国际新闻。在《不甘雌伏》（*Right Stuff, Wrong Sex*）播出19年后，我的新纪录片叫《太空英雌》（*Women with the Right Stuff*）。

我们在位于伦敦的BBC广播大楼里开选题会，商量新纪录片的具体内容。我初步拟定了一些采访对象名单，她们代表着女性不同的角色，也是各行各业成绩斐然的代表，他们增加了沃利，认为她可以提供水星13号的历史视角。我还提议由知名太空女记者莎拉·克鲁达斯（Sarah Cruddas）做主持人，她和我一样也是一名播音员。我的组稿编辑史蒂夫·泰瑟灵顿（Steve Titherington）在会上打断了我。

"我知道应该选谁做主持人。"

老实说，我感觉有些不好意思，但这并没有出乎我的意料。我以前是BBC的科技记者，在电视上播新闻有差不多10年，断断续续做BBC广播节目也有20多年。我想了片刻该如何委婉地推辞，然后我抱歉地说："不好意思，我还是想做制片。"

"没说你啊，"他说，仿佛在和一个傻子说话，"我说的是沃利·芬克。"

长久的沉默。我没说话，不是因为尴尬，而是感觉自己被打了个措手不及。坦白说，我不知道怎么才能控制精力过人的沃利完成采访的规定动作，尤其是让她来提问而不是回答问题；而且我也不知道该怎么调低她的声音才像一个标准的BBC广播主持人。几年前，我为BBC4套《女性时刻》（*Woman's Hour*）栏目电话采访过沃利，话题是她搭乘维珍银河飞船完成航天梦的畅想。比起我印象中1997年第一次采访她，她的声音更大了，而且她回答问题的思路更松散了，时长也更长。这样的采访内容让记者和编辑都很头疼。把一段10分钟的采访剪到6分钟算是小菜一碟，但把一段40分钟的采访剪到6分钟绝对是一场噩梦。但好在我们总可以让新一批听众认识水星13号，仿佛历史每十年就会集体失忆一次。

沃利做主持人还有一个很大的问题是她独特的说话风格。她特别喜欢强调某些单词，而且都是在句子中不常见的位置，同时声音会放大，

第一章 久闻大名，葡萄藤市得见

比她开过的飞机的噪声还要高十分贝。

显然组稿编辑没听过沃利讲话。我脑子里翻来覆去想着这些问题，半晌才意识到他还在等我的回复。我停顿了一下，问道："你为什么要推荐沃利？"

他的回答出乎我的意料："我看你每次说到她的时候你都在微笑。"

泰瑟灵顿是对的。在见过沃利本人之后，你很难想到她的时候不露出笑脸。但仔细想想，沃利也是那种《当哈利碰上莎莉》里的女主角一样的女人，她们以为自己很好相处，实际上相处起来却很费神费力。虽然多是事后诸葛亮，但我能嗅到这种气质。毕竟20世纪80年代，我有三任男朋友都给我买过大卫·普朗特的书《麻烦的女人》（*Difficult Woman*），书里讲了珍·瑞丝、索尼亚·欧威尔和吉曼·吉尔的故事。

我当然很喜欢沃利，可是我也很清楚和她一起共事会有多麻烦。沃利是那种非常独立非常有个性的女人，是集万千宠爱于一身的独生女，在这样的光环下，她天然地待人处事都很特立独行。我同样也是一个独立又有个性的女人，但我是家里六个孩子中的老大，从小到大我总是做老大，也时时肩负着超过我年龄的责任感。早在那一刻，我就已经预见到和主持人沃利搭档做节目的巨大压力。

坐在BBC大楼里，我反复考虑组稿编辑的提议。渐渐地，我想明白了，他的这个点子实在是太有创意了。一个77岁怪老太太的首档广播纪录片，这样的节目不只是好看，而是会让人过目不忘。当然，也可能会差到一塌糊涂。不管怎样，我的工作量都翻倍了。

几周后，得克萨斯州，葡萄藤市，我坐在沃利的家里，是时候把所有的担心放回现实接受考验了。反正她总是不知疲倦，我干脆给了她一大堆广播纪录片的串词，让她好好学习。这些都是我离开英国前已经准备好的材料，里面写了如何为采访提词、如何做介绍。这样我也可以至少提前感受这个节目的录制过程，也能让我听听她读台词的感觉。沃利是一个很棒的采访对象，但并不是所有人都会读台词，我也没听她读过。

沃利瞥了一眼我给她打印的稿子，我特意给她改了很大的字体。她深吸了一口气，开始朗读："两位，"——她停顿了好久——"水星13号的成员，杰里·科布和詹尼·哈特给约翰·肯尼迪总统写信，两年后，在民权法案立法前，一场公开听证会召开……认为……性别歧视违法。航天员斯考特·卡彭特和约翰·葛伦是代表……"——她又停住了。

"……NASA……他们反对组织女性航天员。当时还有其他的诉求，但一直到16年后，女人们……才……在1978年被纳入美国航天员选拔范围。"

沃利念完了，接着一阵猛咳。我努力安慰自己不要过于惊慌。我的不安不止来自她别具一格的朗读风格，还有很多别的现实问题：她明天还能坐飞机去休斯敦的林登·约翰逊太空中心吗？我们还要去见很多了

第一章 久闻大名，葡萄藤市得见

不起的女人，那些和沃利一样在现代航天业各个岗位上做贡献的女人，结果沃利清了清嗓子，兀自站起来，又开始在房间里跳来跳去，像在找东西。

"哎呀找到啦！"这年头大家都去看直播了，连我珍藏的DVD都已经土得掉渣，结果沃利手里拿着的居然是一盘录像带。她说着，把录像带塞进了一个巨大的黑色机器里。

这是一盘旅行频道的节目录像，拍的是她2000年去星城和哈萨克斯坦的加加林宇航员培训中心，节目组免费邀请她去体验一周的航天员训练。她想让我看看这个节目。我把录音暂停了。

节目给沃利取名"钢铁女"，她被五花大绑着送进了离心机。"没有退路了哦，"旁白说道，"还有什么遗言吗？"

"我就希望自己别把自己的舌头吃了。"沃利说。

"说到舌头，"旁白继续道，带着一种和背景配乐一样油腻的腔调，"要记住，所有按钮上写的可都是俄语。按错一个，那就真是'同志永别'了，沃利。"

沃利从离心机里出来的时候一脸平静又自信，毕竟她是十几岁起就开着飞机在天上转圈圈玩特技的女人。"嘿兄弟们，这感觉棒极了，"她说，"我还想再来一回！"

后来沃利又在一架俄罗斯货机内经历了失重。飞机进行了一连串抛物线飞行，从35 000英尺落到10 000英尺又回升。这种飞机外号

"呕吐彗星",实在是实至名归,然而沃利却毫不在意:"我都没觉得恶心过。"

仿佛是特意向女性航天员所经历过的性别歧视致敬,旁白说道:"沃利丝毫没有抱怨过气流的颠簸。毕竟,有多少人能在假期后不发福反而瘦身的呢?可惜的是,这些肥肉并不会自行消失,很快又到了重返大气层的时候了。"

节目的最后,沃利描述了她进军太空的梦想,她计划2003年进入太空轨道。13年后,距离她私下参加航天员测试都过去了50年,到今天,她的梦想还是停留在筹划阶段。我让她暂停了录像带。到今天,2016年,她还被困在地上。个中痛苦难以言表。

录像带中的沃利头朝下倒立着,在微重力的环境下试图翻跟头,脸上洋溢着幸福和喜悦。"那趟抛物线飞行是我这辈子做过的最棒的事之一,"她说,"我之前有在这儿的游泳池里练习,让自己边游泳边绕圈、翻跟头,这样在飞机向地球俯冲的时候,我就可以在飞机里做这样的动作了。他们这里面拍出来的有三遍,但我们飞了差不多20遍。这也是一个很好的重返苏联的机会,去看看星城,我之前的旅行都去不了那里。"

很明显,沃利时至今日仍在为她的太空之行做准备。我没法带她上太空,但是我至少可以利用我的节目,让她接触到更多航天领域里有意思的人物。我又递给她一张A4纸打印的材料让她练习另一场采访所需

第一章 久闻大名,葡萄藤市得见

的串词。这一次我建议她放慢语速,语气尽量更接近对话式。

她又一次清清嗓子,开始集中发力:"第一位上太空的女性是一个苏联人!瓦莲京娜·捷列什科娃。"她念捷列什科娃这个姓的时候额外拉长了"列"的颤音,整个词听起来大概拖了至少两秒长。

"6月16日,19……6……3。她在东芬六号航天任务中,在太空中工作了两天零22小时。"

我打断她,纠正了东方六号的读音,她又重复了一遍,这次读对了。"当瓦莲京娜抵达伦敦参加航天员展见开幕……"

"展览。"

"哦。当瓦莲京娜抵达伦敦参加航天员展栏开幕……"

"展览。"

"我刚读的不就是这个?"

"不是。"

"你知道吗?我见过她的。"

我显然并不知道。沃利冲到房间另一头,在老照片中翻找着。她找到了那张照片,1988年,苏联,沃利穿着飞行服,正在通过口译员和捷列什科娃对话。她当时作为99s国际女飞行员组织代表团成员访问苏联。

我几乎已经困到昏厥了,但临离开沃利家回酒店补觉前,我还是决定让她再试一条串词。这次是一段关于我们在休斯敦NASA基地的采访对象的介绍。工作安排很紧凑，此前节目组已经花了几个月的时间前期沟通，最终我们的采访对象包括一位女性飞行指挥，一位女航天员，还有一位航空军医，或者说我希望能采访到这些人。航空军医的采访已经敲定了，稿子里讲的是她的工作，描述了她如何接收并为搭乘俄罗斯联盟号飞船从空间站返回的NASA航天员做检查。NASA航天员斯科特·凯利曾将这种体验比作"坐着一个着火的桶，翻越尼亚加拉瀑布"。

给沃利之前，我又扫了一眼串词，突然发现这段词里写到这位航空军医去过哈萨克斯坦。完蛋了。

沃利开始练习第一个提问。"当你去哈撒斯坦去检查航天员……"

我纠正了她："哈萨克斯坦。"

"我说的就是这个啊。"

"不是，你说的是哈撒斯坦，应该是哈萨克斯坦。"

"行吧，"她深吸了一口气。"当你去哈撒斯坦去……"

"哈萨克斯坦。"

"当你去哈撒斯坦去检查航天员……"

"哈萨克斯坦。"

"哈撒……"

"哈萨克……"

"当你去哈撒斯坦去检查航天员……"

八分钟后,我们还没录完这一句。我们只有四天的时间完成采访,还要把所有这些要在美国完成的串词也录完。这绝对不是一个好的开始。

"哈撒斯坦。"

"是哈萨克斯坦啦。"

"哈萨克坦。"

"哈萨克斯坦。我能不能就直接说苏联?"

第二章　休斯敦，我们有麻烦了

"好的，看，看那个飞机上的前缘缝翼，已经放下来了……这样可以帮助减速。嗯，让我看看，这里有条河……"

与其说沃利是在和我说话，不如说她其实是在自言自语。也许是因为我戴着耳机。我在听我们前一天晚上在达拉斯她家里录音的成果，她的那些回忆和串词练习。然而飞机的噪声这么大，耳机里滔滔不绝的也是她的大嗓门录音，我身边的沃利说的每句话还是清楚地钻进了我的耳朵里。

"前段时间好像这里发洪水来着？没准不是这个镇？没事，我会想起来镇的名字的……"

下降的时候，我花了好一阵子才意识到沃利的讲解终于停止了。她的头向后仰着，脸朝着天花板，眼睛紧闭着，嘴大张着，一动不动。有某个可怕的瞬间，我以为她在梦里睡死过去了。结果她嗓子里发出了细小的声音，把她惊醒了。她的目光越过我，看了看窗外，竟然接着说了

第二章 休斯敦，我们有麻烦了

起来："我们现在应该是有2000英尺高……"

我想也许她滔滔不绝的解说也可以用到我的节目里，于是从座位下的背包里掏出了录音机。要是录音机角度刚刚好，就可以录到带着飞机引擎背景音的沃利的声音。我让她又说了一遍我们所处的位置，我们要去的地方，还有为什么要去那里。作为一名合格的飞行员，她的回答精准又干练。

"我们正搭乘5849航班，从达拉斯-沃思堡飞往休斯敦，目前距离地面高度约1500英尺，我们将向南降落在休斯敦。几分钟后你就会听到起落架碰到跑道的声音。我们的飞机有三个起落架，每侧一个，还有一个前起落架。现在我们的高度大约1000英尺，我们正以每分钟大约400英尺的速度下降。现在高度差不多是600英尺。"

是时候提词了。我问，那我们为什么要去休斯敦呢？

"这样苏和我就可以在NASA见到那些大人物，然后一起聊聊啊。"

沃利咯咯笑起来，我心里泛起一阵隐隐的愧疚。我还没告诉她，尽管我们花了几个月的时间反复沟通确认，最后NASA在一天前却只确认了一位采访对象，就是那位航天员专用医生。剩下的采访申请，包括一位2013届的航天员还有一位飞行指挥——她们全都是女性——NASA都还没有批准。从过去的经验来看，美国航天局最终是会被说通允许我们采访的，但无法提前掌握采访情况实在是让人抓耳挠腮。根据以往的经验，我只能继续推进一切计划，于是我订了机票，径直前往，当然一路上还在不停地默默祈祷好运。如果真的有好运，等我们到了休斯敦，我就可以收到NASA的确认邮件了。沃利并不需要知道我的这些不眠夜。

"现在我们的高度已经降到100英尺，跑道已经在视野范围内了。我们这一趟飞得真不错，好的，跑道现在距离10英尺，5英尺，好的……"她停了一下，"就是现在……"

说到这，飞机的轮子一下就碰到了跑道，整个机身跟着颠了一下。"现在开始减速。"此时可以听到一阵刺耳的摩擦声，"听起来这个制动有点儿太急了……现在我们转向滑行道……"

在机场的租车公司，沃利和我在车门旁撞了个满怀，因为我们同时都想进驾驶座。打个完美的比方，我们当时就像两个职业橄榄球大联盟运动员一样毫不退让。司机是谁没有可讨论的余地，因为租车合同上只有我的名字。确认了各自的角色后，我们开始驱车前往休斯敦市中心，一路上车内始终环绕着刺耳的警报声，听得人心烦意乱。我们一直没找到是什么发出的声音。快到酒店的时候，我突然恍然大悟。"沃利，你能不能系上安全带？"

"没事的，我从来不系。"

"我有事。我害怕。求求你了，能不能系一下？"

"怎么了？我也没碍着你事。"

"我要是突然刹车呢？你可就从车前面飞出去了。"

"宝贝……"她说，语气中透露出一丝丝不悦和一点点安慰，以及

第二章 休斯敦，我们有麻烦了

满满的故意作对的口吻，"那是我的事。"

这种玩法我也会。"你要是不系，我就不开了。"

随着一阵不满的嘟囔声，我听见了熟悉的金属片插进安全带扣的咔嗒声。警报声也随之消失了。在酒店，沃利提出要换枕头，要短一点儿小一点儿硬一点儿的那种，还说有些重要的事必须要提前说清。"我需要蔓越莓汁。离了它，我什么都干不了。"

"你问过前台了吗？"

"他们说没有。"

"那你在吧台看过了吗？"

"也没有。必须得要特定浓度的，而且，亲爱的，我只喜欢一个牌子的，就那个好。我得去趟商场。我问过了，这附近就有一个。"

"行。我明天一早就开车去。"

"我今晚就得要。你不用开车带我去，我自己去就行。"

"你开这车没保险。"

"没事的，亲爱的。"

"不行。"

我们又陷入了僵局。总有人必须做出让步，这次是我。我答应开车带她去商场，我们说好15分钟后楼下见。"好。"她说，然后嘟囔着说有东西落在车里了。我给了她车钥匙，让她先去拿。15分钟后，我走向酒店外的停车场，结果发现租来的车不见了。

"在这哪，宝贝！"在我的右手边，酒店门外，停着我租来的车，车里坐着沃利。

"你不该这样做的。"我厉声道。

沃利（出于礼貌）面露一丝愧色："我只是想做点好事来着。"

开车去商场确实不远，安全带警告也令人安心地保持了静音。一个小小的胜利。我在商场门口开得很慢，让沃利一家家商店看过去，但是在那些餐厅、美甲店、服装店中间，似乎没有一家是卖蔓越莓汁的。最后我们绕过街角，找到了一家超市。我从主干道上把车向右并道，朝一排停车位开去。结果吓了一跳：沃利的座位已经空了，我开着车，而副驾车门大敞着。

突然车头令人不安地猛地一抖，我立刻踩下了刹车。我肯定是撞着人了。但我从挡风玻璃往外看，外面并没有行人。外面只有沃利，她站在路中央，一如既往地神气活现。

那车身一抖是沃利的手拍在了引擎盖上，提醒我别撞到她。我吓坏了，一句话也说不出。她伸出另一只手，做了一个交警停车的手势。我坐在车里，大张着嘴，却发不出声。车外的沃利大步流星地向超市入口走去，只回头朝我喊了一句："我很快就回来！"

因为差点儿撞死我的主持人，我吓坏了，身子还在微微发抖。我努力把车子停稳。这时才发现她座位上的安全带还是牢牢系着，平整地展开在副驾驶座位上。她像魔术大师胡迪尼似的成功玩了一把逃脱术。我

第二章 休斯敦，我们有麻烦了

突然恍然大悟，原来自从我们上次就安全带问题吵过架后，她就把安全带插在插孔里，然后直接坐在安全带上，这就是为什么一路上车子再也没有发出过安全带未系的警报。我又气又恼，同时又忍不住好奇：一个77岁的老太太到底是怎么从座位上瞬间移动到车子前面的？而且说实话，这着实让我大开眼界。

第二天，我们的第一站是休斯敦太空中心。约翰逊航天中心的官方访客中心就在路对面，到这时，我们的采访已经全部敲定，下午我们将在访客中心完成采访。我的想法是，在太空历史博物馆沃利看到会触发她某段回忆的东西时，我就录下来她的即兴解说。出生于英国的美国记者阿利斯泰尔·库克（Alistair Cooke）的广播节目《美国来鸿》（*Letter from America*）从1946年首播一直播出到2004年，这位著名的媒体人曾有一次令人津津乐道的报道。在第二次世界大战后，他曾发起过一项校园调查，那时候电视还是个新发明。有个七岁的男孩说他更喜欢收音机，"因为画面更好"。这是实话。对拍摄环境进行收音可以为听众还原一个供独自想象的空间。

我们在大门处检票入场，我一边往停车场开，沃利一边开始疯狂指挥："我喜欢倒车停在一个宽敞一点儿的地方，你别忘了找个有阴凉的地儿。我妈都是这么教我的。"这主意不错，毕竟天气真的很热。然后沃利开始大叫起来："哇，厉害了！"

的确厉害了。在我们的右侧，就在太空历史博物馆入口处，一架改装过的波音747驮着一艘航天飞机。这正是航天飞机专用运输机NASA905。全世界只有在这里你才能如此近距离地看到这艘航天飞机和它的运输机。"等着，等我停稳了你才能下车。"我发出了警告。

可还是晚了一步。一股车外温暖的气流拂过我的腿面。因为髋部手术导致有条腿略短的沃利已经下了车，一路又跑又跳地穿过了停车场，那姿态实在是引人注目。她迅速找到了一个最佳拍摄地点，开始对着这个航天飞机加运输机的组合狂按快门。这世上沃利最喜欢的两件事：航天、太空旅行，呈现在了同一张照片里。

逛博物馆非常有趣也同样累人。沃利对每件展品都热情满满，带着周围的人和她一起心潮澎湃：她对于自己激动情绪的表达是如此的土里土气，却让这件事本身变得洋气起来。沃利似乎有使不完的力气，走到哪里都问东问西，虽然很多问题的答案就在她眼前的展品介绍里，只需要她耐心读完。过了一会儿，我的耐心也耗尽了，回答她的提问时就直接让她自己看看介绍。但这似乎并没有扫她的兴。

我们还参观了天空实验室，这是一个来自20世纪70年代航天计划中的圆柱形空间站。实验室展览部分做得惟妙惟肖，我们花了好长时间才意识到那个在微重力环境下翻跟头的男人并不是真人。沃利还主动和这个假人搭话："先生你好，在那上面感觉如何？哇，我也好想像他们一样在太空航行。"

第二章 休斯敦，我们有麻烦了

后来我们乘电梯来到了独立号航天飞机的参观入口处，从那里上了几层楼。等我们走到室外，阳光正照得刺眼，阳光下正是黑白相间铺着陶瓷隔热瓦的航天飞机。"停车的时候你可没说我们要进航天飞机啊。"沃利已经有些抑制不住她的喜悦。

驮着独立号的运输机是完成过233次运载任务的真机，它背上的这一架却不是真的航天飞机。

"这是复制品，只是等比例大小，感觉应该和真的一样。我要带你去太空了，沃利。"

"没事，亲爱的。在这个世界上，我只想和你一起去太空。"

这绝对是夸大了的溢美之词。我们的确在过去的许多年中断断续续保持着联系，但说实话，我们对彼此的了解并不多。要不是她让我给她发了一张近照，她恐怕在酒店前台都认不出我。沃利也很快变了主意："哦还可能和艾琳一起。"

等我们检票进场，沃利已经恢复成了那个元气满满的自己："你好！你们在这工作可真不错啊。你们这儿有多少人？你肯定很爱自己的工作吧？嗨，你好吗？"

沃利问给我们检票的小伙子："今天你是我们的飞行员吗？"

"上次我开着它兜风，"他用一种毫无生气的语调说，"一直开去了温蒂汉堡店，市里不喜欢我这么干。"

在有效载荷舱内，沃利细细观察着各种仪器装备："嗯，棕色和黄色的是水平仪,另一个是罗盘……"

"和飞机差不多?"

"是的。"

加拿大机械臂[1]旁边有一块屏幕,一直在循环播放视频。沃利在上面看到了熟人:"那是艾琳·柯林斯。"

我们参观完有效载荷舱,再次来到外面欣赏这架航天飞机。沃利感叹道:"我的天,我们刚刚可是在航天飞机里啊。"我们在运载机上面,靠着墙,对面是航天飞机。我突然想,沃利在柯林斯的发射现场该是怎样的心情?

"那时候我激动坏了。几个月前我见过她一面。我知道她在飞船上,她的座位里。飞船发射的时候,我说:'加油艾琳,代表我们所有人去飞吧!'……我们都哭了。她能有机会上天真是太好了。"

她还回忆起自己被电视台采访:"他们好像就只想采访我。我不知道为什么……"我当然很清楚同行的用心,"我猜是因为我是最先接触艾琳的,我们是朋友。"

我想起来特鲁希尔1997年那个略带贬损的评价,当时她说沃利摆架子。如今我又反过来问沃利,她第一次在柯林斯的发射现场见到水星13

---

[1] 也称为航天飞机遥控机械臂系统。——译者注

第二章 休斯敦，我们有麻烦了

号计划中的其他六位成员的时候有什么评价。"她们挺好的，"沃利说，"但是我觉得杰里·特鲁希尔有点儿端架子。"

在主展厅，我把沃利喊来看一块反光的黑色石头。这是阿波罗17号在1972年12月从月球的澄海边缘带回来的，有38亿年的历史。

"沃利，你看，我在摸月球。快来摸摸月球。好光滑。"

她嘎嘎笑起来："你要把它带回家吗？"

"不行，他们把它粘在这里了。"

等我们再见面的时候，沃利正坐在一个航天飞机驾驶舱模型里："这就是当年艾琳坐的位置。感觉真棒啊。这儿有方向舵和操纵杆，和飞机一样……还有这些液压系统。哇你看这里这么多按钮。有些特定的按钮是有特定作用的，我不够聪明，还没弄明白。他们穿着那么厚的航天服，你都想不出来他们是怎么坐进来的。"

我也有同样的思考："这就是选女人的好处啊，总体来说占的地方还是会小一点儿。"

"同意。"

在另一个展厅，我们看到了意想不到的一幕。在那个背景装饰成星空的天花板上，挂着一艘真正的水星太空舱，是从华盛顿特区的国家航空航天博物馆租借来的。因为最初的"水星七杰"，所有水星太空舱的名字都包含数字7，这艘是信仰7号（Faith 7）。

"本来我也可以坐这个上天的，要是命好的话。"沃利叹了口气说道。

由于设计的体积较小,所有的水星飞船都叫太空舱。"这就是一个人的驾驶舱。"沃利解释道。她从围栏后探身去看信仰7号的驾驶舱,接着兴奋地拍着围栏,叫道:"居然用的是圆表盘啊!"

"20世纪60年代的技术。"

"而且没有方向舵。看着真不错啊。谁能想到啊?"

"你可以坐进去试试。"我和她开玩笑道。

"我在很多博物馆都想过要试试,"她认真地说,"但是他们都不让。"

她继续观察着控制板。"左手应该是某种推进器,哎呀这个控制板可太好看了,这看得多清楚啊。"

"你开起来应该没问题咯?"

"嗯,我觉得不会有问题。"

展品介绍里写着,航天员戈登·库珀(Gordon Cooper)在1963年5月15日至16日正是驾驶着这艘水星太空舱执行任务。"戈多啊,"沃利认出他来,"真高兴,我见过他的。"

她把剩下的介绍朗读了一遍。"信仰7号共环绕地球22次,用时34小时19分49秒。哇。真了不起。"

"你见到他的时候,他知道你的成绩了吗?"

"知道了。他写过一本书叫《寂静之海》(*Into That Silent Sea*),讲的都是这些水星计划里的男孩子们,但是有一章,叫'沃利和沃利',写的是沃利·施艾拉（Wally Schirra）和沃利·芬克。"

施艾拉是"水星七杰"之一。"他任务很成功,人也非常有礼貌,是个好人,他还说:'我真希望你当年可以成功。'他那一趟玩得多开心啊。"

沃利凝视着眼前的太空舱。"此时此刻,在这里,看着它,背景又是星空,我真想直接开上它飞走。你选得真好,这就是我最想看的东西。"

事实是,虽然沃利见过库珀,但他却不是那本书的作者。作者另有其人,是弗朗西斯·弗伦奇（Francis French）和科林·伯吉斯（Colin Burgess）。我们在离开的时候在礼品店里还看到了这本书。"老天爷,他们这有这么多书!"沃利大叫一声,然后念起了书名:"《土星探索之路》（Stages to Saturn）、《月球上的男人》（the Man on the Moon）、《倒计时》（The Countdown）、《探月发射》（Moon Launch）、《第十年来临前》（Before this Decade is Out）、《最先登上月球的人》（The First Man on the Moon）、《最后一个月球人》（The Last Man on the Moon）、《火箭人》（Rocket Man）、《阿波罗13号》（Apollo 13）……"

"有写女人的书吗?"

"没看到。这里没有讲水星13号的书,"她说,"真有意思啊,永远都是男人做主角。"

我此前也参观过休斯敦的约翰逊航天中心,但终于有机会能把车停在30号楼任务控制中心外还是让人激动不已。2011年后,这里被人们叫作小克里斯托弗·C.克拉夫特任务控制中心,以美国首位飞行总指挥克里斯·克拉夫特博士的名字命名,他同时也是水星计划的太空任务组初始成员之一,也是后续水星发射任务的飞行指挥。

克拉夫特是一个天资聪颖、远见卓识、严守纪律的人,从光荣的阿波罗任务到后来的天空实验室和阿波罗–联盟号测试项目,其间他始终是纯粹的头号人物。和20世纪60年代那些端坐指挥控制室的人一样,他永远都西装革履,白衬衫黑眼镜。但和其他人不一样的是,克拉夫特毫无疑问才是真正的总指挥,在一场太空任务中,是他领导制订并确认实施任务所需的规定、所有的操作和应急计划。在克拉夫特掌权的鼎盛时期,毋庸置疑,飞行指挥只能是男人从事的工作,而克拉夫特本人在行业内德高望重。1997年,我在他位于休斯敦的家中拜访过他,彼时他已经退休15年,在NASA的最后10年始终担任约翰逊航天中心主任。可即便如此,面对这个龙威燕颔的男人,任何质疑或违抗的想法都不得不三思。

克拉夫特并没有参与美国首批航天员的选拔,但对于NASA只选了男性而拒绝了女性的事实,他也丝毫没有歉意。"选拔资格是很明确直接的,写得很明白,我们要的是飞过高性能飞机的男人或女人。说得直白点儿,我们要的是那些愿意玩命或者经常拿生命冒险的人。只有这样,他们上去面对完全陌生的环境才应付得来。那时他们只会觉得一切都很自然。"他说。

"这个对高性能飞机飞行时长的要求就排除了女性,因为那时候全国没有哪个女人有过这种经历。她们自然没法达标。说实在的,我不好说我们那时候这样做是对是错。但那些我们选出来的男人、后来被我们送上太空的男人,都是非常优秀的飞行员,个个都是好样的。"

但在后来的采访中,他又单独指出水星7号计划中的斯科特·卡彭特并不是他心目中的"好样的"。

"卡彭特没做过试飞员训练。我就这么说吧,他就不该上太空。但他高低还是上天了,还好他命大活下来了。"他的不满让他停顿了一下,然后从牙缝间挤出一句低低的怒吼,"真他娘的命大。"

我暗示他,要是那些努力成为航天员的水星13号计划里的女人们知道有人不符合要求却去了太空,恐怕会非常失望。克拉夫特对苏联女航天员瓦莲京娜·捷列什科娃都提出了尖刻的评价:"他们把他们国家第一个女人送进了轨道,但她其实基本上就是个废物,他们还能看到她回来也是他妈的靠运气。她在飞船里根本什么都做不了就只能歇斯底里地抽风。你怎么知道我们要是派别的女人上天不会是一样的结果?"

类似贬低捷列什科娃成就的说法流传了几十年,很多直接来自参与了太空实验的科学家,他们说捷列什科娃临出发的时候精神崩溃了,还说她在太空中吐了。这话仿佛是特意讽刺捷列什科娃能力不足,即使航天员在太空中呕吐是非常常见的现象。这些科学家使用的词"歇斯底里"也是另一个常见的用来贬低女性的词。如果20世纪60年代美国遍地都是性别歧视，那么别处也半斤八两，彼时是，后来也是。

有些人总说捷列什科娃不过只是一个伞兵。1969年，这个"伞兵"毕业于茹科夫斯基空军学院，此后任航天工程师一职。七年后，凭借工程学博士学位，这个曾经的工厂工人变成了捷列什科娃教授。尽管如此，航天历史中的捷列什科娃总是被反复提及她早期资历不足，而不提她后期的学术成就。一直到2004年，一项大揭秘才让人得以了解捷列什科娃的实力。事实上，东方六号飞船一进入轨道，她就发现了飞船的指向有问题，自动定向系统有故障。她接到的命令是发动反推火箭返回地球。但在错误的指向上，直接执行命令就意味着飞船将飞往更高的轨道，也就是说，这位世界上首位女航天员在绕地球环形的旅行中会被缓慢而痛苦地活活饿死，成为首位牺牲的女航天员。是捷列什科娃通知了地面指挥中心，后者确认了她的判断，才发来新指令纠正了错误。这些头脑冷静的危机处理方式足以证明她并不是一个"废物"。

很多年以后，我见到了捷列什科娃本人，并听她亲口描述了她在太空中和死神擦肩而过的经历。那是2015年9月，她在伦敦科学博物馆参加苏联宇航员主题展览开幕式。她驾驶过的东方六号飞船也在展品中。她表示，她并没有想要让造成这个致命错误的工程师对此负责，所以一直以来她都保守着这个秘密，整整30年之久。"苏联宇航员都可以恪守

第二章 休斯敦，我们有麻烦了

诺言，男人女人都一样，"她说，"女人尤其是。"她还透露地勤人员忘记给她带牙刷。我提问是否对她之后19年的女性航天空窗期以及之后也少有女性航天员的情况感到失望，她回答道："我认为（航天）对女性的态度会转变，"然后，她带着尖锐又不失活泼的语气对前排的俄罗斯政要嘉宾说道："你们听清了吗？"

我在采访克拉夫特的时候也问及特鲁希尔提过的那句"与其送一群女人去太空，还不如派一只猴子"的评论，据信这句话正出自他本人。克拉夫特表示他并没有听过这句话，但依旧评头论足了一番："那时候女权运动还没开始。虽然科克伦小姐对于没有被录取，甚至没有被真正当作候选人，就发了不少牢骚，但就那时候大众对这个项目的看法来说，她就是在犯傻，因为那时候那种想法根本不被接纳。"

同时他也承认，考虑到如今世界对男女平权的政治正确性，后来确实应该选拔女性。"因为政治正确已经要求如此，女性本应接受（喷气机）飞行员的训练，我觉得她们可以做得很好。但话说回来，对水星计划项目而言，我们的压力就更大了。"比如说，他举例道，排尿就是一个问题。我的采访笔记上这个单词后面加了一个问号，我当时肯定觉得他这个举例过于荒唐可笑。笔记就停在了这里，后面没有再继续写，这说明他此后所说的无法在节目中播出。即便如此，我们得以一瞥在那个男女都要努力打破性别刻板印象、打破固有的期待和限制的时代，想要奋力开创事业是何等艰辛。

那次采访的19年后，沃利和我见到了NASA新生代飞行指挥中的一员，玛丽·劳伦斯（Mary Lawrence），她是NASA第13位女性飞行指挥，也是目前在任的六位女性中的一位。我们所在的位置是在飞行控制室上方的参观区，因为控制室正在升级改造，控制台目前空无一人。但就在几周前，这里才刚刚为国际空间站执行了一次任务。等到升级完成，这里又会变得人人都得连轴转。

这是沃利作为记者的首次采访。她很擅长回答问题，但如何提问需要另一套技巧。问题不能引导采访对象只回答是或者否，除非是问"你是不是杀了你老婆"。采访者必须认真聆听，如果采访对象提前回答了还没问到的问题，要懂得及时调整提问顺序。如果采访对象的回答过于复杂或专业性过强，采访者也要负责做解释工作。对于第一次主持的人来说，这是一场不小的挑战。沃利瞟了一眼她的问题清单，然后果然没有按提纲提问，她抛出的第一个脱稿问题是："你是不是和那些航天员说过话？"

劳伦斯此前是一名工程师。她之前受过的良好教育让她决定在数学、科学和工程学方面深造。受电影《阿波罗13号》的启发，她选择加入NASA。这部电影讲述了1970年克拉夫特和他的团队在发现飞船出现"问题"后，如何全力确保了三名航天员搭乘受损的飞船平安返回的故事。我们好不容易把采访转回正轨后，才弄清楚了劳伦斯的职业路径。

"最开始我是飞行控制员，负责研究系统工作原理，然后进行一系

第二章 休斯敦，我们有麻烦了

列模拟实验，模拟故障处理还有其他的正常操作。通过培训之后，你就可以在这个房间里工作了，慢慢累积经验。我有幸在空间站组装阶段担任过飞行控制员，所以我有很多时间积累技术知识。"

这些知识随着她成为飞行指挥进一步得到拓展，她学会了包括紧急情况下的处理，机组成员如何应对，地面工作人员如何配合。培训在模拟控制室内进行，也在太空舱内演练过各种场景。

沃利的反应很像美国演员鲍嘉（Bogart）："哎哟，小家伙整全套啊。"

隔着玻璃窗，劳伦斯为我们介绍起控制室的不同区域分工。"每个控制台都由一组计算机组成，显示来自空间站的数据或遥测数据，"她说，"一个飞行控制员操作一个控制台，飞行控制员向飞行指挥报告，飞行指挥为整个任务做决策。"每个控制台负责的是不同的国际空间站系统。"通信系统、姿态控制系统——空间站里有控制力矩陀螺，用来保持姿态（方向）和直线飞行；还有电力系统、热力系统……"沃利听得瞪大了眼睛。

"我们有专人负责管理机组成员的时间表和日常活动。当然，我们也有太空舱通信控制台，可以直接与机组成员交流，还有其他一些人。大家是一个团队，确保飞行船能好好在天上飞。这只是休斯敦的这部分，"劳伦斯补充道，"在欧洲、在俄罗斯、在日本，还有这样的队伍，负责各自的模块和系统，但我们都在同心协力执行同一个任务。"

相机一刻不停地记录着航天员和地球。"我们看到的和头顶上250英里外他们看到的一样。"劳伦斯说道。

"你想上去看看吗？你得去趟太空啊。"

劳伦斯的本职工作——她坚持道——是在地面上完成任务："我真的是爱上了这里的工作，我也很开心为航天员们提供支持服务，确保他们安全，我是团队中的一员。"

"你太谦虚了，"沃利说，"要是我，我恨不得现在就去太空看看。"

当被问及她怎么看自己作为一个公众人物所带来的激励效应时，劳伦斯的回答出乎意料。"我很自豪能作为女性担任飞行指挥，领导一支队伍。我同时也是一个母亲，所以我证明了鱼和熊掌是可能兼得的。这是我内心最想做的事情之一。一个女人可以抚养孩子长大，也可以在任何她想要做的领域取得成功。"

如果那些参与了水星13号计划的妈妈听到这样的话，她们一定会为劳伦斯欢呼。沃利问劳伦斯未来的计划，劳伦斯毫不犹豫地回答道："在NASA，每一个人都梦想着一次载人火星任务，我认为，目前在这里的每份工作都是在为这个目标打基础。我无法预知届时我是否还在这里，但当那一刻来临，我知道我会是其中的一分子，因为那是我们如今工作的成果体现。"

这绝对是一套官方的回复套词，和她之前的回答形成了鲜明的对比。那时候火星是NASA的工作重点。是火星。是火星。还是火星。如

第二章　休斯敦，我们有麻烦了

果NASA的公关有哪一点做得不错，那就是确保每个人都把这段话烂熟于心。我个人对NASA是否可以在计划时间内达成目标是持怀疑态度的。就在外太空克服辐射、利用有限资源生存来说，重返月球感觉是更容易达成的目标。在下一任总统任上，果然月球再度成了目标。

2011年，安迪·威尔（Andy Weir）的科幻小说《火星救援》（The Martian）一经发表就大获成功，三年后小说再发行，2015年小说改编的同名电影也获得了同样优秀的市场反响。小说的大部分内容都有严谨可靠的科学依据，唯一异想天开的部分就是让那名滞留火星的航天员存活了那么久。实际上，火星上的辐射是残酷的，因为火星的大气层比地球薄，而且缺乏起到保护作用的磁层（地球周围受磁场控制的空间区域）。

好奇号火星探测器上配有辐射评估探测器，虽然它可以完成"相对较短"的长期任务，但长达180天的出发去火星的旅途也会使航天员暴露在宇宙辐射之下，强度相当于24次计算机轴向断层扫描，相当于一个人在核电站工作一年所接触到的核辐射上限的15倍。假设航天员在火星上工作500天，再加上180天的返程时间，这就意味着，该名航天员接触到的辐射量会超过人体终生总辐射量的极限值1.01西弗，相应地，会导致患致命性癌症的患病率提高5%。

理论上说，NASA当时最新选拔出来的2013届航天员中总有人是有希望创造历史的。"他们是最有可能登陆火星的，也是最年轻的。"劳伦斯说道。这一次，NASA首次见证了男女比例各五成的候选人名单，这是NASA历史上女性候选人比例最高的一次。也就是说，第一个踏上火星土地的人有可能是女人。然而想要梦想成真还有很长的路要走。当时NASA最先进的火箭，太空发射系统，在测试阶段，终极目标是实现深空探测，还计划发射猎户座飞船并完成载人火星探测任务。随着航天飞机的退役，商业航天对可替代的航天运载工具的竞争日益加剧。目前可以胜任地球和国际空间站航天员转运任务的只有俄罗斯的联盟号火箭和飞船。和飞机一样，航天飞机降落要借助跑道滑行，而联盟号飞船是采用降落伞，落地方式出了名的粗暴。2010年，在完成六个月的国际空间站任务返回地球前，NASA航天员特雷西·考德威尔·戴森（Tracy Caldwell Dyson）曾经听人描述过这个降落的感受，像"先是火车相撞，接着汽车相撞，最后你又从自行车上跌落"。

当航天员这样返回地球的时候，NASA航空军医尚南·莫伊尼汉博士（Dr Shannan Moynihan）往往是他们出舱时见到的第一个人。和沃利一样，莫伊尼汉从小也有远大志向。在那个缺乏女性航天员模范的1960年，莫伊尼汉的榜样另有其人。

"我还留着四岁上幼儿园时候的一张纸条，"她说，"那是我写给香农·露西德的。"

香农·露西德（Shannon Lucid）是一名生物化学家，也是美国最早的女性航天员之一。她的同学莎莉·莱德（Sally Ride）以略胜一筹的优势成了美国首位女性航天员。NASA于1978年终于向女性航天员开放申请时,露西德正在俄克拉何马州医学研究基金会工作。1985年6月17日,她被选作STS-51G号任务的任务专家前往太空。截至她2012年退休,露西德的太空飞行总小时数达到了5354小时,也就是233天,成为世界上在轨时长最长的女航天员,这个纪录一直到2007年6月才被打破。从2002年到2003年,露西德在华盛顿特区担任NASA首席科学家一职。

"我那时候不知道她是医生,"莫伊尼汉说,"我曾有幸在星城和她共事。对我来说这是真的梦想成真。"

莫伊尼汉是一个爱笑的高个女人,一头鬈发。对于那些刚刚结束星际旅途的航天员来说,见到她会让人感到家一般的安心。"有些航天员回来的时候状态很好,有些因为重力的原因会有些不良反应,有点儿像严重的眩晕症,头晕、失去平衡、恶心。他们可能也会想吐,有些很虚弱头晕,没法走直线。"

"太空旅行对男女的影响有区别吗?"

"答案是没有区别。我们没有发现在轨的男性和女性航天员有任何明确的区别。这种环境所带来的同样的生理反应看起来对男性和女性都有影响,"她说,"这是一个有趣的问题,但到目前为止,答案还是否定的。"

唐纳德·"唐"·基尔戈博士(Dr Donald "Don" Kilgore)曾与洛夫

莱斯共同为水星13号计划进行测试。对于男女是否有别这个问题,他表示:"测试结果令人印象深刻,通常情况下,女性表现得与男性一样好,在某些情况下她们甚至更胜一筹。当然和现在的技术相比,当时的实验相当原始。为了测试平衡性,我们在椅子上旋转测试者,测量眼球对这些刺激的反应。我们还用0℃①的水冲实验者的耳朵,这会导致眩晕。那是对所有候选人来说都很不舒服的测试,无论男女,而且多年后都还记忆犹新。耳朵里有冰水实在是不好受。"

沃利表示同意:"那场测试搞得我对自己的身体都失去控制了。"

基尔戈本身也是一名飞行员,他一直在洛夫莱斯医疗中心担任首席执行官,一直到1987年退休。10年后,我和他聊起了男性和女性航天员的表现。"女性消耗氧气更少,她们体重更轻,她们比男性忍耐力更强,更能承受比如感官剥夺实验这种事情。"基尔戈表示。

"有些男候选人在感官剥夺实验中坚持的时间不长,这和漂浮在完全黑暗的水中有关,你感受不到一点儿感官刺激——没有光,没有听觉,没有气味,"他说,"就这项测试而言,女性通常比男性做得更好。"

---

① 文中多次提及测试水温,如此处的0℃和后面沃利提及的10℃,据作者介绍,测试的具体数据已经没有可循的历史记录,不同的人提供了不同的记忆,甚至同一个人的记忆前后都有偏差,但总之,水温实际上都是令人感觉冰凉刺骨的。——译者注

第二章 休斯敦，我们有麻烦了

洛夫莱斯博士很早就在瑞典发表了一篇论文，提出女性可能比男性更适合去太空，但由于种种原因，遭到了相当大的反对。"

2014年，《妇女健康期刊》（*Journal of Women's Health*）发表了一篇综述，总结了最新发表和尚未发表的载人航天研究。由NASA和美国国家航天生物医学研究所组建六支工作组，负责检查这项研究并调查研究男性和女性航天员在太空中生理、心理和行为上的区别。没有证据显示男性和女性航天员在心理和行为上有不同，但生理上确实有细小的差别。比如，女性航天员在到达国际空间站后更容易产生航天运动病，而男性航天员则更容易在返回地球后表现出不适；男性航天员在太空旅行后视力受损的风险更高，而由于女性更容易罹患由辐射引起的癌症，女性航天员需要更低的辐射暴露水平；在某些特定的心理测试中，女性反应稍慢但准确性更高，而男性则倾向于保速度而忽视准确度。也就是说，现代测试证明了基本上两者不相上下。但是，这些调查采用的女性航天员样本相对男性航天员较小，毕竟研究期间去过太空的男性已经是女性的八倍之多。因此，研究所提出的建议之一便是，选拔更多女性航天员参与太空任务。

随着沃利对这位NASA航天军医的采访顺利推进，我准备的采访问题都被一个一个问完了，这时沃利提出了一个非常实际的问题，关乎在微重力下女性的生理期。"现代女性已经可以通过服用激素药片来抑制她们在轨时的经期，"莫伊尼汉表示，"在地球上这是非常常见的事情。

服药可以让她们的训练和后勤保障变得更容易。如果一个女人选择在轨时也要来月经，当然我们也可以配合，过去我们也有过。这就是每个女人自己选择的问题。"

对于年纪稍长的女性而言，比如沃利，她更关心的还有滞留太空会导致的骨质流失问题。"我们也在解决机组成员绝经后的问题，"莫伊尼汉介绍道，"我们始终关注微重力下的骨质流失问题。绝经后面临的风险更高。目前我们有几套解决方案，我们还在和一批专家合作，为每位计划上天空的女性量身定制方案。"这其中可能涉及一个疗程的激素替代疗法或采用不同类别的药物来帮助保护骨骼。

莫伊尼汉让人感到温暖又备受鼓舞，这让我这位快80岁的采访者感到放松，提问也变得更自然。"那女人在太空有什么优势吗？我们有优势吗？"

莫伊尼汉还没来得及回答，沃利就先自问自答起来："我想肯定有！对了，现在选拔航天员的身体素质标准和20世纪60年代我参加测试那会儿有什么变化吗？"

"我认为现在更人性了，和您那时候相比，应该是更有针对性了，"莫伊尼汉温柔地说，"我们这些年学到了很多。我们在选拔和分配任务之前肯定是要先进行大量筛查，以确保他们身体健康可以完成任务。要是能听您讲讲当年的经历就更好了。"

于是沃利的故事汹涌而来，她讲得极快，中间几乎没喘气。莫伊尼

第二章 休斯敦，我们有麻烦了

汉偶尔会发出会心的笑声。"杰里·科布给我打电话问我：'沃利，你想不想去太空？'我说当然了，然后她说：'那就联系洛夫莱斯博士。'然后我们芬克家就联系上洛夫莱斯了，因为他叔叔给我爸爸看过病，那会儿他生病了，也因此到了新墨西哥州。我就是在新墨西哥州出生的，在陶斯，海拔7000英尺，我从小就习惯高海拔，在海拔13 000英尺的地方滑过雪。从小我想干什么就干什么，骑车、射击、骑马、滑雪。没人拦着我。受伤了我会自己处理好然后该干什么干什么。我和很多女孩的成长方式都不一样。我玩飞机模型，我喜欢太空。我太想上天去看看了。所以杰里（科布）跟我说让我找洛夫莱斯，我就找了。然后洛夫莱斯说：'你周一过来吧。'我就在那儿做了一周的测试，我都不敢相信。我没受伤，没觉得疼，我早就知道怎么处理疼痛了。他们当然想要让我全身每个地方照X光，看每块骨头、每颗牙。他们上来就把我绑到椅子上，往我一个耳朵里滋10℃的水，你知道你身体会起什么反应吗？"

莫伊尼汉医生立刻说出了答案："你会头晕。"

沃利像拨浪鼓似的摇起头来，舌头伸在外面跟着左右晃，像一匹嘶鸣的马。我赶紧把录音机的收音音量调低了一些。

"你会发疯的！"沃利说。

她们笑起来，莫伊尼汉附和道："那确实。"

"你根本控制不了你的身体，"沃利继续说，"然后他们让你出去，一小时后又让你进来，往另一个耳朵滋水。嗯，是有点儿针扎似的疼，不过我挺过去了。然后他们带我去另一个地方,想看看我们会不会出现幻觉。"

突然,就像一根针跳过了黑胶唱片上的曲目,沃利跳过了这段回忆,又开始讲起来她和美国首位女航天员的会面。"莎莉·莱德说:'沃利谢谢你当年做了这些测试,他们居然那么针尖对麦芒地给你喝倒彩。'但我根本没在意,我只不过是一个打败了所有女孩子还有'水星七杰'的普通人罢了。"

莫伊尼汉轻轻说:"真了不起。"

我暗暗皱眉。沃利确实在测试中表现出众,在至少一项测试中超过了男女所有的候选人,但她实际上并没有像自己说的那样,在所有测试项目中超过所有的男性候选人,而且20世纪60年代的报纸上也报道过,她的总成绩在所有女性候选人中排名第四。此外,根据电报往来的记录,洛夫莱斯是几周后才联系她的,而不是短短几天。但话又说回来,沃利毕竟年事已高,记不住准确的时间太正常了。

"然后他们就把我们带去漂浮舱,看我们是不是会出现幻觉或者别的什么。"

沃利的思维又跳回了测试阶段。刚才她说的是测试的第一阶段,是全体女性候选人都参加了的部分,现在她说起来了第二阶段的感官剥夺舱测试,参与者只有杰里·科布、利娅·赫勒和沃利。实验装置包括一个装有温水的圆形容器,实验环境是一片漆黑的隔音房间,用于模拟感

第二章 休斯敦，我们有麻烦了

官剥夺和失重的环境。

"我进到那个水池里，第一反应是抽了自己一个嘴巴，我什么也感觉不到。我感觉不到水。他们把水温搞得和我的体温一模一样，整个房间的温度都和我一模一样。他们说太空就是这样的。杰里是一直有个游泳圈，我是带了一块砖头大小的泡沫橡胶在我脖子还有后背上面。我就一直躺在水上。后来他们把灯关了，还给我戴了耳塞，他们说：'沃利你可以说话或者讲故事，干什么都行，坚持尽量长的时间。'那期间我一句话都没说，我真的是憋得很辛苦了。"莫伊尼汉脸上露出一个微笑。

"总之我就待在那儿，然后过了一会儿他们问我：'沃利，你感觉怎么样？'我说我好极了。然后他们说他们要开灯了，还会摘掉我的耳塞，然后我就出来了。我知道门旁边有个表，我想知道我表现得怎样。他们那帮人太贼了，他们把表也遮住了。反正我就出去了，又做了汇报，他们问了我好多三天前问过的同样的问题，问我父母、宠物、我的学业，还有圣经之类的。他们把我的生活问了个底朝天，其实问题和答案都是一样的啊！"沃利说着有些恼火，"就因为我在和我体温一样的水缸里待了一段时间，我的答案也不会改啊。然后他们说：'你在里面待了10小时35分钟。'"

莫伊尼汉深吸了一口气：

"……你打破了纪录。"

"哇。"这一次，终于不再是沃利发出惊叹了。老实说，在你听到那样的故事，知道的不再仅仅是数字，而是更多故事细节的时候，确实没有更好的词可以形容当下的感受。这个纪录太难以置信了。

"那么，"沃利问道，"现在还搞这样的测试吗？"

"没有了，女士，没有了。这个故事太棒了。谢谢您给我们分享。我以前只听过一些片段，但我还从来没有听过这样一手的报告。"

沃利大笑起来："不客气。"这确实是一场完美的愉快的交流。对话双方跨越了55年，一位是21世纪的新女性，担任NASA航天军医；一位是20世纪的先进女性，为了女性太空事业甘愿成为实验小白鼠。

"洛夫莱斯博士的兴趣之所在都不是他当时的时代所能接纳的，他走在了时代的前面，"他的同事唐·基尔戈曾对我表示，"他明白在当时的历史中女性也有同等重要的地位，他一直致力于让更多人信服这一点。当然他只成功了一部分。他在20世纪50年代所展现的态度和当时的普通人有明显的差异，也和当时媒体报道中那个时代我们努力达成的一切大相径庭。"

1960年9月4日，密歇根州的《兰辛州纪事报》大头条标题是《穿着高跟鞋上太空？首位太空小姐首先是女人。美女杰里·科布把女性魅力带到太空》。这篇报道代表了当时很典型的报道口径。

所谓的"美国首位太空小姐"的报道——作者也是女记者——和很多报道一样，把焦点放在科布的外形上，向读者保证这位航天员百分百

第二章 休斯敦，我们有麻烦了

仍然是女人。科布是"一位迷人的29岁的小姐，如果有机会的话，她大概会穿着高跟鞋踏上她的首次太空之旅"。

文章接着写道，科布"穿厚重的航空服、戴头盔时，和穿时髦的连衣裙、戴时装帽时一样优雅"，还说科布"有意表现稳重，以保持她的女性气质"，仿佛这样写还不够，文章还补充说"她有着121磅的体重，5英尺7英寸的身高，身材姣好，完全看不出任何男性气质"。

"我们当时已有很多出色的女性，她们非常优秀且积极进取，这是一个有趣的现象，"基尔戈说，"但它无法改变一个事实——事实上，大西洋这一边还没有为拥有女航天员做好准备。"

虽然美国对女性的态度的确发生了转变，但速度之慢出乎很多女性的意料。但到1997年我采访基尔戈的时候，NASA选拔女航天员已经成了惯例。比如，我后来在约翰逊航天中心见过的琳达·戈德温（Linda Godwin），那时候已经做了11年的航天员，完成了三次太空任务。她的第四次也是最后一次任务是在2001年，当时还未成行。戈德温像如今很多航天员一样，不仅是一名优秀的飞行员也是出色的科学家。"过去的女性为后人打好了基础，今天才能变得更好，"她说，"是她们当年打破了体制，好让我们今天少走很多弯路。"

我还采访过相对新晋的女航天员，任务专家珍妮特·卡万迪博士（Dr Janet Kavandi），她是1995届的NASA航天员，同期共有19名航天员。卡万迪是同届五名女航天员之一，其中两位是女飞行员，剩下的和

081

她一样，都是女科学家。"就我个人而言，我没有经历过女性处于劣势的情况，"卡万迪表示，"我明白这是时代演变的结果。但说实话，我认为如今我们团队中的男女航天员都是平等的。就我来说，我在整个航天员队伍中没有感觉到被另类对待。"

那时的卡万迪有两个孩子，还有一个十分支持她的丈夫，正等待着飞向太空。今天的她已经是经验丰富的老航天员了，她在1998年到2001年间共完成过三次航天任务，第一次便是搭乘最后一次服役的航天飞船前往俄罗斯的和平号空间站。她在太空共工作了33天，环绕地球535周。2016年，她被任命为NASA位于俄亥俄州克利夫兰的格伦研究中心的主任。

如今，对男性和女性航天员的选拔测试都采用伤害性更小但范围更广的医学筛查，为期数周，项目包括精神和身体方面的检查。由于国际空间站的国际合作属性，外语技能如今也是必需的。沃利梦想成为航天员的年代，美国和苏联还是对头。几十年后，美国和欧洲的航天员都学会了俄语，他们在地球上空以每小时17 500英里的速度环绕地球，在共同的居住办公空间里执行联合任务。

到目前为止，尽管我对沃利有过怀疑，她作为记者的前两段采访都算完成得不错。趁着她喝杯水的工夫，我想录一段30秒的房间氛围音效，剪辑的时候用得上，于是向大家解释请大家配合保持安静。但问题来了，沃利不能安安静静地让我收音。10秒不到，她就开始和莫伊尼汉说悄悄话，荒唐的是，声音大到完全听得清，是那种舞台剧式的大声咬耳朵。

第二章　休斯敦，我们有麻烦了

"我要你们安静好让我给房间收音的意思就是你也不要傻笑，这个你明白吧？"

结果她笑得更厉害了。这次是两个人一起。我再也摆不出严肃制片人的嘴脸，于是作罢："行吧，那我待会儿再录。"

于是我们继续聊。沃利给莫伊尼汉看了一份她在洛夫莱斯诊所那几天的安排的复印件。"这太酷了，"莫伊尼汉感叹道，一边大声朗读起来，中间跳过了一些不通顺的词。"周一，2月27日，1961年：粪便样本……向实验室汇报。听力学……我们也做……寒冷升压实验……直肠检查……"

直肠检查就是肛门检查，或者照莫伊尼汉说的："那是从下面看，"然后她继续念道，"鼻窦……那是为了看看你是否能够平衡……肺测试……"

沃利感到震惊："那么老的东西你竟然能认得出来。"

"嗯，"莫伊尼汉说，"大量钡，大量粪便样本……耳鼻喉科，对于压力变化非常重要。内窥镜根除疗法……大脑和程序测试。哦，倾斜台。我们现在还做这个测试。"

"但你们肯定不往大家耳朵里灌0℃的水了。"

实际上是10℃的水，但我们都懂她的意思，水是冰凉的。莫伊尼汉笑了。这两个女人，一个医生，一个曾经的实验对象，在这一刻融为一体；尽管她们中间间隔了50年，但在这一刻都理解了彼此为美国航天事业发展所做出的贡献。采访结束的时候，莫伊尼汉一直在向沃利道谢：

"认识你真的太高兴了,你可是水星13号的一员。"

"而且我是她们当中唯一还活着的。"沃利说。

"不,你不是。"我说。

沃利扭过头看着我,一脸惊讶:"啊呀。"

杰西卡·梅尔(Jessica Meir)是2013届NASA航天员,是新晋的候选人。那一年一共八名受训者,男女比例是一比一,这在NASA是头一次,也成了国际大新闻。梅尔实际上已经过了35岁,但她看上去还很年轻,非常热切地盼望进入太空。她知道,即便通过了选拔,NASA航天员候选人往往也要等上很多年才轮到一次太空任务,每位航天员都必须耐心等待。和沃利一样,她对太空的志向是从小埋下的种子。"我五岁的时候就想要当航天员,"她说,"我关于小时候比较清楚的早期记忆就是我画了一个在月球上的航天员。"

梅尔语速很快。很明显,沃利听她说话有些吃力,我也是。我们经常要让她慢点儿说。NASA的猎户座飞船和新的太空发射系统火箭——这是NASA"火星之旅"的一部分——在她的回答中反复大量出现。她给人的印象是一个会熟练回信息的NASA机器人,她回答问题的时候听起来就像是已经重复这个答案数百次了——可能事实的确如此。毕竟航天员总是会接受媒体采访。但这样近乎自动程序式的问答多少有些令人遗憾,因为和航天军医以及飞行指挥一样,梅尔是一个了不起的有故事的人。

第二章　休斯敦，我们有麻烦了

梅尔是哈佛医学院麻醉学助理教授，是一位生物学家，拥有斯克里普斯海洋研究所的博士学位，专门研究动物如何适应极端环境，还同时拥有国际空间大学的空间研究硕士学位。她的工作背景同样精彩：她在洛克希德马丁公司的人类研究机构工作过，还做过NEEMO任务，也就是在用于NASA极端环境任务行动的水瓶座水下实验室工作过。她潜水、爬山、骑自行车、滑雪。梅尔也是一名飞行员。也就是说，她就是翻版的沃利。梅尔的第一次太空之旅将前往国际空间站，但理论上讲，未来，这位女性也可能成为第一次登上火星的女人。沃利问梅尔是否想去那颗红色星球看看。

"当然，只要NASA项目设计完毕，我就可以带着探索精神去，然后带着我们平平安安地回来。"梅尔欢快地说。

"你有什么女性榜样吗？"

"没，没觉得有。"

她的回答非常诚实，也让人尴尬。梅尔坦陈自己没听说过"水星13号"，也没兴趣了解。我感到了深深的失望。沃利出人意料地沉默着，这很不像她的作风。后来的谈话少了很多以往和航天员对话的兴奋——不管她们是否真的去过太空——这一次，每个人的精神都有些低迷。梅尔代表的是未来，也许是因为她们现在所处的年代女性有了更多机会，她似乎也从来没有想过，自己所从事的行业从前见证过多少女性的牺牲。而正是那些像沃利这样的女性前辈的付出才有了今天梅尔这一代人的广阔天地。

我们那次采访的几年后，梅尔学会了开战斗机——这是50年前，沃利和"水星13号"成员们梦寐以求的官方许可。在这一刻，梅尔的经历听上去像个超人，但那只是因为她和你我相比，她的确是。如果说20世纪五六十年代航天员的门槛是严格，那么现在可以说是严苛。21世纪的航天员个个都是名副其实的强手。今天，仅凭一身出色的飞行技巧已经不够格申请成为航天员了。

我们能不能顺利到机场很难说。其实西北地区机场距离达拉斯下辖的葡萄藤市只有几英里远，但我们开的是沃利的露营车：车老，开车的人更老。而且一如往常，沃利拒绝系安全带。

沃利拿出了开飞机的架势。她兀自靠到我的座位后面，检查她是不是带了第二副耳机在飞机上用，而且车子每隔一段时间就会悄悄地滑到道路的另一侧。

"没事的，"我和她提出异议后，她安慰道，"我没压线。"

我们可赶紧到机场吧，越快越好。

其实我开小飞机也不是新手，这要多亏了《星期天泰晤士报》旅游版的一次报道任务，我在法国拉罗谢尔学了一周的飞行驾驶。尽管当地风景宜人，那一周实际上却很难熬。要学要记住的内容太多了。第一次练习降落的时候，眼见着跑道越来越近，我一下慌了神，吓得松开了方

第二章　休斯敦，我们有麻烦了

向盘，用双手捂住了眼睛。那一星期结束的时候，我已经可以在教练陪练的情况下，驾驶一架赛斯纳从拉罗谢尔飞到南特了。那感觉实在是不可思议。我那时候就喜欢飞行，现在依旧喜欢；但我也很清楚，即便是在20年前，我开飞机也磕磕绊绊，我还是更喜欢作为乘客，舒舒服服地坐着，叫来一杯酒，再来一袋坚果。

令我欣喜的是，沃利带我见到的蓝白相间的飞机是我熟悉的型号。实际上，这是我唯一认识的型号。"这是赛斯纳172，"沃利介绍道，"1972年的机型了，挺老的了。"

听到这又是一个"老东西"，让人忍不住心头一紧。

沃利看到远处一个人，认出是埃迪。她指我，大声喊道："她来拍点儿这些镜头。"

尽管我们一起做了那么多录音采访，而且我也提醒过无数次了，沃利到现在还是默认我们在拍电视而不是录广播。她爬上一个小梯子去看机翼旁的油箱。"这是我的沃利棒，"她说着，拿起了一个看起来像是鼓槌的棍子，"我把这个放进油箱里就能知道汽油量了。七英寸。就是说油箱还满着，下面来看看机油……"

接着她爬下来，又依次检查了机翼后缘的襟翼、机翼顶部和末端的副翼，然后她轻轻敲敲了敲升降舵和方向舵。埃迪听见我和她聊天，慢慢溜达过来。

"你听起来不像是亚拉巴马人。"他说。

"她是BBC女头头。"沃利说。

这不是我第一次"被升职",我也懒得去解释我其实是独立的BBC内容供应商:"不是,我是小喽啰。"

"我们能在BBC上听到你的节目吗?"

"偶尔能,非常偶尔……"

"通过沃利我都认识好多记者了,"他说,"我还有一次开飞机载过哥伦比亚广播公司的摄像,他们当时就在拍沃利。"

沃利又检查了副翼和升降舵"看看它们能不能顺利上下",然后让我帮她把机轮从机舱底下的泥泞地面上拉出来。我们三个人在飞机周围就位。"推下那个支架,亲爱的。"

在我看来,我的任务是记录下沃利开飞机的实况,也就是说我坐在旁边工作录音。而沃利的想法是让我来开飞机。她给埃迪讲了一遍:"也许我会在沃思堡机场的跑道上做几次起飞和降落。也许我会让她转几圈。她想让我和塔台对话,但我想让她说。"

"嗯你也看出来了,我们现在在闹权力斗争。"我对埃迪说。

"如果你不想干,你就别干。"沃利回应道。埃迪走开了。

"我不介意试试,但是我想录你的声音。飞行员坐哪边来着?"

"永远都在左边。"

"那你是不是得坐左边?"

"我就在这。我永远都在右边。"她递给我一个垫子,"我想让你坐

第二章　休斯敦，我们有麻烦了

下试试舒不舒服，能不能看见机头那边。"

"但是你那样也能开飞机的吧？"

"开不了。得你来。"

"我不会这玩意儿，"我指了指通信装置，"尤其是边开飞机边弄这个。"

"我逗你的。"

"我现在很紧张。"

"别怕，"她迅速打断我，"你在我身边没什么好紧张的。我说了算。之前是你说了算。"她笑起来。

我在驾驶员座位里坐好。"这下面有一个杠杆，"沃利说，"现在听我的，脚尖点着方向舵踏板，脚后跟在地上踩住了。放轻松。做得好，姑娘。好的。这是你的呼号。NS47VH，10点钟，阴天有风。"

沃利突然开始在座位下面摸索着什么。"我找不着了。"

"找不着什么？"

"我有条内裤。"

什么玩意儿？

"一条干净的内裤。它可以让我的耳机保持干净。我在耳机外面罩上内裤，这样就不会把线弄坏了。"

"你刚说你有条富余裤子的时候我就开始紧张了。"

有片刻的暂停。"你刚说的我没听懂。"

"你说的我也没听懂。"

沃利的另一个坏消息是，我的飞行员耳机坏了。我倒不是很介意，因为我本来就要戴我自己的耳机来监听录音效果。但沃利介意。

"下面说说启动飞机。要做的第一件事就是把油气混合推到最浓的位置，这样油就能充满化油器。你得让它热起来。"

我们在跑道上进入滑行状态，马上准备起飞。"汽油打开，配平片准备好了……合上了。好的，现在打开主控开关。做得好，姑娘。两个都打开。现在我来把脚放在刹车上。我们来看看能不能启动哦，"然后沃利尖叫了一声，"耶！我们要出发啦……"

我意识到，这一幕可以用于节目的开头。还有什么比这更好吗，我的主持人曾经是一名飞行员，还曾经志向飞往太空。当飞机离开地面时，我体验到一种美妙的自由感。难怪沃利投身于航空事业。飞起来实在是太爽了。

我们在距离地面2000英尺的高度环绕了一周得克萨斯州。"现在我们正在牛镇上空，"沃利解释道，当地人管沃思堡就叫牛镇。"那个是体育场……下面的所有建筑物都属于罗斯·佩罗，他超有钱。好的现在我要带你着陆了……"

那天晚上，我像往常一样把我的所有录音素材做备份。那一刻我意识到，听众要么会爱上沃利充满激情和个性，还有点儿吵的主持方式，要么我这套节目就彻底完蛋了。

第三章　卡纳维拉尔角

出乎我意料的是，超市货架上居然有这么多不同品牌的蔓越莓汁。我重新读了一遍沃利的邮件。与以往不同的是，这次邮件没有再用加粗的全大写字母。反倒是我，按她要求用加粗的全大写字母写了我的邮件。这种写法总让我感觉自己全文都在嘶吼。实在是太讽刺了。

"蔓越莓汁要克努森牌的，要八盎司浓缩的，"她指示道，"你可能找不到。普通款的也行。不过就是水多点儿。"

我找到了她要的果汁，继续读邮件："我的饼干打包不进去了。所以我还想要一盒带巧克力碎的饼干，只买一包也行。我睡前要泡着热水吃几块。"

那是2017年3月，我和沃利的休斯敦之旅的一年后。时间没有改变我们太多，沃利还是我那位心态超好、控制欲超强，还很容易感到无聊的主持人，而我是她心态没那么好、同样有极强控制欲，还很容易心生焦虑的制片人。

那天的购物是为了迎接沃利当天下午来佛罗里达州奥兰多。沃利提出了自己的营养搭配，要求每天的食物必须有"两素一荤"——如果"两素"是红薯、绿豆或菠菜的话。我往购物篮里又加了一袋猪肉块，现在篮子里满满当当装着巧克力碎饼干、土豆、鸡蛋、燕麦、培根、香肠、菠菜还有绿豆。和英国的肉价相比，美国的牛排价格很实惠，而且分量几乎是英国的两倍。沃利非常喜欢吃牛排，而我爱的是它更大的分量。我已经往篮子里放了四块牛排。我是20世纪70年代生人，从小我家吃饭口味就很清淡，连番茄沙司我家里人都觉得"太辣了"。长大后，我对食物的口味喜好和小时候渐行渐远。我无法确定自己是否能和沃利一起生活一周——她的口味像最寡淡的英国人，于是我给自己加了一份大蒜还有一把辣椒，以慰口腹之欲。

在佛罗里达州的航天海岸，酒店都贵得出奇，但我还是在可可比奇找到了一间带两个卧室的酒店套房，有客厅还带一个厨房兼餐厅。沃利很乐意和我分摊住宿费，这让我紧张的节目预算稍微宽裕了一些，尤其是我们下一站还要去欧洲。在达拉斯的沃利家里，平底锅在灶台上堆得到处是。我知道她平常吃饭都是在家吃冷餐水果，或者去家门口的赛百味选个扁面包，再夹上很多牛肉和菠菜。"母亲问过我要不要学做饭，"沃利告诉我，"我说不要。"

唯一的潜在问题是酒店的房间都环绕在一个长长的封闭式庭院四周。庭院有一个小泳池，还有烧烤区和可以闲坐玩套圈的休闲区。酒店

第三章　卡纳维拉尔角

的住客多是家庭出游，人们穿着短裤和泳衣，喝着啤酒和汽水，吵闹程度可想而知。我们是来这儿工作的，而其他人都是来度假的。我担心沃利会不会不满意这样的安排。

我们在卡纳维拉尔角是为了另一档BBC国际频道的广播节目。《太空英雌》和沃利独到的主持风格让不少听众深感意外，大呼过瘾。人们不仅喜欢节目中介绍的这些太空女精英，也喜爱沃利有点儿怪有点儿吵，但充满激情、让人自然与之亲近的讲述方式。我在制作和剪辑过程中几乎搭进去了半条命，好在播出效果不错，节目大获成功。节目一经上线便很快冲上BBC国际频道的播客下载榜第二，覆盖听众过百万。于是只要有合适的选题，当年的选题编辑自然还想继续撮合我们这个组合。而这个选题很快就来了。

全世界都在准备迎接人类登月50周年纪念。自1969年7月阿波罗11号登月以来，已经有六次阿波罗计划任务到达了月球表面，最后一次是1972年12月的阿波罗17号。虽然还有很多未解之谜，但似乎航天业内普遍认为探索月球已经不新鲜了。然而近期有关重返月球的讨论明显增加。2013年12月，中国的月球车抵达月球表面——这是继1976年苏联月球24号登月以来的第一辆着陆器——而且中国人还在准备更多更加深入的探索任务，包括载人登月。欧洲航天局局长扬·沃尔纳（Jan Woerner）也曾公开表示，他希望有朝一日可以建造"月球村"。虽然没人知道特朗普当局将如何引领NASA未来的方向，但不少美国公司早已

093

将目光投到了月球上。

人们已经日渐清醒地意识到，月球不仅是科学奇观、探索之地和艺术灵感之源，它同样是一片优质房地产资源，自身蕴藏着经济机遇。当官方航天机构开始正式考虑是否要重返这个离我们最近的天文邻居，鼓励发展"月球村"所需的技术之时，私人航天也迎来了新的春天。商业航天公司还瞄准了更大的星际探索市场，它们要把上太空的机会开放给更多人，像沃利这样的人。与此同时，很多人的格局和设想比飞跃地球大气层再重返地球还要大得多。

谷歌月球X大奖赛有高达3000万美元的奖金池，这项大赛征求商业团队将探测器送抵月球，要求探测器能在月面移动500米并回传高清照片和视频至地球。参赛报名于2010年截止。正如真正的航天任务一样，比赛要求的登月截止日期也在不断延后。全世界共有五支队伍进入了最终名单[①]。

兼具政府性质和商业利益的有关重返月球的尝试也为女性提供了多方位的机会。所有这些令人热血沸腾的计划不仅意味着有女性在科学、

[①] 直到期限的2018年3月底，仍然没有一支队伍达成发射任务，因此共计3000万元奖金的得主最终从缺。但主办方X奖基金会在同年4月初表示，月球X大奖仍将以无奖金竞赛的形式继续举办。——译者注

工程学和任务操作层等幕后岗位上默默付出,也表示,在不久的将来,历史将迎来第一位登上月球的女性。这正是我报道这次"新登月竞赛"的视角。这次的栏目题目容易多了:《第一个登上月球的女人》(*The First Woman on the Moon*)。而主持人自然还是沃利·芬克——要是历史的某些时刻更开明些,她本可以在20世纪六七十年代成为月球上的第一个女人,还有比她更好的人选吗?

在另一个平行宇宙里,沃利早就成功登上太空。伊恩·沙利士(Ian Sales)在《阿波罗四重奏》(*Apollo Quartet*)中曾有一部中篇小说重新对美国航天史展开了想象。在作者构建的世界里,洛夫莱斯博士的太空妇女计划没有被迫取消。由于很多美国飞行员陷入了更持久的战争,太空任务不得不依赖女性。小说中,沃利成了"指令长沃利",而水星13号计划中的所有女性都实现了自己的航天梦。

我和沃利约好在奥兰多机场的一个登机口集合。这里人来人往,却唯独不见沃利。我等待着,等待着,一直等到机场广播响起:"请苏·尼尔森到行李传送带处,您的朋友沃利在这里等您。"

沃利站在那,和往常一样双臂大张着,高喊着我的名字。她穿一件暗绿色衬衫,一侧印着航天飞机的印花图案,另一侧印着沃利的名字,她戴着一个钻石镶嵌的飞机形状的胸针,系着一条红围巾,工装裤右后侧口袋上贴着一个火星科学实验室任务魔术贴。和往常一样,她随身行李很少：一件小小的黑色行李箱，一个红色的大旅行袋，都缝有沃利·芬克的字样。在可可比奇，沃利细细打量了一遍酒店小小的前台，然后问服务生："你们这有《今日美国》吗？"

服务生答说没有。"行吧，"沃利语气中满是失望，这不是一个好兆头，"我爱看《今日美国》，很多酒店前台都有免费的。"

"街对面的酒店有，"服务生回复道，似乎包括我在内的所有人都急于讨好沃利，"他们还有免费的茶和咖啡。"

"我不喝茶也不喝咖啡，不过还是谢谢了。"

到了酒店房间，她先是巡视了一圈："你把我的巧克力碎饼干放到我枕头上啦，真好！"

沃利从行李箱里拿出来几件压皱棉衬衫，每一件都叠得整整齐齐，透露出军队严谨内务的痕迹。卫生间的洗手池边整整齐齐码了一排她的维生素片和其他营养品，牙刷专门放在一块绒布上。而我的化妆品凌乱地塞在架子各个角落里。她朝我的卧室看了一眼：屋里像刚被打劫过似的。一堆衣服、一沓纸、几个笔记本、几对麦克风、几块电池，还有其他的录音设备，散落在两张单人床上，还有床边的床头柜和五斗柜上。她用眼睛扫了一圈……却并没有说什么。

接着她便出门逛去了，我留在屋内把食物储备收拾进冰箱和壁橱里。即便是在屋里，我也能听清屋外的沃利扯着她那辨识度极高的大嗓门和陌生人攀谈。只消几句对话，一个人便不会再对沃利有距离感，她

第三章　卡纳维拉尔角

这种自来熟的特性让我很是羡慕。回来的时候，沃利拿着一份《今日美国》，还给我从另外一间我们谁都没去过的酒店捎了一杯免费咖啡。我很感激她的好意。

虽然天色已晚，但天气还是很热。屋外有小孩子在快乐地玩闹，不时发出兴奋的尖叫。因为沃利把门打开了，还用椅子挡住了，孩子们的声音大得刺耳。她开始往门口走，我以为她去教训人了。我自己也做过播音员，公平地说，我知道很多主持人和制片人都更在意私人空间。

我仅有过几次和别人共住一室的经历。其中一次，我和一个BBC广播制片人在马萨诸塞州剑桥市，那次也是因为经费不足。那是2004年，我们在做一档有关"哈佛计算员"的纪录片，讲的是那些从19世纪末开始，领着微薄的薪水，在哈佛天文台的摄影玻璃板上测量星星亮度的女人们。她们当中很多人——包括一名女仆和一位来自苏格兰的前教员——凭借自己的努力成了具有影响力的天文学家。这也是一段传奇。事实上，我不久前给《自然》杂志写过这些女人的故事，其间还专门去重读了达娃·索贝尔（Dava Sobel）的畅销书《玻璃宇宙》（*The Glass Universe*）。十多年前，我曾经把这本书推荐给一家英国出版商，但被告知"没人会买讲女人历史的书"。和沃利在1960年想要成为航天员一样，这本身是一件正确的事情，但却处于错误的时代。

对于任何人而言，共住一室都是对两人关系的考验。我和我的制片人经受住了考验，后来我们成了朋友。我和沃利之前共事过一年，我们的工作关系已经进化成了友谊,但对于和我共住一个房间,我不确定沃利究竟感觉如何。不过就算她不满意我也无计可施。所有酒店都客满了。但倘若她本身就不愿意和我共住,偏偏屋外又是吵吵嚷嚷的来度假的几大家子人,那我们麻烦就更大了。

"真不错啊,亲爱的,"她说,听起来心情不错,"你是故意这么安排的,还是我们太走运了?我们这有好多人,我正想多认识人。"

"你不觉得吵吗?"

"要是我们窗外是别的什么,我可能确实觉得挺吵的。但我喜欢和人打交道。这就是为什么我在葡萄藤市过得不开心。"

沃利的家在得克萨斯州葡萄藤市,社区环境宜人,但我突然意识到,实实在在能陪伴沃利的,只有她的那些牛。"(还有)教堂,"她说,"那些我想要帮助的人。有些人知道我是谁,知道有需要可以找我。我不负责给他们洗澡,但我可以带他们出门走走。有个女孩是戴助行器的……"

她声音低下去,然后说:"话说我们明天要见谁来着,亲爱的?我想再看一遍你给我的笔记,做做功课。我想拿出最好的状态。"

沃利的确是超人:一位78岁的未婚女性,仍在致力于帮助他人,喜欢和人打交道,还如此认真对待我的广播节目。我真想亲她好几口,但我没有,我告诉她,我们明天一早会去月球快递公司(Moon Express),方便她预习采访材料,练习节目串词,熟悉采访提纲。她坐

第三章　卡纳维拉尔角

在电视前，开始一遍遍重复开场白："鲍勃·理查德斯是美国月球快递公司的首席执行官……"每一遍她用重音强调的词都不一样。

月球快递是美国首个获准登月的私人商业公司，由硅谷和航天业的企业家成立于2010年，目标是"重新打开月球边界"。这家公司在佛罗里达州的办公室紧挨着一个美国海军基地，俯瞰阿波罗登月任务的发射台，那是所有豪言壮志的起点。

月球快递的隔壁是另一家兼具商业头脑和翱翔宇宙浪漫情怀的公司，SpaceX和自己的发射和控制中心就在这里。SpaceX的龙飞船已经为NASA完成了多次往返国际空间站运送货物的航天任务。我自然也申请了采访埃隆·马斯克（Elon Musk），这个男人先是成立了PayPal的前身，又把公司以1.8亿美元的价格卖给了eBay，2002年他再度创业，商业航天公司SpaceX就此诞生。和我的无数同行一样，我也自然难逃被拒绝的结局。我在停车场里看到了一辆卡迪拉克，在SpaceX的标志上方写着"天下第一"（NO1 KING）。那会不会就是他的车？也许。但那不是一辆特斯拉——特斯拉电动汽车也是他的创业产物。谁知道呢？这辆车可能属于在这里工作的任何人。毕竟，在追逐成功的道路上，每一家商业航天公司在宣示自己的勃勃雄心的时候都毫不谦虚。

我们在月球快递办公楼后一片清静的绿地旁找了张野餐桌，在一片树荫下开始架设机器准备采访。在这里，我们可以看见远处的卡纳维拉尔角发射台，还能听见地面上航空运输的声音，这样的采访环境能给听众带来更佳的氛围感。几英里外，月球快递公司的新场地设在17号和18号发射场，他们正在那里建造登月着陆机器人。因为我是外国人，我没法被获准去那里参观，而作为美国人的沃利虽然可以免费参观，但她不愿意向NASA或月球快递提供她的社保信息。我一直劝她把握机会，虽然我不行，但她至少可以亲眼看看月球车。"你永远都不能透露你的社保号码，"沃利态度十分坚定，"那样太危险了。我看电视上说过。"

我在一旁架设录音设备，一名叫朱莉的月球快递公司公关一直观察着沃利的一举一动。"我还挺好奇的，"沃利大声说着从采访区走开，"我去看看这些楼是干吗用的。"

她回来后向朱莉要了她的电话号码。电话区号提醒我们正身处全世界火箭和其他航天发射的核心区域，这里的区号是321。

罗伯特（鲍勃）·理查德斯博士（Dr Robert [Bob] Richards）在多家科研机构有过航天科学的学习经历，学术背景令人望尘莫及。他在康纳尔大学做过卡尔·萨根（Carl Sagan）的特殊助理，卡尔·萨根是美国著名的天文学家、作家和科普工作者。理查德斯出生在加拿大，他参与创立了国际太空大学和学生探索与发展太空组织。2008年，他在光电公司Optech担任太空部门主管，其间该公司为NASA凤凰号火星探测器提供内部搭载仪器的技术支持，正是这些仪器发现了火星上的降雪。

理查德斯是一个有远见卓识的人，同时对航天历史也很熟悉。"我太荣幸了！"他一看到沃利就惊呼着冲到她面前，给了沃利一个热情的

第三章　卡纳维拉尔角

拥抱，激动地说："应该是我来采访您。"

"嗯，我见到你也很荣幸。"

"我才是，"鲍勃说，"真的。"

沃利递上她的名片："你是不是不怎么去达拉斯？沃思堡那边。"

"有时会去。"

"行。那你有我的名片了。我就在DFW（达拉斯–沃思堡国际机场）。"沃利说地址的时候总是不免用机场代号。

"好的我必须得记住。"

"没错。"

"我们可以去跳舞。"

我一时间不知道这对话会怎样展开。似乎沃利也不知道。

"啊不是，"她犹豫起来，"我想要了解更多太空的信息，还有你本人在做的事情。"

他们都笑起来，沃利显得有些紧张。

"好的。"鲍勃说。他调整了一下表情，显得严肃了一些，然后说："那就先喝咖啡再去跳舞。"

这次采访的开场很不一样，好在采访对象和主持人都很享受这段对话。沃利读了开场白，尽管她语调里强调的部分和我设想的不一样，但从串词到采访都是我旁听以来做得最自在的一次。

"我们公司主要关注航天器制造，"理查德斯介绍道，"简单说就是可以飞向太空并在外星着陆的机器人,比如登月。我们不搞发射,我们都是'搭车'去太空。"

一旦与发射器分离,航天器机器人就会点燃自带的火箭,继续自己的旅程。沃利听得出了神。

"这简直难以置信,因为我完全不懂这些,所以,真的很谢谢你的介绍。"

好吧,一般记者并不会这么回应,但她做得不错。

"我想要反过来采访您。"他回答道。

在采访过程中,理查德斯举手投足间无不散发着个人魅力。他有远见,在采访中毫不吝惜对同行们的介绍——包括SpaceX、蓝色起源(Blue Origin)和维珍银河(Virgin Galactic)。这些新时代的企业家们推动了"让走向太空的进程更加民主化"。

在多伦多长大的理查德斯和家人一到假期就会去太空海岸和肯尼迪航天中心。"我是阿波罗计划的孩子。我小时候就看过月球漫步,看电视上演柯克船长乘坐联邦星舰进取号穿越银河系,去电影院看《2001太空漫游》,想象遇到一个比我们更宏伟的智能文明是什么样的感觉,他们简直会是神一样的存在。这就是我小时候的生活,我坚信这些太空梦会成真。但1972年,阿波罗计划取消了。我成了阿波罗计划的孤儿,我和我们这一代人都是。所以现在人们看到的,只是这一代坚定的信徒在把我们的梦想付诸实践。"

第三章　卡纳维拉尔角

他将这个可以俯瞰卡纳维拉尔角发射台的区域称为"圣地",认为这个历史性的地点是太空和商业的新未来。"我们将会在太空停驻,将地球的经济范畴外移,这样我们就可以在月球上生活并前往火星,"他表示,"人类将演变成为一个多世界物种。今天的奇迹是由一群敢想敢干的创业者组成的小团队完成的,而在过去这只有超级大国才能完成。技术正在加速让你我进入太空。"

这正是一位和理查德·布兰森(Richard Branson)、埃隆·马斯克、杰夫·贝索斯(Jeff Bezos),还有更多人一样的人,他们为自己的梦想、为沃利的梦想,也为我的梦想奋斗着。当然我们也不能忘记,他们同时也赚得盆满钵满。月球上有矿物质、稀土金属、氦-3、水、镍、金、银和铂族金属。在理查德斯看来,月球是一座"太空加油站",他认为探月不只是探索和开发的机会,也是为停止掠夺地球资源找到的新出路。他和月球快递希望在这个新时代之初帮助人们创造出一个永久的"太空捕捞物种"。理查德斯和沃利还有其他的创业者一样,都梦想着人类有一天可以日常出入太空。

几周前,埃隆·马斯克宣布他将与两位未透露姓名的非专业航天员一道,搭乘太空探索技术公司(SpaceX)的龙飞船2号完成一次付费的近月航天飞行。没人知道这次飞船票价几何,但有媒体预估这次时长一周的航天旅行将耗资3500万~9000万美元。

到目前为止,大多数自费参与航天飞行的乘客多为男性,这也准确

竞逐太空

地反映出世界上最富有人群的性别划分。世界上首位太空旅客是美国的百万富翁、前NASA工程师丹尼斯·蒂托（Dennis Dito）。2000年，他签下据称高达2000万美元的合同前往俄罗斯和平号空间站。一年后，在这场合同中规划的航天任务开始前，严重老化的和平号结束了它的使命，脱离地球轨道，在大气层中燃烧了自己，并最终坠入南太平洋。

幸运的是，一家名为太空探险（Space Adventures）的美国公司安排了另一场商业飞行。在莫斯科外的星城训练八个月后，2001年4月28日，蒂托搭乘联盟号火箭飞抵国际空间站，并在太空中度过了六天。三年后，2004年，伊朗出生的美国工程师、企业家阿努什·安萨里（Anousheh Ansari）成了首位太空女性旅客。

在2001年蒂托实现太空之旅之后，商业太空旅行逐步打开了市场。当然，如今像维珍银河这样的公司所提供的搭乘太空飞机的旅行服务与早期旅客到访国际空间站的经历相比有着天壤之别。如今太空旅行已不再是按日计算，而是按分钟。好在今天的收费已不再是天价——当然这是和蒂托当年上百万美元的票价相比。为了一窥太空，沃利已向维珍银河付费20万美元。如果换做今日，她还需要补加价5万美元。和早期的太空旅客相比，再考虑到通货膨胀的因素，沃利看起来确实捡到了便宜。

当天晚餐前，我们坐酒店的免费摆渡车到了可可比奇码头。码头上的鹈鹕烧烤酒吧专门挂了块牌子禁止横穿餐厅区到酒吧区。我听话地绕行,但沃利却神不知鬼不觉地穿过了餐厅,抢到了最后一张桌子在等我。日落正美,我忙不迭拍照;沃利把吃剩的薯片抛到空中,抢到了好多张俯冲来抢食的海鸥特写。我听见一对夫妇向她打听她这一身明显很"太空人"的打扮。

"亲爱的,我是一名航天员。"

我该不是听错了?一般她都说自己是"航天员候选人"。我们回房间的路上,沃利突然说想要吃巧克力。她在邮件里列了那么多要求,但唯独没有写巧克力。"我要巧克力,亲爱的。"

我开车去了一家大众超市。这家超市非常大,我们于是分头找糖果通道。可惜的是,沃利看了看购物车里我选购的几种带牌子的巧克力,表示了拒绝:"这几个我都不爱吃。我喜欢好时巧克力。"

我们好不容易找到了好时巧克力,放进了购物车里,结果沃利一把拿了过去,撕开包装大吃起来,这场景让我想到了我儿子小时候。"我们还没付钱呢!"我硬生生地说。

"没事,一会儿我们就付钱了。菠菜还得多来点儿。"

我们的晚餐是牛排和土豆,我吃的菠菜叶是生的,沃利的是熟的。"我好久没吃牛排了,"她开心地说,"真好吃,味道刚刚好。谢谢你宝贝。我平常在家吃饭都很随意。有时候我甚至直接去善心厨房吃饭。"

这个消息让我震惊,一时间不确定这是因为生活节俭还是退休后生活拮据，但我也怀疑这只是因为她觉得人多吃饭香。

此后我们的工作安排不断遭遇大小调整。我们要见的其中一位航天口记者得了胃病，但我们在水星太空纪念公园（Mercury Memorial Space Park）见到了"今日宇宙"网站（Universe Today）的肯·克莱默（Ken Kremer）。这座公园位于太空海岸泰特斯维尔，当地人可以在这里观看梅里特岛上的NASA发射任务。我们站在一座纪念水星7号航天员和后来的双子座任务的纪念碑旁。对于沃利来说，这会让人想起历史的另一种可能。

我在休斯敦认识的一位NASA志愿者推荐我和克莱默相识。我很喜欢这种满是NASA前雇员的社群，他们往往都很乐于助人，在相关的博物馆、展览和其他历史景点，他们都热衷于分享自己的知识、经验和建议。2014年12月，我在卡纳维拉尔角的NASA社交活动（NASA Social）上见识过这种热情和专业。这是一种NASA为关注太空的社交媒体大V们组织的活动，有时候活动地点是在NASA的工作场，有些是发射现场，参与者都有机会见到幕后的NASA科学家和航天员。我参加的那次活动包括观看一场发射：德尔塔IV重型火箭搭载新型猎户座飞船的试飞。那是一次重要的发射活动，被称为"前往火星的垫脚石"。猎户座是自阿波罗任务以来NASA第一艘旨在将人类送入深空的航天器，它与阿波罗飞船设计相似但体积更大，能够将四名航天员送入近地轨道或更高的轨道。

第三章 卡纳维拉尔角

引荐我的那位NASA志愿者叫赫伯·贝克（Herb Baker），一直从事商业和会计工作，退休前在约翰逊太空中心担任经理。由于他为NASA飞行任务管理局（NASA Flight Operations Directorate）提供支持，他的访问权限包括任务控制中心和航天器模型中心等地。贝克注定与航天结缘，他和"水星七杰"的孩子们是同学，从小耳濡目染对航天的关注和热爱。1973年，正是他的母亲艾琳缝制并修理了后来拯救了NASA天空实验室的织物隔热罩。我通过脸书接触到贝克的朋友琼·怀特（Jean Wright），她又列了一些我们可以采访的名单。我后来得知她也曾参与航天飞机的裁缝工作，手工缝制了隔热瓦之间的热保护装置。

在肯尼迪太空中心，沃利和我见到了开朗的休·哈里斯（Hugh Harris），每次航天飞机发射控制的声音都出自这位前播音员。1981年，航天飞机第一次发射，标志着此后数以百计人类奔赴太空的起点。在20世纪60年代登月时期，哈里斯在NASA约翰逊中心的媒体办公室工作，因此接触过许多激动人心的一手信息，对我们的节目来说是顶好的素材。后来我们才发现NASA之所以推荐哈里斯只是因为他们本身没有发言人。在我制作BBC广播节目的20年里，这是NASA第一次对明确直接的采访申请一反常态地不予配合。美国新总统特朗普执政几个月后，NASA却没有人能谈谈重返月球的可能性。

这完全是一个政治问题。此时距离特朗普总统就职已近四个月，但NASA还没有新局长提名，导致航天局不愿揣测自己充满未知的未来，至于新局长治下可能的发展方向也毫无头绪：是继续猎户座计划，长期推进火星探测？还是转向相对近一些的月球？哈里斯已经退休了，因此可以不受限制地表达自己的观点。有趣的是，他的观点和欧洲航天局不谋而合。

"我们应该重返月球，"他说，"利用月球探测的经验，进而殖民其他星球。月球探测最大的经验就是教会我们如何在恶劣的环境下生存。"

哈里斯建议我们顺路去看看约翰·特赖布（John Tribe），他是阿波罗计划的发动机工程师。他住在一幢依湖而建的房子里，整栋建筑称得上美轮美奂。屋内到处是太空纪念品、老式钟表和火车模型，在一个房间的房顶上甚至装置了轨道，一抬头就可以看见沿着轨道跑的火车模型。特赖布还是波音–洛克威尔公司的总工程师。他出生于英国，年轻时在英国飞机制造商德哈维兰做过学徒，就此开启他的航空航天职业生涯。20世纪50年代，他参与过英国蓝光火箭的相关工作，而后来受卡纳维拉尔角邀请，加入美国阿特拉斯火箭计划。1961年2月1日，他买了一张通道票，搭乘"玛丽女王"号正式抵达美国。特赖布继而加入了水星计划，也曾与沃纳·冯·布劳恩（Werner von Braun）并肩战斗在徘徊者号探测器的部分发射现场。"那是1962年。1944年，我住朴次茅斯的时候还被V1火箭攻击过，"他大笑起来，"结果当年德国火箭项目的创始人之一就坐在我旁边！"显然，德裔科学家和几位英国出生的工程师之间并无隔阂，恰恰相反，他们相处得极为融洽。"我们都能彼此开战争的玩笑。"

我注意到一块装在木头上的灰色面板，上面有很多开关和按钮，最上方是"发动机控制"，下面是"就绪""启动""发动机液氧罐加压""点火"等。左侧的插槽中有一把钥匙，右侧有一个更大的按钮，是刺眼的红色。"这是阿特拉斯火箭的发动机控制面板，"特赖布解释道，"这是36号发射场地堡里的，和我们送约翰·格伦上太空用的那块面板一模一样。"

发射场被拆除的时候，特莱布专门抢救了这块控制面板出来，并用原始原理图将其重新连接起来："重点是发动机的地面动力，然后检查各种发动机控制，整个系统就可以运行了。"

他教我按下启动键，我按了，然后一段陈旧的录音带着杂音播放起来。"那是约翰·格伦的声音，"有个声音说道，"祝平安，约翰·格伦。"特赖布告诉我，这个声音正是斯考特·卡彭特的。然后录音开始播放发射倒计时。

这是非常奇妙的一刻，我一边听着两个公开反对水星13号的人的录音，一边看着一名水星13号的成员和特赖布的妻子在窗外花园的湖畔漫步。

特赖布最终退出了水星计划，转而投入阿波罗计划。1972年年底，阿波罗17号完成最后一次美国载人登月任务后，他又被分配去了新的

NASA航天任务——航天飞机。正是在新岗位上，他得以与梅琳达相识，她当时也是航天飞机的工程师，后来成了他的妻子。他们家中的一扇窗外是一条户外微型火车轨道，窗户是用彩色玻璃装饰的，装饰的图案正是见证他们共同过往的航天飞机。

在美国的航天任务中，女性可能始终少有抛头露面的机会，但正如《隐藏人物》（*Hidden Figures*）书中所写的，她们在很长时间里为航天业的方方面面做出了贡献，她们是工程师，她们是缝纫员，她们也是数学家。

我们结束整整一天的采访回酒店的路上，沃利还是按老样子打电话给朋友们留言，很多时候都情绪很高，有的也带着埋怨——"你都没给我打电话。"——她一边打电话还会一边向我提问或者做各种点评。每次我们上桥过印第安纳河，她都会根据风向袋、树木的弯曲程度或撞击海岸线的海浪曲线来判断天气条件。

"风速10节，水上风速20节。车还有多少油？"

"还有一半。"

"这车可真省油。我很好奇它有多少个汽缸。我猜得有四个或者六个。"她打开手套箱，开始翻看驾驶手册，车内陷入一阵短暂的沉默。

"你想文身吗？"

"不想。"

"我差点儿把DNR文在胸口。有时候我自己拿笔写过。"

第三章　卡纳维拉尔角

"拒绝心肺复苏？"

"嗯。用笔写的。你知道的，我不想要那玩意儿，亲爱的。"

我总能听到一些没听过的事情——比如她之前在赫莫萨比奇海滩合伙开过餐厅——也总能毫无防备地看到沃利对待生命有时候是那样的毫无敬畏。有一次，我们在等红灯，她突然看到了一处颇具佛罗里达当地特色的景点。"那是个鳄鱼公园，"她说，"我在鳄鱼身上站过。你站在它身上，然后用手捂住它的眼睛……哦对，我还没跟你讲过我玩热气球那次……"

一天晚上，在结束了一天的采访之后，我们回到了酒店套房。她突然发现她那枚飞机型的钻石胸针不见了，那是她已不在世的母亲留给她的。这枚胸针可能落在了我们这一路长达30英里的任何一个地方，可能是落在了泰特斯维尔的纪念公园，可能掉在了约翰·特赖布家的小湖边——沃利和他的妻子曾在那里漫步，甚至也有人可能恶意偷走了那枚精致的胸针，毕竟从我们第一站的纪念公园到现在已经过去了五六个小时。沃利情绪自然很低落。我突然想起来，我们在月光路边餐厅吃午饭的时候，我还专门观察过她的胸针，于是我找到了餐厅的电话，打了过去。

"你肯定没注意到那时候已经没戴好了。"

事实证明，胸针不仅在餐厅，还被好好地收进了保险箱。谢天谢地。因为当天餐厅已经要打烊了，我们打算第二天早上去取。这就意味着明天要早起，但好在我们可以在去代托纳比奇采访安柏瑞德航空大学的路上顺便拿胸针。沃利的好心情又回来了，我开了一瓶冰镇得刚刚好的长相思白葡萄酒，为自己庆祝成功避免了一场灾难。

也许是因为差点丢掉母亲送的胸针，我们晚餐时的话题转向了家庭。她的父亲名叫洛齐尔。我从没听过这样的名字，于是让她把名字拼出来。"我也没有，这是我这么多年第一次说起来。洛齐尔，L-O-Z-I-E-R，雷·芬克，母亲叫弗吉尼亚·夏伊·芬克。"

"夏伊（shy），是害羞那个词吗？我可不见你害羞过。"

"不是，夏伊是母亲的姓。"我们都略略笑起来，"我当然不是一个容易害羞的人。"

她的父亲在新墨西哥州有很多家"五角商店"，在陶斯也有一家。"芬克家的'五角商店'在广场上。五角商店里什么都卖，糖果、汽水、亚麻布、玩具、女装男装什么的，"沃利介绍道，"我觉得有点儿像现在的沃尔玛，因为沃尔玛确实把我父亲搞失业了。"

沃利从小就给自己挣零花钱："我养兔子，养大了带去商场门口，然后卖给游客。我还会带着擦鞋的东西，擦一双鞋一角钱。父亲问我挣这些零钱打算干什么用，我说存起来。是他教会我理财。"

"他还教给我不要找人借钱，也不要借给人钱，衣服也是。"沃利认为这是"他教给我最好的东西"。

沃利的父亲1897年出生于印第安纳州，在开商店前，他曾是一名数学教师。"他很聪明，20世纪二三十年代就买车了。那时候大多数人都买不起车。后来他开了五角商店然后遇到了母亲。据说当时父亲在修理商店的窗户，母亲在路边看他，结果不小心绊倒了。他出来把她扶起来。那是在伊利诺伊州奥尔尼镇的五角商店，母亲从小在那里长大。后来他们就开始约会，相爱，然后结婚了。"

后来洛齐尔·芬克不幸患上结核病，医生建议他搬家去天气更好的地方，可以去新墨西哥州陶斯，医生的侄子就在那里行医，可以继续给他治病。陶斯位于圣达菲以北，海拔2120米（7000英尺），那里重山环绕着荒漠。"父亲的病被高山上清新的空气治好了。"

医生的侄子正是威廉姆斯·鲁道夫·洛夫莱斯医生。这位治愈了沃利父亲的人后来制订了水星7号的测试计划，同样的测试再后来被用于水星13号。正是这位洛夫莱斯医生不断将沃利推向身体的极限，测试女性是否具备走向太空的能力。从很多方面上说，这次搬家充满了命运的偶然性。芬克家搬上了高山，沃利得以在高海拔的条件下长大，她在这里滑雪、骑车、奔跑，玩各种体育项目。而这样的环境和经历打造了她强壮的身体，得以承受和突破测试的极限。

陶斯的五角商店尤其受艺术家欢迎，因为店里有卖松鼠毛的画刷。沃利的父母喜欢和人打交道。"他们特别爱玩儿，"沃利说："母亲有漂亮的瓷器，欧洲的利摩日水晶，印度绿松石珠宝，那种绿松石你现在都找不到了。"

在父母无条件的爱的包围下,沃利关于童年的记忆完全是无忧无虑的。她有一个哥哥,比她大九岁,后来参军了。这让我感到惊讶,因为她有独生子女那样我行我素的个性。"我从小就感觉自己是家里唯一的孩子。"沃利说。

"两岁的时候父亲就说我爱琢磨。我总是很好奇不同东西的包装。母亲有一张照片,我在商店里试图拆开父亲的一个包裹。还有一次,我看到父亲刮胡子,他走之后我就站到了凳子上。母亲问我在干什么,我说我和爸爸一样在刮胡子。"

那个年代的剃刀还是很锋利的,稍有不慎甚至可以让人血溅当场。见此场景,沃利的母亲平静地回答道:"你现在还不能做这件事。"音量甚至都没有提高一点。

"我从来没有被直接拒绝过。从来没人跟我说'不能这样'。我生活里没有'不'字。"

在这样一个环境中长大显然对沃利的性格塑造发挥了重要作用。这本可能让她长成一个被宠坏的小公主;恰恰相反,这样的经历让沃利充满自信。对于一个热衷于尝试新体验的人来说,这无疑是一笔巨大的财富。沃利眼中的世界——从始至终——是一个充满了无限可能的地方。和20世纪四五十年代的其他父母不同,沃利的父母并没有制止自己的女儿学射击学打猎,也没有禁止她去跑步或滑雪。对她的所有志向,他们丝毫没有设限或阻拦。沃利从小到大都认为自己无所不能。

第三章　卡纳维拉尔角

在陶斯，沃利早晚跑步上学回家。"母亲总是说，宝贝你一定要在家上厕所。不要在学校上厕所。"

我有些不解。"母亲说学校的不干净，"沃利声音小到我几乎要听不见了，"她说你身边还有西班牙人什么的。"沃利似乎很为自己母亲的观点感到惭愧。"所以我总是放学就往家跑，回家上厕所。到今天，我都要把厕纸铺在马桶上，因为我从小就被教要这样做，"她大笑起来，"你是不是也这样？"

"不是。"

"你都不把厕纸铺马桶上吗？"

"从不啊！"

"你是坐马桶圈的吧？"

"对啊。"

"那你屁股上不都是细菌了？"

"我每天都会洗澡。"沃利看起来并没有被说服，我继续说道，"而且没事的，正常人体是需要接触到一些细菌的。"

"反正我觉得我没有那玩意儿。"

我手上的面包被我一刀切得从盘子里飞了出去，我从地上捡起来，放回到盘子里。"你没看见。"我又接了一句。沃利默许地点点头。反正我的细菌和我活得很好。

但有一次，沃利的母亲开口说了"不"。"四岁的时候，爸爸带了巴沙木给我做飞机，还给了我一把剃须刀，还有其他工具，可以把巴沙木切开做翼肋、机翼、机身，还有胶水，用来做黏合。我先把机翼放在机身上，然后发现还得在机身上放上纸巾这样才能上色。我在机翼周围包了纸巾，粘起来，但还不够紧。我得往上喷点儿水。之前我看母亲喷过香水。我就把她的香水都倒了，在当时还挺贵的，然后我把香水瓶里灌上水，机翼包纸喷上水效果非常好。就那一次，只有那一次，她说：'你不该这样做。这是很贵的香水。你要用我的东西之前应该先跟我说。'"

那你怎么说的呢？"收到，女士。"然后，仿佛这才是她讲这个故事的目的，沃利补充道，"这个叫'涂布'（dope），现在都不说这种词了。"

她是对的，我专门去查了一下，20世纪初，这个单词是指在飞机部件的布料表面添加清漆使它们绷紧。沃利形容自己是一个"快乐的幸运儿"。她有一匹名叫维克多的帕洛米诺马，也经常穿着西部拓荒时代的服装。她是人们嘴里的"陶斯小子"。"我有维克多之后，母亲说，如果你骑马或者骑车的时候摔下来，你要自己安慰自己，不许回家哭鼻子。"

在我看来，这样的做法未免有些不近人情，但沃利不这样认为："他们这是在教我照顾自己！"

"那你的父母对你参加水星13号计划也很自豪吧？""我觉得是，

第三章 卡纳维拉尔角

但他们从来没说过,"她说,"他们有拥抱啊之类的,但有时我做得超级棒,他们却没能亲眼看到。"

沃利还讲了一个她已经重复过很多遍的故事,她四岁生日的生日礼物是一件超人披风。"我到了谷仓,外面下面是一些干草堆,然后……"她像几乎要唱起来似的,"……从谷仓上跳下,想要飞起来。你听我讲过很多遍了。我又做了一遍,然后想,是不是因为我鼻子上没有螺旋桨。直到后来我才知道你必须有升力,我的翅膀下没有升力。后来我就做飞机,都可好看了,但是去学院上学之后我一架都找不到了。可能都坏了吧。我也不知道为什么都坏了,或者放到哪里去了。我希望这些飞机是被小孩们拿走玩了,我做了得有好几百架的。"

沃利没有读完高中,"我15岁就去史蒂芬斯学院了"。那是1954年,"那是在密苏里州哥伦比亚的女校。我成绩不太好,所以我父母就把我送过去了"。

人们对史蒂芬斯学院的第一印象往往是:这不是假小子去的地方。1833年成立的史蒂芬斯学院是美国历史第二悠久的女子学院,有评论认为,该学院将衣着华美的年轻小姐培养成合格的贤妻良母。每个学生入校前,连亲朋好友都要先行通过面试,"看看你是什么样的女孩"。

"母亲给我去尼曼百货买了好多新衣服,全是裙子,专门有一条高级的白裙子是周日去教堂做礼拜穿的。"准备妥当,沃利到了新墨西哥州拉米,带着她的裙子登上了前往800英里以外的史蒂芬斯学院的"苏西特快列车"。

这趟开往密苏里州哥伦比亚的列车的名字听起来像是小说哈利·波特系列里的"霍格沃茨特快列车"。"我们这届之前,院长记不住任何学员的名字。总是叫苏西请帮我拿这个,苏西请帮我处理下那边的情况,大家都叫苏西,所以车也叫这个名字了。"

对于一个从前穿护腿骑马打枪的女孩子来说,史蒂芬斯学院无疑带来了巨大的文化冲击。"那边的女孩都留长指甲,而且都涂指甲。"在到学院之前,沃利见过的唯一涂指甲的人就是她的母亲,"她们还都留长头发,而我是短头发。我穿得不差,但我没法融入大家,我融不进去。"她几乎是喊出了最后四个字。

"我不知道我会不会喜欢那里。我收拾了行李和衣服——学校还让我们带着毛巾和床上用品。第二天我就给家里打电话,说我不知道这里是不是适合我。母亲说:'你为什么不能坚持一周看看呢?要是你还想回家就回来。'好极了。后来我认识了更多人,然后我就越来越喜欢那里了,因为我一直……怎么说来着?"

"爱交际?"

"对,但是那些女孩子都比我厉害啊,你看她们会化妆,穿裙子,会画指甲。有些还会喝点儿酒。她们走起路来裙子都'沙沙响',我不喜欢那样的'沙沙怪'。我只爱去体育馆。不过我还是要上课才会认识人,然后就和那些不是'沙沙怪'的人交朋友。后来我就给母亲打电话，告诉她我觉得我还可以。我在那里认识的人比我小时候在家认识的人有意思。我是一个假小子。基本上我一直都在玩各种体育项目，好玩的是那时候我们玩的都是篮球和棒球，我也会滑滑冰。可是我是滑雪的，我很擅长滑雪，我还想去奥运会呢！我什么都不怕，我什么都可以做。我不会搞砸任何事。我对自己非常有自信，这就是陶斯山精神……"

沃利在史蒂芬斯学院入学六个月后，她的辅导员贝茨博士联系了她的父母。他告诉他们，他们的女儿没有好好读书。沃利的母亲问他学院有没有机场。20世纪40年代，史蒂芬斯学院在附近的哥伦比亚市区机场开启了航空项目。沃利的母亲让贝茨博士安排她的女儿参加这个项目，于是沃利开始开飞机。过去那些和飞机密集的交集——那些研究飞机工作原理、做巴沙木飞机模型然后挂满卧室天花板的日子——终于在这一刻成了现实。

"那你成绩有进步了吗？"

"我不记得了，反正我要么在体育馆要么在机场。"

那我默认这就是没进步了。飞行还给了沃利另一个意外之喜："我又可以穿裤子了！那时候每天晚上你都要穿高跟鞋穿丝袜穿裙子。在学校变成一个'沙沙怪'。但是我要是去开飞机我就可以穿裤子了。不是李维斯牛仔裤但好歹是裤子了。"

细想起来，我认识沃利这么长时间以来，她确实永远都穿长裤。

她真的穿过裙子吗？沃利有些不悦："当然了，我现在衣柜里还有裙子呢。但是我没有高跟鞋了，所以没法穿。哦对了，母亲总把我打扮得漂漂亮亮的。亲爱的，我有过超多裙子，还有高跟鞋、丝袜什么的。但那不是我的衣服，他们也明白。反正吧，我就这么过来了。我成绩不是最好的，但是你猜怎么着，我和飞行教练玩得更好，玩得太'嗨'了。我功课不太行，爸爸帮我补数学，母亲帮我补语文，到今天我单词拼写都不行。"沃利笑得更大声了，"但是呢，我一直在飞，一直飞，一直飞，要多亏了我父亲允许我这样做。"

"你有约会过吗？""没有，我就一直在开飞机。我在史蒂芬斯拿到了我的驾照。第二年毕业了。母亲本来想在纽约给我办个毕业派对，我说不要了，我出门打打枪更高兴。"

连灾星简①都会妒火中烧吧。

沃利在史蒂芬斯学院期间是史蒂芬斯苏西飞行队的成员。"最后一年，我都够格去参加全国大学校际飞行协会在各地的活动了。我有个副驾驶，她帮我导航，我开飞机。我们顺利参加完活动返校，我做得非常棒。我们还赢了一场比赛。那是1958年，我要毕业了，然后我就注意到

---

① 玛莎·简·卡纳里，也被称为灾星简（Calamity Jane），美国著名西部边疆人物，据说因与美国原住民作战著称，也因其习惯着男装出名。——译者注

第三章　卡纳维拉尔角

了俄克拉何马州立大学，他们包揽了所有奖项。"

沃利此时已经有了私人飞行执照，对于自己的下一站，她看得很清楚：位于俄克拉何马州静水市的俄克拉何马州立大学。这完全在她父母的计划之外，而沃利想去那里的理由也很简单：她看中的是大学里的飞行俱乐部。

俄克拉何马州立大学飞行队历年来在各项飞行比赛中战绩显赫，他们被称为飞鹰（Flying Aggies）。"我玩得可开心了，后来我的很多飞行评级都在那里搞定了，这段经历对我的人生来说非常非常重要。"

这些评级包括驾驶水上飞机和滑翔机的执照，沃利后来还成为一名飞行教官。果不其然，如果沃利没有在谈论航天，她准在谈航空。那天早些时候在车里，她就在回忆在空管塔上看美国空军"雷鸟"和美国海军"蓝色天使"飞行表演队表演。不开飞机的时候，她会去逛99s国际女飞行员组织的展位。有时候会有她教过的学员和她打招呼。不久前，她认出了其中一位，但已经想不起来他们是何时何地有过交集，直到对方说："1963年，加利福尼亚，霍桑，是你带我拿的私人驾照。"

那时的沃利24岁，是一所飞行学校里的首席飞行员。我问她那之后她带过多少学生，听到答案的时候，轮到我大叫起来："3000？我的妈呀！"

"你看，你已经对我很了解了，亲爱的，"她说，"说说你吧？"

沃利知道我结婚了，有一个十几岁的儿子。关于我更多的事情，我简单提炼了以下内容：家里六个孩子中的老大，父母离异，过去25年和母亲没说过话。我知道沃利和她的母亲关系很亲密，最后这一点明显让她吃惊不小。但我很幸运，我的婆婆佩妮人很好，在过去20年中，她对我视如己出，所以我倒不是缺乏母爱。

"你家是什么样的？"

此后的几周，沃利都将和我一起住在英国。我在笔记本电脑上调出一张谷歌地图的老照片，上面一幢黑白的仿都铎式的房子，是典型的20世纪30年代英国郊区的样子。"这房子可真不小。"她说。

"啊，不是，只有一半是我家的，是半独立的。"

"哦，那就是两个房子拼一起了。噪声大不大啊？在英国这很常见吧？其实有点儿像我的公寓——但是万一你们都想用壁炉结果只有一个烟囱怎么办？你家隔壁是大人还是孩子？会听见小孩哭闹吗？"

我向她保证他们不会吵到她，又上网给她找了村子的照片。"我不记得我在英国的时候住过谁家，"她说，"我都是露营的。"

她十分亲昵地翻看着理查德和我们的儿子马修的照片。"哎哟，你看多可爱！瞧瞧，这个小伙的打扮，这简直是皇家风范啊。你这张拍得也不错……我喜欢那张。你笑得很好看。"突然播放了一段视频，是马修正在玩水球。

"一个队多少人？这球是怎么拿到的？啊他要射门啦！真棒！"

她也知道我喜欢打网球，又问起来我小时候都玩什么体育项目。和

第三章 卡纳维拉尔角

沃利一样,我在体育方面很积极,在学校参加过网球队、英式篮球队、体操队、棍网球队和蹦床队。至于什么是棍网球,我一时间解释不清。

"有个球杆,一头有网,你用网兜住球,然后你就跑。"

"球不会掉出来吗?"

"你那个胳膊会这样前后摆。"我把胳膊肘向肋骨夹紧,挥动小臂,假装自己握着一根球杆,可是示意的效果不明显。接着,仿佛是听到了我的召唤,一个男孩走过我们酒店窗外,刚好带着一根棍网球球杆。"看,那个就是。"沃利听罢跑出门,男孩把球杆交给她细细端详。

我还给她看了我当天拍的照片。"我都没发现我这个发型这么傻乎乎的……这张还可以。那张不行,我还行,但是你皱眉了。这张你闭眼了,删了吧。那张挺好。唉,那个不行。天哪我的皱纹太多了,真烦人。"

这是我第一次听到她评价自己的外貌。考虑到她实际上看起来如此年轻有活力,这句差评出乎我的意料。我一直有个问题,此时不问,更待何时:"你做过整容吗?"

"没有。不过我两年前确实应该做一下来着。我母亲的面部状态特别好。"

老实说,整容在美国比在英国普遍得多,一个人有没有做过整容实在是难以分辨。

"大家都隆胸,做眼睛,做鼻子的,"沃利叹气道,"然后还要有恢复期。我的保险都能管。"

还有好基因也管用吧,"啊对,我家里遗传基因不错,但是我估计长期暴露在太阳下之类的,我的眼睛长皱纹比我想得要快。我希望我能年轻50岁。时间一晃过得太快了。你要是在我20岁的时候认识我就好了,就没有我没干过的事。"

沃利把自己的自信归功于自己的母亲和所谓的陶斯山精神。这个所谓的精神我听她说起过无数次,事实上我很听不惯这种词,太嬉皮士了,而且过于虚幻,类似于吹嘘某种水晶的能量或者占星术的魔力。总之有点儿……不太科学。所以这个精神是什么?是不是和她从小长大的地方有印第安土著陶斯普韦布洛人有关?

"不是。你能用那个搜搜陶斯吗?"她指指我的笔记本电脑。滚轮上下滑动,我扫过一张张搜索结果的照片。

"就是这座山!"沃利兴奋地叫起来,"就是这个!别滑走!你看,你能看出来这里是头发,那是两只眼睛,看着白领子这个方向吧,这是乔治·华盛顿。"

她说的那一串,我什么也没看出来。

"这就是陶斯山精神,就是这种精神让我……"她拍拍自己的胸膛,"学会了我可以做所有我想做的事。没人教过我怎么修福特T型车,那时候我才10岁,没人教过我怎么用千斤顶,也没人教过我开拖拉机。我就是直接坐进去然后就可以开了。我天生就会。后来我慢慢长大,也做了不少事。你说我怎么就知道要自己盖房子呢？我就这么盖了。所以，我在这方面真的很幸运。就是这种精神。我知道很多人都很难做到这一点。他们问我你是不是向上帝祈祷过来着？我说没有，但我猜有些人确实会这样祷告。他们说，要是这个精神和你不合，你肯定不能活着回来……"

她指着陶斯山上的雪峰。"这里海拔12 000英尺，我之前都在这滑雪。这张照片上大概是海拔14 000英尺。有好多次，我都带着骨灰上去然后一路撒在山上。"

"谁的骨灰？"

"大家的。好多人都想把自己火化后的骨灰撒在陶斯山上。我就带着骨灰，都是装在盒子里的，有点儿像一只带小门的鞋子。他们教我怎么从那个小门那里，一点点把骨灰撒下来。一般我都环绕陶斯山一周，把骨灰撒完。我大概做过五六次？七次左右吧。"

但偶尔也有计划外的事情。"有一次，一位太太想要亲自把她先生的骨灰撒在山上，她就坐在飞机后排。我告诉她你得打开舱门，只能开一英尺大小，然后一点点捏着骨灰往外撒。结果她没听懂，后来那位不知名的先生的骨灰被弄得满驾驶舱都是。"

我问她是否想要回陶斯。"我觉得我最终是要回去的，但是老家已经没有我的朋友了。我生活过的每个地方都是。他们都死了或者搬家了。我想过去棕榈泉，但我的朋友都不在那里了。我还想过回新墨西哥州，但是我把那边的房子都卖了。我的朋友玛丽也不在阿尔伯克基了，大家都结婚了，我不太好张嘴喊他们帮忙。"

虽然沃利几乎每天都要和朋友成宿成宿地打电话，但这一刻，这个喜欢热闹的人显得如此孤独。难怪沃利这么爱旅游。聊天聊到现在，她的晚饭也快吃完了。"你觉得好吃吗？"

"好吃极了，"她说，"我要全吃光，一口都不能剩下。"

饭后沃利负责洗碗，还把餐桌和厨房收拾得干干净净。"猪肉真香，"她听上去心情很好，"明天我们还可以继续吃牛排。"

第四章　候选人名单

"这也太好了，我喜欢你家，亲爱的。管道是怎么做的？水从哪里接？电从哪里接？你家后院可真大。从这头到那头有多少英尺？"

沃利在厨房里来回踱着步，精神头十足。这和我的计划有点儿不一样。我本以为我们这时候都在小憩。从清晨6点由奥兰多飞抵英国到现在，几小时过去了，但很明显，只有我才需要倒时差。

由于担心这趟跨太平洋的飞行会影响沃利的身体状态，我把我们的第一站设在了我家里，方便她歇歇脚。我的想法是先在我家休息调整几天，适应了英国的时差和气候之后再搭乘欧洲之星高速列车前往欧洲大陆，继续我们的《第一个登上月球的女人》的素材收集之旅。第一站是科隆，然后是巴黎，在那里，我们将采访欧洲航天局的相关成员。

"所以管子都藏在哪里啦，亲爱的？你知道我就喜欢这些玩意儿。我想看看它们是怎么工作的。是不是从这下面接上来的啊？这房子是哪年建的？"

我总算等到了一个我知道答案的问题:"是大约1930年建的…"

此时我大脑运转得很迟钝,完全跟不上她。还好我的丈夫理查德及时接手。沃利见过了他和我们16岁的儿子马修,大家都一见如故。她对他们热情友好的态度让我在睡眠不足的烦躁情绪中稍稍好过了一点儿。

"我们什么时候出门溜达溜达啊,亲爱的?要不现在就去吧?"所有关于小憩的计划全部泡汤了。

按路上的指示牌写的,我住的房子位于一个"英国前罗马时代湖畔村庄"。它是赫特福德郡风景如画的一部分,利河穿村而过,严格讲现在只能算一条小溪。大约30英里外,利河会汇入伦敦的泰晤士河。主街很窄,街上只有一座教堂、一些小酒吧、几间商店、一座妇女协会和好几个味道不错的餐馆,卖中餐、印餐还有泰餐。沃利不喜欢吃辣,所以在离开佛罗里达前,我在我们最爱的超市网店上给沃利买了不少她喜欢的食物:牛排、猪肉块、红薯、很多菠菜和别的绿色蔬菜还有蔓越莓汁。

由于毗邻首都,村里住着很多往返通勤的人。但村里的火车站——当年连剧作家萧伯纳都骑车来这里每日通勤——却在1965年"比钦大斧"计划后关门停业,这一计划又称英国铁路的重塑。本地一家遗产协会重塑并保留了一小段铁轨和站台。如今,一尊橡木雕刻的萧伯纳跷着二郎腿坐在站台的长椅上,等待着一列永远不会到站的列车。"真酷啊!"沃利说。

我们还去拜谒了另一位本地名人的墓碑——南极探险家阿斯普

第四章 候选人名单

雷·切里·杰拉德（Aspley Cherry Garrard），斯考特探险队绝命南极之旅的幸存者。沃利满怀敬意，全情投入，不停地问问题，而我并不知道所有的答案。不到半小时的时间里，我已经带她把村子里我说得上名字的地方全转遍了，整个人疲惫不堪，何况我还没有从美国这趟旅行中缓过劲来。怎么她就不累呢？

我们回到家不一会儿，沃利很明显地感到有些无聊了。她的另一位英国朋友要来和我们一起吃晚饭，这位朋友的女朋友是一位美国的飞行员，刚好是沃利曾经教过的学员，但除此之外整整一天我没有任何安排。我错误地认为，这位78岁高龄的女士会像我一样，在一趟红眼航班过后只想要休息。作为一个至少需要八小时睡眠的人，此时的我正越发地感到暴躁。沃利又问了一遍关于房子供暖的内部装修问题，我能听见自己回复的时候声音明显变得很不友好。说到一半，我大步走出了厨房，以免自己控制不住坏脾气。理查德则又一次负责留下断后。

以我个人的经验来看，我明白很多制片人都对自己的主持人阿谀奉承，仿佛他们都是必须捧在手心里的小公主、小王子，因为主持人都是"人才"。我十分厌恶这个词，因为任何一档节目的成功，无论是在电台、电视台，还是院线，都要归功于一支由同样有才的人组成的队伍，而不是某个人。我大学毕业后的第一份工作是很多在商业电台工作的人口中的所谓"音响师"。在BBC，这个岗位叫作"工作室经理"。我负责调音台，在"留声机仪器"上播放唱片的声效，用刀剪磁带，为广播剧

129

用茶杯和刀剑录制叮叮当当的音效。后来我转去做了制片、新闻报道和主持。但从那一刻起，我很清醒地知道一档节目的完成需要工作室经理、制片助理、制片人、编辑，也需要主持人和演员。对于我来说，主持人和制片人的关系从来都不是主仆关系。无论我在话筒的哪一头，和主持人或者制片人一起工作都是一种合作关系。但不知怎的，我和沃利的关系似乎失去了以往的这种平衡——更糟糕的是，我在这次反思自己这一弱点的时候竟感到一阵羞愧。

我一直不太擅长委婉地表达自己，但我意识到，和沃利在一起的时候，我往往是过于直白，丝毫没有耐心，颐指气使甚至容不下不同意见。我上楼，躺在自己的床上，开始反省我为什么对自己的主持人竟然如此苛刻。我做了几次深呼吸，让自己冷静下来。作为赎罪，我掏出笔记本电脑，联系上了我家附近空中客车公司防务与航天分部一个工作点的老熟人。不管我自己的身体和心理状态有多差，我都得打起精神来让沃利玩得开心点儿。

第二天我的联系人回信了，这次临时起意的拜访正式启动。在车里，我没有告诉沃利我们要去哪里。和沃利所有的提问打太极是值得的，因为她见到我为她安排的惊喜之时惊讶不已。老天，这确实是个不小的惊喜。无论如何，我确实都无力带沃利上太空，但我可以带沃利去另一颗星球。

只是，这颗星球在斯蒂夫尼奇。

第四章 候选人名单

在这座英国最早一批"新市镇",有一座砖砌建筑,室内放置有一个30米×13米大的火星任务模拟场。这座火星场位于空中客车公司斯蒂夫尼奇的基地里,由300吨红沙组成,其粒度与火星表面的材料相同,场地里还零星散落着岩石。火星场的背景是NASA火星车在3000万英里(5000万公里)外拍摄到的这颗红色星球的图像蒙太奇。另一端,一间玻璃镶板的控制室俯瞰着整片场地。我们一走进火星场,鞋子就踩进了软软的细沙里。

"我在火星上走路呢!"沃利大叫起来,"这太奇妙了!"

建造火星场的目的是测试原型火星车,这也将成为欧洲的第一辆火星车,它将携带钻孔机,负责寻找生命迹象,作为2020年搭载欧洲航天局的ExoMars火星探测任务上天。或者,也可以说,这是一个带有机器人的巨大的火星沙坑。我们的导游是ExoMars计划中火星车的首席航天器结构工程师阿比盖尔·"阿比"·赫蒂(Abigail "Abbie" Hutty)。

赫蒂于2013年获得电气电子工程师学会年度青年女工程师奖项,和沃利一样,她也是女性中的典范。2003年圣诞节,英国的"猎犬2号"着陆器到达火星表面,这一消息打开了赫蒂的新视野,她从此开始了自己的航天事业。尽管"猎犬2号"此后因为一块太阳能板未能展开,没能成功传回信号,但此次火星任务充分证明了工程师完全可以在航天器和探测器研究上大展拳脚。赫蒂以班级第一名的优异成绩毕业于萨里大学,荣获机械工程硕士学位。如今,她领导的团队正在制作火星车的底

131

盘，管理其开发、设计和测试，以确保该结构能够承受火星任务的发射、飞行和着陆阶段的考验。这就意味着，她是沃利在火星场内最合适的导游。

红沙上放置着一些长相各异的原型火星车，其中一辆火星车只有金属的骨架，它是专门用来测试电气系统的。"这台火星车叫布莱恩。我们还在研究火星车的自动导航技术，"赫蒂解释道，"这关系到火星车的视野，还有能否避障或者翻越石头，就是说它自己在这片地上会如何正确决策，如何为自己规划路线。"

"真厉害，这个呢？"沃利指了指最大的那台火星车，顶上都是太阳能板，也和NASA已经在火星上的探测器最相似。这台叫布鲁诺。"这台会上火星吗？我可以开开吗？这是什么原理啊……我可太爱这个设计了。你能给我解释一下你现在是在做什么吗？"

这简直是天造地设的绝配。赫蒂不仅可以解答沃利的疑问，还具体讲了技术规格。后来我们开车回家的路上，沃利一路眉开眼笑，对这次参观赞不绝口："可真是太厉害啦。"

今日份的娱乐活动一直延续到了晚上，虽然后来活动的精彩程度大打折扣——毕竟这活动和航天完全不沾边。六个月前，我加入了一个社区合唱团，我们每周一次在社区的"摇滚合唱团"唱歌。今晚是本年度活动的最后一次，大家都会邀请家人朋友来参加。

就音乐而言，沃利更喜欢歌剧、古典音乐，还有教堂的唱诗班，尤

第四章 候选人名单

其是歌剧。她小时候父母就会带她去圣塔菲的歌剧院。威尔第是她的最爱。而我们和声版的碧昂斯的《光环》或者皇后乐队的《现在不要阻拦我》可能完全达不到她想要的效果。但我还是想试试。

在当地学校的礼堂，沃利看到拥挤的人潮就乐开了花。像这样的社交场合上，永远都不需要担心沃利，因为她从来都不会等着别人来搭话，而是直接大步上前简单直接地打招呼："你好，我叫沃利。"然后对话就这样很自然地开始了。礼堂里，上百人在一起说笑着，吃着小吃喝着酒。沃利和大家打成一片后，我又一次忍不住赞叹她的性格和天生的活力。她在这里认识了新朋友，合唱团的成员纷纷上台介绍新成员，我和我们的指挥皮帕也简要介绍了沃利在场的原因和背景。

我在合唱团里唱歌的时候，沃利正在礼堂的一侧忘情地跳着舞。在我们的最后一曲之前，皮帕向大家介绍道："我想告诉大家，我们的一位合唱团成员今天带来了一位非常特殊的朋友。她叫沃利·芬克，话说这个名字可真不错，她来自美国。1961年的时候，沃利参与了航天员秘密测试，她通过了测试。尽管她从没能真正成为一名航天员，但她很快有望飞上太空。我们今天能和你共聚一堂，非常开心。你在哪里，沃利？"

沃利举起手。令我惊讶的是，她看起来有些尴尬。甚至是有一丝谦逊。皮帕径直问道："你喜欢我们唱的歌吗？"

"太喜欢了！"沃利大声回应道。

133

人们又有说有笑起来，整个礼堂充盈着友好的氛围。

第二天，我们乘火车去科隆，但在这之前还有一件重要的事情。沃利想要去维珍银河位于伦敦的新总部看看，见见她的联系人。维珍银河是提供前卫太空旅行服务的商业航天公司之一。这些公司可以把任何人打造成航天员——只要你足够阔绰。当然他们并不会把一个人打造成长期执行航天任务的那种航天员，而是那种可以脱离地球片刻的太空旅客。NASA和俄罗斯航天局把这样的人叫作太空旅行参与者，而不是太空旅客，但这个官方名词并没能流行起来。

沃利在2010年向维珍银河支付了20万美元的飞船门票，这笔钱来自她父母的遗产。"他们到家来了三趟，确认这是我的意愿。"正如所有的领路人一样，这样的行为无疑是为信仰做出的大胆决定。但这并不是她买的唯一一张太空门票。"我还买了其他公司的，但我忘了名字。他们也没还钱，事情就这么不了了之了。"

我后来核对了以往的媒体报道，发现她之前采访中说过自己向内华达山脉公司（Sierra Nevada Corporation）、跨轨道系统公司（Interorbital Systems Corporation）都支付过飞船门票费，还在20世纪90年代的时候从集广太空旅客公司（Zegrahm Space Voyagers）买过票，1999年这家公司就与太空探险公司（Space Adventures）合并了。那时候只有这两家公司提供私人太空旅行服务。"那不是真的（还有别家），亲爱的。"

第四章 候选人名单

事实上，丹尼斯·蒂托正是在集广太空旅客公司（Zegrahm Space Voyagers）的帮助下成了世界上首位太空旅客。此后该公司依旧助力那些希望经过飞行员训练——当然也要很有钱——的客户上太空，但提供快速太空旅行体验的主要只有三家大公司：亚马逊创始人杰夫·贝索斯的蓝色起源，埃隆·马斯克的SpaceX，还有理查德·布兰森的维珍银河。

大多数计划中的商业太空旅行都会抵达高度较低的近地轨道，轨道高度最高可达海拔1200英里（2000公里）。国际空间站环绕地球的高度在海拔250英里（400公里）。大多数用于科学研究的卫星也都在近地轨道内运行。太空飞机通常在亚轨道飞行，它们可以飞出地球大气层，进入太空，关闭发动机进入失重状态，然后受控下降完成返回飞行，而非进入绕地轨道。

NASA和美国空军将太空的高度定义为海拔50英里（80.5公里），以此确认航天员身份。譬如，美国空军为x-15实验机中可以超越这一高度的飞行员授予正式航天员身份。然而，官方采用的太空边界是海拔62英里（100公里），以匈牙利裔美国航空工程师西奥多·冯·卡门（Theodore Von Kármán）的名字命名为卡门线。

20世纪五六十年代的报纸往往称冯·卡门为"超音速时代之父"或"航空界的爱因斯坦"。冯·卡门因其研究在欧洲名声大噪，之后于1929年成为加州理工学院新古根海姆航空实验室的负责人。三年后，他创立了美国航空科学研究所，并于1936年帮助学生在几英里外建立了火箭测试场。正是这片场地最终成了NASA喷气推进实验室。此后肯尼迪总统授予了冯·卡门美国第一枚国家科学奖章。

根据他的计算，卡门线意味着大气层从这里将变得稀薄到无法支持飞行，因为任何飞机都必须以高于轨道速度——也就是进入轨道所需的最低速度——的速度飞行才能获得足够的空气动力升力以保持在空中。国际航空联合会在20世纪50年代采用了这一定义，但具有讽刺意味的是，由于冯·卡门已经成了美国公民，美国并未采用该定义，而是使用了自己对太空的定义。尽管如此，很多商业航天公司都视卡门线为行业基准。

2004年6月21日，一艘名为太空船一号（SpaceShipOne）的太空飞机成了人类历史上首架飞越卡门线的商业航天飞行器，它到达了卡门线以上124米，创造了历史。这架航天飞机由航空航天设计师伯特·鲁坦（Burt Rutan）的缩尺复合体公司（Scaled Composites）制造，其间也得到了微软联合创始人保罗·艾伦（Paul Allen）的资助。太空船一号搭载了一名驾驶员和两名乘客，在两周的时间内，两次完成飞越卡门线的壮举，也因此赢得了安萨里X大奖，该奖项奖金总额为1000万美元，用于奖励首个进入太空并返回的非政府航天飞行器。这一奖项由阿米尔·安萨里、哈米德·安萨里兄弟（Amir and Hamid Ansari）以及后者的妻子阿努什·安萨里出资设立。阿努什·安萨里也是世界上首位女性

第四章 候选人名单

太空旅客。

五年后,维珍银河接力完成鲁坦的第二阶段发展:太空船二号——这也是沃利计划搭乘的太空飞机,设计可搭载两名驾驶员和六名乘客,预计飞越卡门线62英里(100公里),此外这将是一架可二次利用的航天飞机,就像退役的航天飞机一样。但与航天飞机所不同的是,太空船二号只会完成亚轨道飞行,并不会进入绕地轨道,也不需要由火箭将其发射进入太空。白骑士二号四引擎飞机会搭载太空船二号到达15公里(9英里)的高度。这款飞机有独特的双机身设计,看起来很像中间由一段共享机翼连接在一起的两架飞机。

与白骑士(也许这样方便区分后面的飞机,因为这两个都是飞机)脱离后,太空船二号自身的火箭引擎将会点火,产生3.5G的加速度,此时机舱内的人将会感受到3.5倍于自身重力的载荷。到达太空后,乘客可以解开安全带——如果沃利最开始确实系了安全带的话——体验几分钟的失重感,同时透过机上17扇窗户感悟宇宙的魅力。之后太空飞机将开启"羽毛飘"(feathering system)的平掠飞行返回系统——平掠舵面将会像飘落的羽毛一样将舵面转向90度,便于控制太空飞机。最后,太空飞机将调整成滑翔模式,降落在新墨西哥州南部美国太空港的跑道上。

沃利坚持要去拜访未来航天员(Future Astronauts)位于伦敦的公关团队,此前她实际上已经见过了团队中的部分成员:在位于加利福尼亚州莫哈韦的太空飞机机库——那里也是建造太空飞机的地方；在新墨西哥州的太空港——那里是她的太空之旅启程的地方。

　　机库也好，太空港也好，这样的安排背后有组织者的多重目的：一方面，他们需要与购票者同步最新消息，了解项目进展；另一方面，也是要让那些格外耐心的人保持对项目的兴趣。理查德·布兰森不仅在生意场上雄心勃勃，他的整个人生观都充满斗志，这样的太空旅行早已在他的计划之中。早在1999年，《锡达拉皮兹公报》中就引用过他在网络上的表态："我希望在五年内开发出一种可重复使用的火箭，一次最多可容纳10人，能在维珍太空酒店停留两周。"

　　20年过去了，这样一座太空酒店仍停留在设想阶段。维珍银河的商业航天项目在2014年10月31日第四次动力试飞中也惨遭失利打击。太空船二号按计划与白骑士二号脱离，然而短短13秒后，太空飞机就开始解体。残骸散落在加利福尼亚州莫哈韦沙漠的科恩干湖（Koehn Dry Lake）一片长达五英里（八公里）的区域内。驾驶员彼得·西博尔德（Peter Siebold）幸存了下来，但受了重伤，他同时也是制造这架太空飞机的缩尺复合体公司的飞行运营总监，他的座椅在事故中顺利弹出，使他得以用紧急降落伞下降。然而在太空飞机解体时，副驾驶迈克尔·阿尔斯伯里（Michael Alsbury）就没有那么幸运了，这位经验丰富的39岁试飞员在事故中不幸遇难。

　　"就我亲眼看见亲耳听到的来看，我没发现任何异样。"莫哈韦航

第四章 候选人名单

空航天港首席执行官斯图亚特·威特（Stuart Witt）表示。这一观察被证明确实是无误的。沃利的老东家——美国国家运输安全委员会的调查显示，这次空难是一次人为事故造成的灾难。副驾驶在0.92马赫而不是1.4马赫的速度时过早地解锁了太空飞机的两个尾翼，这个动作给机身施加了过大的压力，载荷最终导致太空船二号解体。由于没有预想过这样的操作，也没有相应的安全程序可以实施。

这场事故对商业航天造成了巨大的打击。就在事故发生的三天前，10月28日，另一家私人公司——轨道科学公司（Orbital Sciences Corporation）的心宿二运载火箭在升空后不久发生故障。NASA发出自毁信号，炸毁了这枚火箭，爆炸在弗吉尼亚海岸数英里外都可以看到。根据与NASA的合同，这枚火箭是负责向国际空间站运送补给的。

这两起接连发生的事故不可避免地引发了媒体有关商业航天何去何从的讨论，但很多人认为商业航天不会就此消失。同年早些时候轨道科学公司已与阿兰特技术系统公司（Alliant Techsystems）达成协议，成立了新公司：轨道-阿兰特公司（Orbital ATK Inc）。如今，NASA的国际空间站商业货物运输项目包括两家合作伙伴：SpaceX和轨道-阿兰特。

维珍航空很快也上马了第二版太空船二号。和上次一样，首次正式飞行的六张机票都属于布兰森和他的家人，这也是一种展示自身产品可行性和安全性的大型公关秀。全世界已经有超过650人购买了飞船门

139

竞逐太空

票。虽然不断有媒体爆出其中包括不少名人，从演员艾什顿·库彻到歌星贾斯汀·比伯和凯蒂·佩里，但完整的名单依旧是个谜。沃利虽然买票时间也很早，但大概会有很多人排在她的前面。由于太空船二号每次只能坐六个人，这就意味着如果每个月都有发射的话，也要很长的时间才能轮到她。当然，如果这期间能有更多的太空飞机交付使用，并且每两周发射一次的话，排队的速度会提高不少。

沃利坚持认为有些在等待名单上的人在那次事故后选择了放弃，或者可能没能等到轮到自己的那一天就逝世了。英国媒体也有不少有关飞船票的花边新闻，有报道称比阿特丽斯公主也买了票但在事故后不考虑再参加这项计划。那么问题来了，为什么沃利的排名并没有相应提前呢？沃利也已经听说有插队的现象。这次来英国她终于逮到了合适的机会当面质问。

维珍银河不久前刚刚把办公室搬到了伦敦总部，这是一座灰色水泥建筑，在靠近帕丁顿火车站附近的一座立交桥的下面，名为"超级战舰"，恰如其分。沃利又兴奋又紧张。她尤其失望的是她在美国见到的杰玛（她格外用力地念名字开头的首字母G）已经在新墨西哥州了。

在"超级战舰"，我们见到了很多工作人员，看起来大概都不到30岁，他们分散地坐在厨房兼酒吧区周围的开放式区域，都在计算机前工作着。窗户很多，自然光很足，会议室玻璃门上挂着譬如中心一号（Hub 1）之类的名字。公共酒吧区顶部有一个烛台、四个木凳、一座

第四章 候选人名单

不小的咖啡机,还有很多巧克力和蛋白质棒小吃,以及一包包藜麦或鹰嘴豆风味的薯片。自助服务区上方的玻璃架子上放着几瓶啤酒和一个"太空船一号"模型。

这样的环境很酷也很有意思,但沃利的兴致很快淡了下去,她后来才慢慢意识到维珍银河团队正是在这样的开放空间里办公。"这儿连一张太空的照片都没有。"

"主要是因为没有那么多墙可以挂照片啦。"

而与此同时,一组立式书柜里摆满了布兰森的作品,包括自传《就像处子失贞:商学院学不到的秘密》(*Losing My Virginity, Like A Virgin: Secrets They Won't Teach You At Business School*,又译作:《维真颠覆学:人生不能只做大家都说对的事》),还有很多本《去他的商业》(*Screw Business As Usual*,又译作:《当行善统治商业》)。沃利皱了皱鼻子。我猜她看不惯这种语言风格,我之前没听沃利说过脏话,除了"该死的"和"讨厌"。"这就是他干的人事?就在这儿瞎写书?这就是我们还没能上天的原因吧?"

维珍银河团队的一名成员来迎接了我们,她环视了一圈自己的办公环境,主动问道:"你们觉得怎么样?是不是很酷?"

沃利一秒钟切换回了从前的沃利模式:"不只是酷,这简直棒极了!你们在这上班是不是每天都超高兴的?你们是不是也都想上天,上太空?我现在就想去。"

141

克莱尔看起来对沃利很有好感。她先是向我们致歉，说并不是所有团队成员都在岗，然后带我们在这里转了一圈。办公区内有一辆碰碰车，头顶上挂着用圆顶礼帽做的灯罩，我们在一块身着航天服的布兰森纸板人旁合影留念。内墙上贴满了布兰森的照片，这样的装饰让这里看上去更像一户人家而不是一间办公室。照片上有年轻的布兰森，也有上了年纪长了白头发的布兰森，还有黑白照片上和特艺彩色照片上的布兰森。他带着自己标志性的露齿微笑和山羊胡子和不同的人合影，而这些人大概应该都是些我本应该认识的名人。我在三张装裱好的照片上认出了美国航天员巴兹·奥尔德林（Buzz Aldrin），他分别给布兰森家的每位成员留了亲笔签名：给他的儿子山姆，他的女儿霍莉，当然还有他自己——布兰森。

这些都没能提起沃利的兴趣。事实上，她很明显开始变得不耐烦。墙上有一条标语："去他的，干吧！"沃利看见又皱了皱鼻子。

克莱尔把沃利介绍给了团队里其他的成员。其中一位手里正拿着一本美国人写的讲水星13号的书。糟糕，偏偏是那本。按沃利的描述，那本书重复了很多耳熟能详的错误。看书的女人悄悄把我拉到一旁，问我是不是沃利可以给她的书签个名。"当然，"我回答道，"但做好准备，她肯定会给差评，因为沃利正好就不喜欢这本书对整个事件的描写。"

克莱尔安排我们就座并向我们介绍了到目前为止项目的情况，一

第四章 候选人名单

边小心提醒沃利,"这些我们也都写在邮件里了"。到目前为止,他们刚刚完成了50 000英尺高度的滑翔飞行,计划下个月完成"羽毛飘"——解锁尾翼并调转90度。动力试飞将在来年年底进行。"理查德最早要到2018年年底才会上太空。"

沃利一时语塞,差点儿说不出话来:"我以为他2017年就上去了啊!"

"今年我们没有任何飞行计划。"克莱尔礼貌地说。

此时此刻,确实很难让沃利降低期望。部分原因在于近十年来,报纸一直在宣传该公司如何做好了准备迎接太空游客。就在2012年,还有多家报纸援引布兰森的表态,说他打算在来年年底前飞向太空。

我帮沃利转达了对于插队行为的担心,也提到了拍卖的问题。比如,在2014年,有人以将近100万美元的高价拍到了一张维珍银河的飞船票,该次飞行同行的还有演员莱昂纳多·迪卡普里奥。这是否意味着,这位大方的竞拍者将比沃利早完成太空旅行?

克莱尔向沃利保证所有乘客都按购票次序排队,新来的都在队尾,而且虽然存在排名靠前的乘客缺席而出现空位的情况,这些席位并不会被安排换人,所以排在沃利前面的人并不会增加而只会减少。然而考虑到维珍银河所谓的乘客名单并不会公开,对于这样的说法是否属实我们无从得知,沃利也明显毫不知情。

"目前,史蒂芬·霍金的票是我们唯一的赠票。"克莱尔说。

一旦飞行计划开始落地实施,每隔几周就会安排一次发射。这样的场景单单是想象一下也会令人震惊。眼下太空飞机正在制造中，一共会有三架。克莱尔引用了布兰森常说的一句话："我们不是在造太空飞船，我们是在造太空航线。"

那本讲水星13号的书还是由一位员工呈给沃利，请她签了字。正如我预料到的，她并不乐意。"我不喜欢这本书。"她说着，用一根红笔签了字，还画了一个她常画的笑脸，还在书内页的黑白照片上留了签名。一看到杰奎琳·科克伦的照片，沃利立刻大声抱怨起来："都怪她，都是因为她我们才没能上天。她，还有约翰逊。杰奎琳·科克伦是个坏蛋。"

林登·B.约翰逊担任美国副总统时曾向NASA局长詹姆斯·韦伯（James Webb）发过一封打印的信，落款日期是1962年3月15日。草拟这封信的是约翰逊的助理丽兹·卡彭特（Liz Carpenter）。在信中，约翰逊提到自己已经和"水星13号"成员杰里·科布还有珍妮·哈特沟通过，并咨询过是否要对女性航天员设限的建议，以及"是否NASA因为性别落选过某人"。信的结尾写道："我知道我们都很感激这些女性为国效力的情怀和愿望，我们也期待着她们有能力做出贡献的那一刻的到来。"而将近40年后，当这封信重见天日，约翰逊的真实想法也随之曝光。他在结尾处并未签字，而是手写了一句："现在就快点儿停止这一切！"然后才是这句指令：归档。

"她刚刚说出2018年的时候我简直不敢相信，"在我们坐出租

第四章 候选人名单

车去圣潘克拉斯站坐火车去科隆的路上,沃利说道,"我还以为是今年呢。"

我能理解她的沮丧和失望。如果你三四十岁,或者甚至五六十岁,发射的拖延无非是令人感觉有些受挫,但仅此而已。沃利已经快80岁了。对她来说,发射窗口正在不断收窄。虽然她的母亲去世时已是90多岁的高龄,但一个人的生命是有限的,即便身体和精神再好,沃利也难逃这一自然法则,而她的时间与绝大多数人相比所剩无多。经过这么多年的宣传和炒作,亚轨道太空旅游现在已然真实可及,但如果这些拖延再等上五年或十年,沃利也许等不到梦想成真的这一天。我很理解她,也很同情她。沃利有时会惹人生气,但我喜欢她。我们在一起的时间越长,我就越了解她对生命的热爱和等待太空旅行时的心烦意乱。换作是我,我也会同样地充满好奇心,而且毫无疑问地同样让人头痛,总是提问题、要答案,并且不断地向自己和外界施加压力,只有这样,她对于竞逐太空才能永远充满动力。

这种内心说不清的一阵温柔的感觉不一会儿便退去了。在欧洲之星列车上,沃利又开始了她一贯的夹杂着评论和提问甚至像审问的自言自语,那点儿温柔甚至有点儿要变成狂躁,尤其是我们在比利时换火车又着急找厕所的时候。

"我以为我们一路直达科隆呢。"

"我说过了我们要在布鲁塞尔换车。"

"行吧,我们到了。你居然要花60美分上厕所这简直不可理喻。"

去往科隆的下半程旅途开始的时候,我在餐车点了红酒。沃利继续唠叨着,而我大多数情况下只是听着。我有时候在想,她提问是不是真的想知道答案,因为只要我一开始张嘴回答,她永远都会抛出另一个问题。

过了一会儿,沃利的滔滔不绝慢慢融入了背景噪声中。为了保持理智,每当她停止说话时,我都会启动苹果手机上的秒表。在整整五小时旅程中,沃利保持沉默的最长纪录是两分十五秒。一辆酒水车沿着过道缓缓向我们驶来。

"哇,"沃利注意到了这辆车,"你这酒肯定很不错。"

那天晚上,我酒杯里的酒在Gaffel am Dom餐厅换成了啤酒。这家精酿酒馆正在科隆大教堂外,对面就是我们在火车站旁的酒店。沃利20世纪60年代来过科隆,如今对这家热闹的酒馆感到格外兴奋,她也喜欢餐厅的装潢,天花板上的彩色玻璃,还有服务生端着饮料传送带上的迷你啤酒杯。

"我以前从来没有来过这样的地方。"

"没去过啤酒馆?"

"没有,从来没有,我不喝酒。"

这时我意识到,尽管她有丰富的旅行经历,但从很多方面来看,沃利依然是一个不谙世事的外乡人。

第四章 候选人名单

第二天一早我们就到了火车站，按计划录下沃利带我们走进广场，介绍面前的大教堂的过程。我们在一起录制过一套节目后，我发现了她在这方面的广播天赋。她也许没法顺利地逐字逐句读完台词，但她的评论却是很自然而流畅的。"这太不可思议了，我们现在正在科隆火车站，我们马上要走到外面去了。我左手边就是科隆大教堂，十分壮观。我，嗯，40年前见过，美得难以言表。那些尖塔直插云霄，"她津津乐道地说着，"实在是太壮观了。我们在这里将会采访欧洲航天局的人。我真是太喜欢这个城市广场了。"

完美。在去往欧洲航天局航天员训练中心的路上，沃利一上出租车就把采访材料和提纲都拿了出来。"那个我们要采访的人叫什么来着？"

"萨曼莎·克里斯托弗雷蒂（Samantha Cristoforetti）。"

"萨曼莎·克里斯托弗雷奇。"

"弗雷蒂。"

"弗雷奇蒂……"长久的沉默，"我是必须得念她的全名吗？"

"是的，不然你想什么好事呢。"

沃利咧嘴笑起来。我很欣赏她认真对待每次采访，会在采访前一遍遍预演，练习她的提问和发音。和生活中的其他事情一样，沃利想要——并且下决心——要做到最好。我本来都已经做好准备在车上做我的采访笔记，结果被她打岔写下来的都是她的问题。

我父母的一个无心之举成就了我今天的记者生涯，他们给我买过一个笔记本，让我把"所有东西都写下来"，这样就能避免总是丢东西。虽然我认人记数字都很在行，但记忆力其实出奇差，差到我连班干部都没做成。11岁的时候，我刚刚到一所当地的语法学校上课，当时我也是班长的候选人之一。最后我们六个女孩子中的另一个人当选。几十年后，当年学校里的朋友后来做了乳腺癌手术外科医生，她告诉我其实我票数最高，但被老师质疑了结果："你们不觉得她有点儿心不在焉的吗？"结果举起来投票的手一个一个又放下了。

"你在听吗？"

沃利已经注意到我并没有在听她讲话了："我想问问你车的事。哦快看，一个壳牌加油站，不知道油价贵不贵。"

我给出租车司机付完钱，一抬眼却看见沃利正在路中间的一辆车旁。有那么一个瞬间，我以为她是闯红灯走到车前的，但没有刺耳的刹车声。我走近才发现，司机正透过车窗和沃利在聊天。开车的不是别人，正是欧洲航天局的航天员萨曼莎·克里斯托弗雷蒂。

克里斯托弗雷蒂之前是意大利空军上校，也是一名战斗机飞行员，隶属意大利第32轰炸机联队第101中队，她也是2009届欧洲航天局筛选的航天员中唯一的女性，与其他欧洲各国的航天员一同训练：亚历山大·格斯特（Alexander Gerst）（德国）、安德烈亚斯·莫根森

第四章 候选人名单

（Andreas Mogensen）（丹麦）、蒂姆·皮克（Tim Peake）（英国）、托马斯·佩斯凯（Thomas Pesquet）（法国）和卢卡·帕尔米塔诺（Luca Parmitano）（意大利）。和大多数航天员一样，她是一个令人生畏的超人。克里斯托弗雷蒂拥有航空科学学位、机械工程硕士学位（研究发表过关于固体火箭推进剂的论文），会说至少五种语言，是一名合格的水肺潜水员，并且和沃利一样会开飞机。但不仅仅是太空旅客需要等待上天的机会，航天员也必须耐心等待他们极限探险的机会。一直到2014年11月第一次执行航天任务之前，克里斯托弗雷蒂带着自己的技术和技能训练整整等了五年。2015年6月，她结束在国际空间站担任飞行工程师的任务返回地球，创造了女性在太空中停留单次时长最长的纪录——仅差几个小时满200天。

对于我们中间的科幻迷们来说，克里斯托弗雷蒂在任务结束前就已经是圈内的传奇。在空间站期间，在伦纳德·"斯波克先生"·尼莫伊去世后不久，她拍摄瓦肯举手礼照片致敬，并被拍到穿着《星际迷航》航海者号制服发推文说："那个星云里有咖啡。"这句台词来自航海家号舰长凯瑟琳·珍妮薇（也是《星际迷航》系列宇宙中的第一位女舰长），同时也特指在多年只有速溶咖啡的空间站里终于迎来了崭新的浓缩咖啡机。这还不算，在毛巾日，她将一条毛巾披在肩上，以向《银河系漫游指南》的作者道格拉斯·亚当斯（Douglas Adams）致敬。

我和克里斯托弗雷蒂在工作上关系很好。她返回地球半年内，就

竞逐太空

答应给我们公司做她的首档BBC广播节目。节目名为《太空之家》（A Home in Space），讲述的是她在空间站的生活和工作情况。她也在我们为联合国可持续发展目标Project Everyone项目做的《太空之歌》（Songs from Space）中担任主持人，这个项目是由喜剧救济基金会和红鼻子日活动的创始人之一、电影导演理查德·柯蒂斯（Richard Curtis）发起的，目的在于宣传联合国可持续发展目标。我们将航天员的回忆与太空相关的音乐相结合，来传达这一信息。因为克里斯托弗雷蒂与在她之前的许多航天员一样，从轨道上观察过地球，也就对我们星球的脆弱性和稀薄但有保护性的蓝色大气层有了更深的理解。音乐穿插在航天员谈支持性别平等、气候行动和清洁能源等可持续发展目标的采访中间。采访对象包括加拿大人克里斯·哈德菲尔德（Chris Hadfield）、NASA的卡迪·科尔曼（Cady Coleman）——麻省理工学院化学专业毕业生，参加过三次航天人物的资深航天员，带过三把长笛和一把爱尔兰哨笛进入太空（其中两件乐器来自爱尔兰的酋长乐队）——再加上沃利最喜欢的航天员艾琳·柯林斯。

克里斯托弗雷蒂是我们为《第一位登上月球的女人》栏目做的第一位欧洲航天局的采访对象，由于她突破历史的创举，我们的上一档节目《太空英雌》中也有讲过她的故事，但上一次是我做的采访而不是沃利。克里斯托弗雷蒂为沃利写过签名照，我把它寄去了美国。这是她们第一次面对面，沃利一直很期待这一天的到来，克里斯托弗雷蒂亦然。

第四章 候选人名单

她不仅开车在路上的时候就认出了沃利，还像老朋友一样寒暄起来。

等克里斯托弗雷蒂停好车，我们走过尤里·加加林的青铜半身像，正式进入欧洲航天局航天员培训中心。在这里，像克里斯托弗雷蒂这样的欧洲航天员会进行18个月的基础训练。在一个巨大的机库大小的大厅里，满是欧洲参与建造的国际空间站的各种全尺寸模拟舱，包括含实验架模型的哥伦布科学实验室，以及自动运载飞船（缩写为ATV）。2008年至2015年间，欧洲的阿丽亚娜5型火箭将五辆20吨重的双层自动运载飞船送入轨道，用于运送货物往返国际空间站。

"我们在地面上的这些模拟舱内训练，"克里斯托弗雷蒂介绍道，"也在休斯敦和俄罗斯的模拟舱内训练。等你到了空间站，就会感觉一切都很熟悉，好像你确实早就来过一样。"

其中一面墙上还有很多医疗设备，因为航天员不仅必须接受身体监测，还要学习如何在出现紧急情况下相互提供治疗。沃利看到旁边还有健身中心和中性浮力设施很是兴奋。那是一个巨大的游泳池，里面有一个用于模拟空间站舱外活动（缩写为EVA）——也就是太空行走——训练的全尺寸模型。当身着航天服全副武装下水后，适当的配重和漂浮装置可以为身体提供中性浮力，这时你不用游泳也不会下沉。这也许与太空行走并不完全相同，但这是航天员在地球上所能做到的最好的方法了，可以在最接近微重力环境下练习身体运动并在较长时间里搬运大型物体。很自然地，尽管问题清单上并没有这个问题，沃利还是向克里斯托弗雷蒂发问,她很好奇这样的训练和实际在太空中的感受究竟是否有差别:"所以真在太空行走的时候有什么不一样的吗?"

"确实不一样,因为你实际上并不是在行走,而是飘浮,"她回答道,"你是失重的。在太空中你是可以活在三维世界里的,不只是在地上走。在地球上我们实际上只有两个维度,当然飞行中除外,你我都懂。但在天上,你不需要坐进飞机里,你自己的身体就会飘着飞起来,你可以在天花板上吃晚饭。非常特别的感受。"

"你之前在意大利空军开的什么飞机?"

"我开的是轻型攻击机,AM-X。"

"哇!你可真是太幸运了。你真棒,又很聪明。"

"你真好,沃利。"

这个互相赞许的开头是发自内心的,即使我戴着耳机无声地坐在她们中间举着录音机收音也能感受得到。克里斯托弗雷蒂十分熟悉水星13号的历史,也很清楚沃利和其他女飞行员在前往太空的道路上突破了多少阻碍。她已经从航天任务返回地球两年之久,目前从事一项名为Spaceship EAC的项目。"我们认为,我们已经为空间站训练航天员做好了人才和制度储备,但之后的计划是重返月球。所以我们正在为此做准备。这将是一项国际性的工作,我们希望打造一项专业技能,能够与年轻人、学生合作,并鼓励创新技术。"

欧洲航天局总干事扬·沃尔纳正是著名的"月球村"的倡导者——

第四章 候选人名单

月球村指的是地球居民在月球的基地。欧洲航天局正在科隆建造一个月球圆顶建筑。圆顶的内部将复制月球表面,用于测试月球车和训练航天员。这将是火星场的月球版本,但规模更大,而且带人带车。

在克里斯托弗雷蒂看来,月球是未来更多太空探索的实验田,她也坦白自己如果有机会一定毫不犹豫成为第一个登上月球的女人。"如果让我选,是回空间站还是去月球,那我肯定会选月球。你肯定想去还没去过的地方看看。"

"嗯,我觉得你会成功的。"沃利肯定地说道。

这一瞬间,我突然感到一阵酸楚涌上心头,此时此刻,这里一边坐着克里斯托弗雷蒂,她有着出色的经历和优异的成绩,登上月球的梦想真实可触且指日可待,而她旁边坐着的女人正是本可以第一个进行月球漫步的女人——如果历史能稍微通融一点点。而这两者之间隔着的正是过去50年间女性权力的变化,正是这种进步才有了今天的克里斯托弗雷蒂和她的登月梦。

克里斯托弗雷蒂认为登月训练大概和目前的航天员训练相似,任务的挑战难度也会相近。"反正你还是会对着一堆复杂的机器设备和你的机组,"她说,"我上到国际空间站的时候,那已经是一套成熟的系统了。没什么新玩意儿。而登月计划就不一样了。我觉得航天员肩上的担子会更重,需要他们更灵活,更擅于互动,能提供反馈,把事情做得更好。"

"孩子们是不是还得比以前更聪明？"

"聪明的孩子们到处都是，我倒是不担心这个事情。只是需要让他们做好准备就好。"

"真好，因为我在美国就看不到这些。"

沃利做得很好，她按照提词条上写的问到了中国的话题。克里斯托弗雷蒂表示她已经在学习中文了，这让她本就令人望尘莫及的语言能力变得更加难以企及。欧洲航天局和中国有关方面已经表现出合作意愿，并就航天员和月球基地分享了相关计划。截至2016年春天，中国国家航天局已经成功发射了三次探月任务，分别是嫦娥一号、嫦娥二号和嫦娥三号，都是探月机器人，其中嫦娥一号和二号是探月卫星。嫦娥三号包括一个着陆器和一个月球车，名为玉兔，它们于北京时间2013年12月14日着陆月球表面。在这场重启的重返月球的竞赛中，中国很有可能将第一位女性送上月球表面。

目前空间站的两大语言为英语和俄语，但随着中国和印度雄心勃勃的太空计划的实施，未来在月球和太空中的语言预计会变得更加国际化。采访结束的时候，沃利发现克里斯托弗雷蒂第一次去俄罗斯是2001年因为硕士论文研究而前去造访，而前一年，沃利正是在一个电视台的赞助下完成了俄罗斯一周之旅。"我和俄罗斯的航天员一起完成了测试，"她说，"他们告诉我，我和他们做得一样好，甚至比他们还好。"

这一段描述听起来很像她在洛夫莱斯诊所里的经历。虽然我本人相

第四章 候选人名单

信沃利在20岁出头年轻力壮时，肯定能出色完成任务，但我对60岁的她能以同样的成绩完成同样的任务表示怀疑。但话又说回来，我已经习惯了沃利异于常人的故事。

沃利继续说："你的成绩是不是也比男的好？"

克里斯托弗雷蒂谦虚地笑笑："他们好像没有排名。但是我做得还不错。"

"你做到了，你做到了。"

"符合期待值吧，大概是这样。"

"你知道佩吉·惠特森（Peggy Whitson）吗？她是我的朋友，我为她骄傲。"佩吉·惠特森是NASA的资深航天员，于2009年到2012年担任航天员办公室主任。就在我们采访的当时，惠特森正以每小时17 500英里的速度在国际空间站内环绕着地球，这是她的第三次也是她最后一次执行任务。"我在电视上看到她了。"沃利说。

"我知道佩吉，"克里斯托弗雷蒂说，"就像他们在NASA约翰逊航天中心说的，超人都是穿着佩吉·惠特森的睡衣飞的。她是女超人。"

惠特森的确是名副其实的女超人。2016年11月17日，她最新一次任务发射后，56岁的她成了太空中年龄最大的女航天员。几个月后的2017年9月2日，她会返回地球。在过去三次任务中总计289天5小时零1分钟的在轨时长意味着，她不仅打破了克里斯托弗雷蒂的纪录，而且她也是在轨时长最长的美国人，超越了所有性别的航天员。惠特森在成为航天员前曾是一名生物化学家，获奖经历可谓硕果累累，其中她曾于1995年获得美国天文学会鲁道夫·洛夫莱斯二世奖，这个特殊的奖项如今已经不再，但曾经持续50年——从1963年到2013年——奖励在航天科技领域做出的出色贡献。我研究过获奖名单，毫不意外地，惠特森是名单上为数不多的女性之一，此外还有1979年和2011年获奖者南希·格蕾丝·罗曼博士（Dr Nancy Grace Roman），她是NASA总部空间科学办公室的第一任首席天文学家。她在NASA工作期间负责监督NASA太空项目的设计和开发，因为其在哈勃空间望远镜上做出的贡献，她被称为"哈勃空间望远镜之母"。1976年的获奖者是一个熟悉的名字——一个参加过我讲水星13号的广播节目的人，一个称瓦莲京娜·捷列什科娃毫无建树的人——NASA太空任务控制总部首任部长克里斯·克拉夫特。

实际上，该奖项的首位获奖者也是一位女性——珍妮特·里德隆·皮卡德博士（Dr Jeanette Ridlon Piccard）：一位科学家、1964年至1970年NASA载人航天中心（现为约翰逊航天中心）主任的顾问、圣公会的第一位女牧师和高空气球驾驶员。1934年，皮卡德成为第一位进入平流层的女性。

那次飞行从密歇根州迪尔伯恩起飞。她是氢气球的飞行员，她的丈夫、瑞士科学家让·皮卡德（Jean Piccard）是领航员——这正是《星际迷航》里船长让·吕克·皮卡德一名的灵感来源。与他们同行的还有他们的宠物龟。吊舱外形像一个巨大的球，或者一个带窗户的潜水钟，周围环绕着盖革计数器以测量宇宙射线。他们的飞行高度达到了57 579英尺。也许是出于民族自豪感，当捷列什科娃在1963年创造历史飞向太空时，一些美国报纸特意写道珍妮特·皮卡德才是首先进入太空的女人。但只要快速计算一下就会发现，57 579英尺等于10.9英里（17.5公里），这与NASA、美国空军或卡门对太空的定义都相去甚远。

当沃利和我离开准备下一场采访时，克里斯托弗雷蒂特意向沃利表示了感谢，感谢她为后代女航天员铺平了道路。从沃利的脸上，我可以看出这一后人的认可对沃利来说很重要。

我们当天后来的采访对象都同样充满魅力。科学家艾丹·考利（Aidan Cowley）带我们参观了他的实验室，年轻得异乎寻常的工程师和研究员们在那里测试着各种新技术，而这些技术未来会有一天带我们突破地球的边界。

"沃利，您怎么看航天员训练中心？"考利问，"是不是还挺酷的？"

"比酷更酷！"沃利大声说，"简直棒极了！你想去月球还是火星？"

"我看过埃隆·马斯克的演讲，说火星是新的美洲大陆，"考利回答道，"你肯定不想在第一艘船上，你得在第三四五艘船上。"真是个精明的人。

考利的实验室特别关注用于能源生产和存储的燃料电池原型以及未来登月任务的3D打印技术。与地球不同的是，月球上有长达14天的月昼然后是14天的月夜,这就意味着要完成超过两周的登月任务就要面临颇具挑战性的技术问题。例如,每两周内,任何太阳能电池都没有阳光为其供电。这就是燃料电池系统受到关注的原因,燃料电池可以将氢和氧结合产生水,在这个过程中产生电力。在循环结束时,水还有可能会在白天循环中再次分解为氢气和氧气,然后以气体形式储存。再例如,可以从月球上的水冰中分离出氢和氧。这个过程可以重复多次用于补充能量供应,从而确保航天员在太空能够执行长期任务。

"这设备可真厉害啊。这得是多少人想出来做出来的?"

这个问题不在我们的采访提纲里。我第一反应是这个问题与采访完全无关,但我错了。"燃料电池在航天领域有着辉煌的历史,因为最初的水星、双子座、阿波罗任务,甚至航天飞机都是由燃料电池技术驱动的,"考利介绍道,"可惜在过去的几十年里,人们已经不再使用燃料电池,而是专注于其他电池技术,但电池在登月任务中面临重大问题。"

电池可能体积巨大又笨重,也适应不了极端天气。"从赤道的100℃到月球暗面的-108℃。燃料电池系统可以更稳定,工作时间更长。这正是我们认为可以让人类登上月球的那种技术。"

如果登月任务可以安排航天员在月昼着陆,那么更短的任务停留时间则不是难题,因为电池和光伏(太阳能)电池板可以提供为任何设备或车辆供电所需的能量。航天员在月球表面停留的最长时间是1972年12月11日至14日期间的阿波罗17号任务,纪录刚刚过三天。那是人类最

第四章 候选人名单

后一次踏上月球，也是第一次配有科学家的任务。登月舱飞行员哈里森·"杰克"·施密特（Harrison "Jack" Schmitt）是一位地质学家。

他们与指挥官尤金·"吉恩"·塞尔南（Eugene "Gene" Cernan）一起驾驶月球车在月球的陶拉斯–利特罗谷行驶了19英里（30.5公里）——这也是所有月球车中最长的行驶距离，同时还采集了最大一批月壤并带回了地球，足足重达110公斤（243磅）。与之前返回任务中采集的样本材料一道，这种月壤被证明对于研究在月球上长期停留和居住的计划至关重要。

要想把未来月球基地的所有部分从地球运输到月球将是昂贵且耗时的，这就是为什么科学家在努力寻找解决方案，试图通过目前可利用的资源来制造未来栖居月球所需的材料。如同被困在荒岛上时人们会用棕榈树和植物建造避难所一样，科学家和工程师正在研究如何利用月球上丰富的当地资源来建造月球基地。

幸运的是，阿波罗任务已经让我们了解了月球表面覆盖着一层细粉状的尘埃，它被称为月球风化层。一旦地球上的科学家完成对其成分和粒度的分析，他们就可以准确地构建其完美的模拟态。通过3D打印技术，将这种模拟的月尘融合在一起，这个过程被称为烧结。欧洲航天局的科学家们目前已经可以3D打印月球砖，其关键在于获得合适的尺寸和形状确保它们可以互锁，并为航天员提供最稳定和具有保护性的生活环境，因为他们在更长的任务时间内需要屏蔽辐射。

考利为沃利拿来一个装有灰色月球风化层的大罐子。这些粉尘让我想起了一大堆铁屑。沃利把手伸进去，让月尘从她的手指间滑落。"手感很好，"她说，"像盐一样。"

融化或烧结可以采用微波辐射、太阳射线或定向激光等方式来完成。"我们在ESA和DLR的部分工作，"考利继续道，"就是为了弄明白最佳方式是什么，以及我们必须考虑什么样的参数才能最终真正生产出可用的材料。"

ESA指的是欧洲航天局，DLR则是德国航空航天中心。后者的其中一座办公楼就在航天员训练中心的马路对面。这实在是很有趣，两个欧洲的航天机构，在中心这个单词如何拼写这件小事上要坚持用美式和英式英语的不同拼法来区分，但到了做月球砖这件大事上却直接达成了一致。来自两个拼写不同的中心的科学家们这一次同心协力。

在德国航空航天中心，马蒂亚斯·施佩尔教授（Matthias Sperl）向沃利展示了一块月球砖。"这种月球模拟材料是用火山灰混合而成的，可以再现月尘的物理和化学特性，"斯佩尔说，"然后我们会把这种材料放在一个太阳能烤箱里，集中的太阳光基本上会熔化部分颗粒，把它们粘在一起就可以制成砖。"

制作这样一块拳头大小的砖时长大约为两小时。

"好家伙……"沃利大为震撼地拖着长音说道，"我还以为是方砖呢，结果这么大。"

第四章 候选人名单

斯佩尔打开一个玻璃柜，从里面拿出来一小块黑灰色的砖块。横截面类似于黑色的火山岩层，质地看上去易碎实则坚硬无比。"你可以看出来，这块砖是一层一层做出来的，但它可以在月球上生产出更复杂的结构。我们目前的技术大约需要五个小时才能生产出来，"他解释道，"这可能看起来非常慢，但你再想想把它搬运到月球所需的资金吧。这是一个更精致的版本，目前还有些粗糙。"

他搓了搓手，拿起一块完全不同的月球砖，我们这才发现这不是一块长方形的砖，"形状像门把手"。

这样的设计想法是将这些门把手形状的砖叠放在一起使之互锁。该团队目前正在实验设计不同形状的月球砖，采用3D打印后测试是否可以构成稳定的墙壁或半圆顶形状。一旦确定了最高效的砖块设计方案，机器人就可以将3D打印机带到月球，并在航天员到达之前开始盖房子。这样的结构还可以保护航天员免受辐射侵害。斯佩尔主动提出陪我们去一个特殊的工作室看看，在那里，盒子状的3D打印机正在工作。

"那再好不过了，走吧。"

打印机来回旋转着，一次一层，最终将构建出一块模拟月尘制成的砖。沃利是一个永远充满活力的采访者，她喜欢看这样的打印机工作，喜欢认识新人，喜欢见证未来一步步照进现实。她内心就是一个天生的探险家，同时她也有着工程师的头脑。她想要拆解机械了解它们的原理，再把它们组装回原样。小时候她就这样学做巴沙木飞机，然后开始研究家里的拖拉机、汽车内部构造，再后来就是真正的飞机。沃利经常大声说出自己的心愿，说希望自己有能力了解更多太空旅行的技术细节，但她低估了自己已经付出的努力。她对太空旅行所涉及的科学和工程学的理解常常让我感到惊讶，尤其是引擎相关的部分。

我们回到航天员训练中心，考利带我们参观月球穹顶建筑。目前它还只是一大片被围栏围住的草地，但它即将被改造成欧洲最大的月球模拟设施。月球模拟是个科学术语，简单说就是他们正在这里复制月球表面，大小约为半个足球场，这个设施将用于训练未来的登月航天员。这样一个月球模拟设施需要模拟月球风化层，总重约600吨。"就像你之前看过摸过的那种土。"考利说。沃利倒吸了一口气。

"我们将研究在月球表面执行舱外活动需要什么样的技术，为我们的航天员在月球上行走做好准备，测试月球车和航天员的交互情况，我们还希望造出一个小的穹顶栖息地，这样航天员可以在这里休息调整，然后再过渡到在外面进行取样工作。还会有一个控制中心，用于模拟月球表面的完整任务。"

沃利赞叹道："这太出色了。"她说的是对的。从人类太空飞行之初，到登月以及更宏伟的未来，在这个模拟设施里我们看到的是一个既陌生又熟悉的未来。与沃利在20世纪60年代初期取得成就后想要进入太空的勃勃雄心一样，历史仿佛又回到了原点。

我们乘出租车去科隆火车站准备前往下一站巴黎之前，我决定再做

第四章　候选人名单

一次室外的即兴录音。早上沃利在大教堂前脱稿的即兴演讲效果很好。

"沃利，你可以说说我们在哪里，以及我们为什么在这里吗？假装马上就要见到萨曼萨了。"

"好啊。我们在哪儿来着——欧洲航天员中心？"

"航天员训练中心。"

"我可以说是欧洲航天员训练中心吗？"

"可以。"

"现在，"她开始了，"我们正在欧洲太空训练中心。"

"航天员训练中心。"

"现在，我们正在欧洲航天员训练中心，我们马上就要见到……"她停了好久；"……可能是首位登月的女士。"

"你能不能不要说女士，就说是首位登月的女性？"

"我要从头说一遍吗？"

"对……但是你要说这是首位登月的女性。"

她又开始了："现在，我们在欧洲太空训练中心……"

"航天员。"

沃利有些沮丧："我得写下来。"

我拿出笔记本，她把中心的官方名称写了一遍。"现在，我们在欧洲航天员训练中心，我们马上就要见到……"她又停了好久，"……可能是首位登月的女士。"

"再来一遍,女性,不是女士。"

"现在,我们在欧洲航天员训练中心,这绝对是我见过的非常完美的训练中心了,接下来,我们马上就要见到一位年轻的女士……"她又停顿了一下,"她有望成为第一位登上月球的女性。"

"完美。"我说。至少我剪辑之后会很完美的。

第五章　美国人在巴黎

沃利上一次来到巴黎是20世纪60年代中期，她把她的野营车一路开到了埃菲尔铁塔下。"我先开车围着塔转了转，后来坐电梯上去了——那上面风景真是绝了。"

她环顾四周："那边的树之前不在那儿。我也不记得有这些楼。但是能再次上来看看拍拍照可真是不错。"

这是一个明媚的春日。埃菲尔铁塔附近的树还没有纷纷冒出绿芽，阳光灿烂，万里无云。天空的蓝色和沃利的蓝色棉衬衫相得益彰，衬衫上绣着沃利的名字，右边绣着"安全考官"，左侧胸口的口袋上有一块魔术贴，上面写着"女飞行员，卓越之翼"。绕过埃菲尔铁塔，在欧洲航天局总部外，屋顶上悬挂着一串彩色的旗子，在微风中轻轻飘扬。这些旗子代表着当时欧洲航天局的21个成员国。欧洲航天局在欧洲各国都有相关设施，其中一处就是沃利和我之前在科隆参观的航天员训练中心。但在巴黎的这座建筑是所有重大决策的诞生地，关乎机构政策也关乎航天任务先后。

欧洲航天局局长扬·沃纳的办公室屋顶上挂着八大行星，它们缓缓地在他的办公桌上方旋转着。这个特殊的装饰让我想起了欧洲航天探索太阳系的任务数量之多，从金星快车金星探测器、ExoMars非载人火星探测任务，以及行满功成的欧洲航天局与NASA合作的卡西尼-惠更斯号土星系探测任务，到拖着非凡轨迹降落到彗星上的罗塞塔号彗星探测器。此外，还有更多的欧洲航天局的航天任务在路上，例如BepiColombo水星探测计划，还有木星冰月探测器（JUICE）。这些任务都是非载人的，全部采用机器人航天器——能比载人任务更便宜、更安全地探索我们的外太空邻居们。沃纳希望进一步扩大航天局的愿景。

我们准备做采访的桌子上有一盏旋转的月亮灯。这就是沃纳的愿景所在，建一个"月亮村"。令我惊讶的是，他的办公室里还有一本关于水星13号的书。不幸的是，还是那本书。沃利的脸瞬间皱了起来，仿佛嗅到了什么难闻的东西。但沃纳接下来的话打破了她的保留意见。

沃纳在2015年加入欧洲航天局之前，自2007年起便担任德国航空航天中心执行委员会主席，并于2012年至2014年担任欧洲航天局理事会主席。然而，他在2006年申请德国航空航天中心的职位时，最担心的是他的土木工程背景对他们来说还不够"航天"，尽管他也在航空航天领域工作过。因此，在面试期间，他认为有必要让委员会相信他是这份工作的合适人选。"我冒了个险，"沃纳说，"我说我可以告诉他们一些他们

第五章 美国人在巴黎

不知道的有关太空的事情。"

他讲的就是关于水星13号的故事。由于在场没有人知道这些女性以及这部分历史,所以可想而知他的讲述会多么引人入胜。难怪他成功地做了德国航空航天中心的主席。而且,毫不奇怪,他很高兴亲眼见到了他曾经的面试中谈到的一位女性。这也解释了为什么我的采访请求被这位局长欣然接受,我在提需求的时候不仅写了《第一位登上月球的女人》栏目会介绍当前政府和商业公司对于重返月球的目标,还专门介绍了沃利的背景。"你帮我搞定了那份工作,"他对沃利说,"可能还包括我今天的工作。"

他转头指向桌上的那本讲水星13号的书:"如今我演讲的时候还是会经常用到这本书。"

沃利本身对这本书中部分内容就带着深深的不满,她小声嘀咕着:"也许你应该看看别的。"好在这句抱怨被当作一句玩笑一笔带过。沃利从来没有具体讲过这本书到底是哪里激怒了她,只是一直说书里重复了那些被广泛误传的故事。我简单翻过这本书,我怀疑真正的原因是书里与沃利自己的部分表态相左。我决定要转移一下话题,主动向沃纳提起我在1997年做过有关水星13号的广播纪录片。

"那时候你还是个孩子吧?"

沃利和我捧腹大笑。这个男人状态很好。关于书的分歧在这一刻烟消云散。我需要让沃纳坐得离我和沃利近一点儿,不然我的录音笔够不

167

着他。"那是不可能的，"沃纳打趣地说，一边拉着椅子靠近我们，"我们已经没法再近一点儿了，我们都膝盖顶膝盖了！"

广播实在是一项与人亲密的事业。

沃利准备开始读开场白。我们也可以结束后去室外录，在埃菲尔铁塔下，这样也许我也能多一些选择。

"我正在巴黎，在E-S-A的总部，ESA就是欧洲航天局。"

"等下，不对。"我打断她。沃利把欧洲航天局（European Space Agency）的每个首字母拼出来了，但这个读法是错的："应该是Eesa（音：伊萨）。"

很多人都会把欧洲航天局的缩写错念成E-S-A。我专门在沃利的台词上把扬·沃纳（Jan Woerner）的名字拼写按德语发音改成了Yan Verner防止她读错，却忘了修改ESA。沃利拿出自动铅笔，在纸上做出了修改，然后重新开始。

"我在巴黎，在欧洲航天局的总部，他们的领导，曼·沃纳……"

"扬·沃纳。"我说。

"我能不能叫他沃纳先生？"

"不不不，"沃纳说，"你可以叫我扬。"

沃利深吸了一口气，从头读起来："我正在巴黎……"

这版新的开场白声音实在是太大了，不仅震得我耳机里嗡嗡作响，采访机的电屏表也显示过载，这样会导致内容失真。"等下等下，沃

第五章 美国人在巴黎

利,我得把声音降下来。"

沃纳面对这样频繁出错的开始展现出了他的好脾气。"我觉得挺好的。"这样突然的站队一下成了他们二对一,我成了坏人。

"我都习惯了在飞机上说话,"沃利诚恳地说,"所以我现在声音才这么大的。"

"我太懂了。"他们俩笑起来,仿佛在交换什么了不起的机密。

沃利又一次开始了这部分的串词朗读,这次她刻意降低了音量,捏着嗓子像个小孩子一样读起来:"我在巴黎……"

沃纳的笑声差点儿把我的鼓膜震漏。

最后的最后,沃利终于找到了感觉,把开场白读完了:"我在巴黎,ESA的总部,也就是欧洲航天局,这里距离埃菲尔铁塔很近。他们的现任领导是扬·沃纳,一直致力于在月球上建立国际社区,他把这个计划叫作月球村。"

我长舒了一口气。采访终于正式开始了,沃纳首先解释了月球村的概念,他设想这样一个月球社区会由公共和私人主体构成,有航天员有机器人,并对全世界开放。他想要打造一个"开放概念",认为一旦国际空间站退役,月球会成为世界各国再度相聚一起研究科学、技术开发和外延的场所,也就是说,月球会成为"地球人类的下一个前哨"。

沃纳认可萨曼莎·克里斯托弗雷蒂是最完美的登月人选,甚至可能成为第一个登上月球的女人:"她业务熟练,非常聪明,我也很欣赏她的感情丰富，她认为我们应该好好照顾地球，她是一个非常坚强的航天员。"

"我喜爱她。"沃利说。

沃纳同时确认所有的欧洲航天局的航天员，不只是克里斯托弗雷蒂，都在学习中文普通话，"从而成为真正国际化的航天员"。一个更多样化的太空未来正要徐徐展开，幸运的是，这一次，女性被自动包括在内。沃利在她随身携带的一张给粉丝的明信片上签了名。她穿着蓝色飞行服，贴着很多太空主题的魔术贴，站在一面美国国旗前，摆出了一个航天员的姿势。上面写着："沃利·芬克，水星13号航天员候选人"和"航空先驱"。她把签名的明信片给了沃纳，这位欧洲航天局局长格外高兴。

一位媒体官陪同我们离开大楼，路上偶然看到一个女人，媒体官介绍我们认识。这个人是克洛迪·艾涅尔（Claudie Haigneré），她本身也是医学出身，获得过脑科学博士学位，在法国国家空间研究中心工作期间研究了针对人体在太空中适应情况的实验。如今她是沃纳的特别顾问，但她在法国更出名的身份是法国第一名女性航天员。2001年10月21日，她随仙女座任务成了第一名到访国际空间站的欧洲女性。

虽然我一直对太空和女性相关的历史情有独钟，但我对艾涅尔的成就却知之甚少。1999年7月，她成为首个可以指挥联盟号火箭返回的女性指令长。这是一艘俄罗斯的航天器，最多可以将三名航天员从国际

第五章 美国人在巴黎

空间站带回地球。自2011年航天飞机退役以来,这是他们回家的唯一途径。她后来成了法国研究与创新部部长。

这让我想起了女性们实际上经常要努力斗争才能得到被世人所知的机会,无论她们来自哪里或者是哪个国家在报告她们的成就。1991年英国首位航天员海伦·沙曼(Helen Sharman)正是这样的一个例子。

她是一名来自玛氏公司的科学家——尽管和火星是同一个单词,但玛氏(Mars)实际上是一家巧克力公司。她学会了俄语并经历了18个月的训练,此后搭乘联盟12号飞船抵达了和平号空间站。这是飞船第12次前往空间站的任务,她这次长达八天的任务是朱诺计划的一部分——这是一家英国公司和俄罗斯的商业合作行为。在空间站期间,沙曼完成了一系列苏联设计的种子实验、材料实验和超导实验,也完成了人体在失重环境下适应程度的测试。此外她还带了一棵迷你柠檬树(此后整整活了三年)去空间站,也在太空中与一所英国学校完成了一次无线电天地课堂。

"因为我是第一名英国航天员,这就意味着,从1991年我上过天之后,英国就在人类太空旅行中留下了足迹。" 2016年,沙曼在伦敦帝国理工学院接受我的采访时曾经这样说过,她当时在那所大学的化学系任职,"无论我走到哪里,我都代表了英国。我都永远是英国的首位航天员。我能上到太空很重要,这是给全英国的女孩子和女人们的一剂强心剂。"

171

20世纪60年代媒体在报道瓦莲京娜·捷列什科娃时,总是要点评一下她的外表,考虑到对女性角色的传统期望,这在当时并不奇怪。但在捷列什科娃进入太空的30年后,沙曼发现媒体采访的思路几乎没有什么变化。

"有些人问的还是我在太空穿什么。还有人问我在哪里买的内衣,要不就是问我在太空用的是什么面霜。"沙曼对我说。

"有个报纸的报道题目是《太空英雌芭芭丽娜回来了》,结果全篇写的都是'海伦上了太空却没有化妆,多么可怕,她没有准备好在镜头面前展示最好的自己'。天哪真是拜托了,"沙曼说,"这就好比是去和平号空间站参加一次极其艰苦的露营。国际空间站相对来说条件还算奢侈的。那里总是让人汗津津黏糊糊的。"她笑起来,继续说道:"而且我一共就只能带180克行李,谁会在这个时候还想着带口红啊?"

但她在太空时有一件事让她遗憾至今。这倒确实有关她在太空中的一套穿着,那是她还在哈萨克斯坦星城尤里·加加林宇航员培训中心的时候就让她带上太空的一套衣服。

"世界上第一个太空行走的人,阿列克谢·列昂诺夫,在星城的时候是我的老板。他总是很会开玩笑。有一个传统是航天员抵达空间站之后大家要一起聚餐,你得带上去一件衣服在吃饭的时候穿。男人们都是戴领带上去,吃饭的时候就在他们胸前飘着,很好看。"她解释道。

也许是因为沙曼即将成为和平号的第一位女性乘客,列昂诺夫——

第五章　美国人在巴黎

如今她谈起他来还是很亲切——决定要为她打造一套特殊的礼服。"我们那会儿还在哈萨克斯坦做两周的隔离，阿列克谢自作主张去了一家裁缝店，我完全不知情，然后他选了一块粉色的布料。"沙曼说起这段经历不禁大笑起来，"那真是我不会选的颜色。"

列昂诺夫接着又亲自操刀设计起来，据沙曼描述，这是一件"多褶束腰女衫的组合……一件粉红色褶边还会沙沙响的衣服"。我见过这件令人深感冒犯的衣服，我能理解为什么这件衣服形容起来如此困难。它类似于一件很丑的20世纪80年代风格的肥大泡泡袖婚纱，领口顶部有褶边还带了一个蝴蝶结。沃利肯定也很讨厌这身打扮。有趣的是，沃利是除海伦外第二个会说衣服"沙沙响"的人。

"阿列克谢·列昂诺夫，我的老板，把这玩意儿给了我，"沙曼说，"我总不能说，'谢谢，但是我讨厌这东西'吧。大概的计划就是我偷偷把这个穿进航天服里，然后我到了第一次聚餐的时候就穿上这个，给他们一个惊喜。"

确实是个不小的惊喜。沙曼把加入这场航天员聚餐的传统称为"有点儿意思"，问题出现在她返回地球后。"可悲的是，这成了被一次次流传的图像。是不是因为全世界都想看到女人们穿着带粉红色褶子的衣服？"

沙曼被迫隐姓埋名的时刻在20多年后到来了。那是2015年，当时欧洲航天局的第一位英国航天员蒂姆·皮克被分配到国际空间站执行任

173

务。一时间，1991年为英国在太空挂起国旗的沙曼读到了不少新闻报道，无一例外地错将皮克称为第一位英国航天员。起初，她把怒火指向了媒体，认为记者没有弄清楚事实真相，也责备自己因为在近几年内远离了公众的视野才导致了报道中会出现这样的事实错误。

令人寒心的是，这个错误却是源于英国航天局。"当蒂姆·皮克被分配到新的航天任务时，英国航天局发布了新闻稿，称他将成为第一位英国航天员。"沙曼说，"我看到了。这让我十分震惊，而且大错特错。到最后，居然是英国航天局在试图改写历史，试图把我从历史中择出来。"

英国航天局很快做出了勘误。"后来我就看到了一篇媒体通稿里面写蒂姆是'首位官方航天员'。"在沙曼看来，这个用词同样问题颇多，"这和蒂姆没关系。英国航天局已经认定了我的任务不是官方任务。"沙曼的不满是非常合理的，"难道我是塞了红包才能搭便车上太空的吗？"

英国航天局再次因其错误而感到羞愧。"我不认为他们的确是想贬低我或我的使命。他们就只是宁愿我的任务没有发生，"她说，"我对他们来说是一个尴尬的存在。不是因为我是女人，而是因为那次任务不是英国出资的，他们希望是英国政府资助的航天员来做那个第一人。"

这其实在某种程度上是一个历史问题。沙曼在1991年成为第一位英国航天员时，英国航天局还不存在。1985年至2010年间，英国国家航天中心负责协调英国的所有民用航天活动。更具体地说，国家航天中心没有"做"载人航天——这是他们政策的一部分——所以它自然也没有为

第五章 美国人在巴黎

国际空间站提供任何资金。直到2010年英国航天局成立,这一政策才发生变化,这才为英国的"第一位"欧洲航天局航天员铺平了道路。

沙曼不认为自己的性别影响了这种思维方式,但承认这是英国官方无意改写第一人的原因:"如果第一人是个男人,这种事就不会被允许发生。"

她也理解媒体写文章的时候喜欢用最高级。"最大的""最好的""第一"往往才能成为头条新闻。这也是沃利已经掌握的技巧。她知道记者喜欢什么,而且由于她职业生涯中有无数个"第一",她可以随意提供这样"第一"的故事。因此沙曼反对贬低自己"第一"的成就是很合理的反应。

"蒂姆是第一位由英国政府资助的航天员。他是第一位英国的欧洲航天局航天员。我们总是会欣赏他所做的事情,因为他是一个很棒的人,但是将我从历史中抹去实在是错得太离谱了。在英国,我们仍然不习惯女性先于男性做事,"她说,"我们只是自以为我们是女士优先的。立法规定女性应该同工同酬。而在实践中,我们在任何地方的报酬都一样吗?当然不是。"

沙曼也承认情况在慢慢好转:"很多优秀的机构都在努力推动进步,它们都在提供男女平等的权利和平等的机会。但是我们这一路真的走得很辛苦,"她说,"2016年的今天,人们听说我去过太空的时候,还是会问我谁是第一人。你是第一个女人,那谁是第一人?人们默认在我之前一定有个男人先去过太空。社会上有太多人对女性有错误的、先入为主的形象观念,我们必须要纠正这样的错误。"

对沙曼来说,引起争议的好处在于,她也在这一过程中得到了来自公众和私人的很多支持,人们对她在媒体界的遭遇表示同情,赞赏她的自尊,钦佩她的成就。这也让年轻一代人意识到了英国第一位航天员是女性。2017年年底,英国政府宣布沙曼在新年荣誉榜上被授予圣米迦勒及圣乔治勋章。

蒂姆·皮克实际上也是沙曼的支持者之一。在他的任务发射之前,如果任何记者错误地称他为英国第一位航天员,他都会当场予以纠正。2015年12月,皮克飞入太空时,他随身携带着一本尤里·加加林的《通往星星之路》(*Road to the Stars*)。这本书是沙曼给他的,是英国第一位和第二位航天员在太空中的完美联结。在他上天几个月后,我在北伦敦的一所学校参加了皮克的首次太空电视直播,有学生和媒体现场提问,其中一位记者称他为英国第一位航天员,皮克纠正了这位记者。

沙曼与列昂诺夫的经历可以被视为一个不恰当的玩笑,它也许只是为了维护俄罗斯空间站的一个传统,而此前这个空间站并没有接待过女航天员。但公平地说,苏联航天局在女性平等方面也没有更好的纪录。捷列什科娃是1963年第一位飞入太空的女性,但在那之后她再也没有上过太空。直到将近20年后,才有另一位女性追随了她的脚步,或者说追随着她穿上了航天服。

第五章　美国人在巴黎

1982年8月19日，第二位俄罗斯女性斯韦特兰娜·萨维茨卡娅（Svetlana Savitskaya）飞入太空。她是一名航空工程师，与沃利一样，她也是一名飞行员。10个月后，第一位美国女性抵达太空。在那之前，首先到达太空的不是一个，而是两个俄罗斯女人。如果你一定要愤世嫉俗一点儿，那么这第二次击败美国确实并非巧合。因为苏联航天局得知NASA终于有了女航天员，萨利·赖德（Sally Ride）和其他人正在为执行任务做准备。于是在男性航天员们集体经历了19年的空窗期后，苏联也将女性带回了太空计划。果不其然，苏联的另一位航天员萨维茨卡娅赶在赖德之前飞往礼炮七号空间站，并且就此成了第一个在空间站上工作的女性。

两年后，萨维茨卡娅成为第一位执行二次太空任务的女性，并于1984年7月25日成为第一位完成太空行走的女性。她花了三个半小时在礼炮七号空间站外完成了一系列电焊实验，并在空间站内执行了为期八天的航天任务。

8月28日，《纽约时报》驻莫斯科记者报道称，礼炮七号飞行工程师瓦伦丁·列别杰夫（Valentin Lebedev）在空间站内欢迎萨维茨卡娅抵达时表示："我们已经准备好了围裙。"列别杰夫随后补充道，"这就像你回家了一样。当然，我们为你准备了厨房，那将是你工作的地方。"

这位记者还报道说，官方媒体《消息报》（*Izvestia*）在有关航天员的人物传记中列出了一些不寻常的属性。"像斯韦特兰娜这样的女人很少，"文章写道，"她迷人而温柔，是一位热情好客的女主人，有空时喜欢自己设计图案并缝制自己的衣服。"

关于捷列什科娃、萨维茨卡娅和水星13号的历史成就有很多惊人的相似之处。而沃利在2000年在莫斯科接受为期一周的航天员训练时，训练已经变得更加现代化也更不分性别。"他们有一个房间，男人们在这里脱掉衣服接受检查，女人在这里，"她比画着一个想象中的房间的两边说道，"没有性别歧视。男人在那边换衣服，我们在这边。我觉得没什么大不了的。只要他们让我参加他们需要的那些测试。"

沃利毫不在意这些细节，尤其是因为这些测试远不及洛夫莱斯博士设计的测试数量多、难度大。在游泳池做好练习后，她做了抛物线失重飞行，还做了离心机测试。"作为一名特技飞行员，我在这些方面表现出色，我可以承受6G的压力。"

到2015年，俄罗斯似乎在性别歧视问题上有了很大的改观，当年组织了一场长达八天的单一性别测试用于模拟登月及返回的航天任务，这场名为月球-2015（Moon-2015）的任务由六位女性航天员组成，她们都在医学、心理学和生物物理学方面的考核中取得合格的成绩。这次测试包括在俄罗斯科学院生物医学问题研究所的航天器模型中进行生活和科学实验，也是第一次对女性进行此类研究。

其中一位科学总监谢尔盖·波诺马廖夫（Sergei Ponomarev）对《卫报》表示："观察她们之间如何相处，以及执行任务的能力水平，

第五章　美国人在巴黎

是很有意思的一件事。我们相信女性在太空中执行某些任务时不仅不会比男性差，实际上反而会做得更好。"

可惜，在测试开始前的新闻发布会上，研究所所长伊戈尔·乌沙科夫（Igor Ushakov）发表了一些给这些女性航天员的建议："我希望你们不要起矛盾，尽管人们都说在一间厨房容不下两位家庭主妇。"

有记者还提问她们如何应对没有化妆品的情形。从古至今，有些事情从未改变。参与者之一安娜·库斯莫尔（Anna Kussmaul）用一记绝妙的讽刺回答了有关记者提问有关她们头发保养的问题。"我可真不知道没有洗发水我们该怎么活下去呢，"她说，"因为即使在这种情况下，我们还是那么想保持美貌。"

其中四位航天员在一年后的NASA人类探索研究模拟项目（缩写HERA，赫拉）IX计划中又集体在实验室完成了30天的任务，该项目旨在模拟登陆近地小行星，她们这次完成得更好。然而公众对女性能力的质疑和否定却一直持续了到今天。

当年水星13号的情况肯定更糟。飞行员杰里·科布是第一位通过测试的女性，在听证会期间接受了几次媒体采访。一位电视记者问她："为什么像你这样漂亮的女孩想成为航天员？"

沃利对于水星13号任务中的女性都没有被认真看待又感觉如何，是不是也心怀怨恨？

"怨恨？没有，完全没有，我不是那种人。我不是一个消极的人，

179

我永远都很积极。我为什么要记恨啊？对我来说，发生在我身上的全部都是好事。"

她确实永远都积极正面。空了一半的水杯对她来说叫作还有半杯水，有些事情在她看来都不会被四舍而是直接被五入。她对项目被迫叫停的回应是"扔给它一条鱼"。她经常使用这个说法。据她说，这句话来自陶斯印第安人，意思是"不要回头"。

坐在公园长椅上，阳光下的埃菲尔铁塔就在我们正前方，沃利讲起自己50年前在巴黎以南四五英里的地方露营，交朋友，逛博物馆，参观卢浮宫。从某种意义上说，沃利在20多岁时前往欧洲和其他地方旅行是一种积极的逃离美国的方式，因为在1963年的听证会后，她可以成为航天员的所有路径都关了门上了锁。

沃利1965年买了一辆大众露营车，交代车要在布鲁塞尔交付。"妈妈在我的内衣里缝了1000美元的钞票，"她说，"父亲则给了我银行本票。"

她带着自己外向的性格和福多尔公司的旅行书，与她的朋友安·库珀（Ann Cooper）一起抵达欧洲。"我回头给你看我的旅行地图。我有三本不同的：欧洲、中东和非洲。我每到一个地方晚上睡觉前，我就把日期写在地图上。聊这个就会很有意思了。我还留着我的所有护照，"她兴奋地说，"每次用完了，他们会附上另一页，然后盖章。我的护照都特别酷，总有一天它们会被珍藏进博物馆。"

沃利和她名为维克多的帕洛米诺马,图片拍摄于新墨西哥州陶斯

女童子军时期,20世纪40年代

14岁,密苏里州,哥伦比亚,在女校史蒂芬斯学院(1953年)

准备驾驶塞斯纳195（约为20世纪50年代末）

沃利和银杯，俄克拉何马州立大学飞鹰学生飞行队成员（约为1959年）

21岁，俄克拉何马州，锡尔堡，首位女性平民教员，1960年。沃利在这架T33内体验了她首次战斗机飞行

沃利翻新的1951年产劳斯莱斯，这辆车一度属于伊丽莎白王后，女王的母亲。沃利身穿她母亲的婚纱（约20世纪70年代）

No Man In Moon
Stephens Graduate Trains To Be Female Astronaut

If a 22-year old Stephens College graduate has her way about things, the man in the moon may be as outdated as hand-cranked cars within a few years.

She is Miss Mary Wallace Funk II, '58 Stephens graduate, civilian flight instructor at Ft. Sill, Okla., and the nation's No. 4 candidate to be the first woman in space.

Miss Funk, in Columbia yesterday to visit Mr. and Mrs. David Easterly and Capt. and Mrs. Philip Semsch, credited her first touch of aviation training to the Stephens flight program.

"BUT I think I have been interested in flying, ever since I tried to fly by jumping off the barn when I was a child in Taos, N. M," she said.

The rigid testing program for future female astronauts began at the Lovelace Clinic in Albuquerque last February where Miss Funk was one of 20 girls undergoing 53 physical examinations in a seven-day period. Five were initially accepted and seven more girls have joined the program to date.

Although the plans for female astronauts have not yet been approved for sponsorship by the National Aeronautical and Space Administration, the tests given at the clinic are as thorough, rough, and exhausting as the tests now being given America's seven astronauts, Miss Funk says.

SUBSEQUENT tests and training schedules for the women have included virtually everything offered the country's space "men" and Miss Funk indicates with a confident smile that the ladies are well on the way to being an authentic part of the Federal program.

The possibility of her whirling in space or being on the moon "by 1964" first dazed Miss Funk's family, though they now encourage and support her in her space riding ambitions.

As indication of the progress that has been made in the brief history of one American family, Miss Funk points out that her mother's parents are still living and can clearly remember the days when a horse and buggy was considered good, fast transportation.

And they doubtless remember too, when the man in moon was just an imaginative figure of speech.

沃利剪贴簿里的一篇密苏里当地报纸报道，时间1961年9月21日

1961年4月刊《大观》杂志封面文章指出，通过"水星七杰"航天员测试的女性数量超过了男性

沃利1961年9月收到的电报，在计划开始仅仅几天前，通知洛夫莱斯的太空妇女计划第二阶段航天员测试取消

上图：沃利作为美国国家运输安全委员会空中安全调查员，评估某次飞机坠机事故现场（1984年）

右图：61岁，俄罗斯，在一系列抛物线飞行过程中首次体验"零重力"（2000年）

休斯敦，NASA约翰逊航天中心，2013届NASA航天员杰西卡·梅尔和沃利在猎户座飞船复制品前（2016年）

德国，科隆，沃利和欧洲航天局航天员萨曼莎·克里斯托弗雷蒂在欧洲航天员中心（2017年）

达拉斯，西北地区机场，苏·尼尔森和沃利准备驾驶塞斯纳172飞跃达拉斯（2016年）

新墨西哥州，美国太空港，沃利在维珍银河太空船二号复制品旁，她将搭乘这款飞船飞向太空（2017年9月）

第五章　美国人在巴黎

从1965年到1967年，两年多时间里，沃利在不同国土上旅行时会定期给她的父母写信，她说总共写了59封信。两年间，她要么独自一人，要么和她的朋友在一起，要么和一只叫作嘟嘟的贵宾犬在一起。有些和她在一起的人是与新墨西哥州陶斯艺术社区有过交集的艺术家。其他人则与军队有关。晚上，她借宿在父母的友人家里，或者睡在露营地，或者睡在路上的面包车里。尽管有千元钞票和银行本票保底，她的预算毕竟有限。如果海岸露营地的淋浴费用太高，沃利说她会"下海洗澡"。这绝对是一次自由解放的经历。"我的父母没有考虑过别的。我在这里，20多岁，一个人在海外。那真是太棒了。我想干吗都可以，没人管我。"

1966年12月15日，她父母在新墨西哥州的当地报纸《陶斯新闻》（*Taos News*）上刊登了一篇关于女儿旅行的文章。标题为《玛丽·华莱士·芬克向陶斯致信圣诞问候》，刊登的是沃利从南非开普敦寄出的一封信。

在摩洛哥，她参观了马拉喀什的集市，在阿加迪尔的海岸玩了三个月。她在意大利看到了罗马遗迹，横穿过安哥拉，在南非骑过鸵鸟。她在开普敦停留了几个月的时间，因为她在当地找到了一份飞行教学的工作。

当她发现自己无法将露营车运出肯尼亚时，她把车卖掉了，又订购了一辆新车。沃利在德国汉诺威的工厂提了这辆新车，是一辆崭新的迷你别墅2代露营车（Mini Mansion II），带着如今的标志性的大众车标。"后来我又接着旅行了一段时间，然后我把它带上船送回了纽约。"

1967年10月12日，《陶斯新闻》再次报道了她的旅行计划，这次的信写自意大利热那亚的南斯拉夫货轮科瓦西奇号，当时的沃利正等着开船回家。到那时，沃利、库珀和嘟嘟已经从非洲东海岸穿过了欧洲，其间还在坦桑尼亚边境受到监禁的威胁。在乌干达期间，他们"在坎帕拉确实遇到过不幸的情况，我们还在露营车里，前窗和侧窗都被完全砸碎了。幸运的是我们都成功逃跑了，那时候确实连命都要没了"。

由于沃利从来都是对我说自己的旅行一路平安顺利，我读到这段话的时候着实吃了一惊。但是这绝对是大多数人心目中的那种千载难逢的旅行。"两年半的旅行过得太快了，但我觉得我们获得了更多知识，还一起体验了各种不同的经历，"沃利写道，"我觉得钱花得最值的就是去旅行，看看这个世界的不容易，尤其是那些原本出于善意但往往错位的所谓美国援助。"

她以高昂的爱国热情结束了她的游记："从不去国外冒险的美国人无法体验身为美国人的满足感。在我们所有的旅行中，最壮观的景象就是那飘扬的美国国旗带来的荣耀！"

沃利一边回忆自己半个世纪前的旅行，注意力一边不断被天上飞过的飞机打断。她的衬衫背面和腰带上也有飞机，腰带头是皮制的，但主要的部分是帆布做的，上面五颜六色的飞机盘旋在她的腰间。飞机是她的最爱，是她的生命。沃利指出了不同飞机的尾迹。"军用飞机比民用的尾迹更长。因为空气通过机翼有不同方式，与大气混合加热和冷却过程，会形成白线。那一定是一架重型喷气式飞机。"我不确定这是否科学，但在这样一个美好的早晨之后，我没有心情争论，我相信她的话。

沃利有各种不同飞机的驾驶资格，从水上飞机到滑翔机。最重量级的是她于1970年获得的航空运输飞行员执照，这被誉为飞行员的"皇冠上的明珠"。"这是一个人能获得的最高评级，有了它你就可以去航空公司上班了，"沃利说，"你懂我的，我就想要最高、最大、最好的。"

沃利在旅行期间还在继续飞，分别从空中和地面两个视角观察了途经的59个国家中的不少地方。"我回去之后就开始在加利福尼亚的霍桑机场做指导，在那做了几年。然后我给美国联邦航空管理局的老大约翰·格伦写了一封信。"

"那个航天员吗？"

"不是，"她大笑起来，"是另一个人。我给他写信说我想去阿拉斯加做无人区飞行员，能不能给我写封推荐信，他回信说：'沃利，你下周一来我办公室开个会。'"

这个"下周一"的截止日期让人熟悉得可怕。沃利此前和洛夫莱斯博士的沟通中也经常会用到"下周一"，然而实际上的时间周期更长。暂且算作浪漫的特许吧。

"不知怎的，我知道我必须穿长筒袜、高跟鞋这些。他面试了我两三个小时,最后他说:'我想让你在华盛顿的联邦航空管理局担任我们的第一位女性安全检查员。'我说:'天哪,真的吗?我对很多事都不太懂。'他说:'我们会教你,我们会送你去培训。'"

沃利于1971年在俄克拉何马城完成了联邦航空管理局检查员通用航空操作教程,成了第一位获得此资格的女性。1971年11月28日,《洛杉矶时报》以一篇短篇报道记录了她的成就,题为《沃利·芬克:成功是她的名字》。

这一资格使她能够"调查事故、测试飞行员执照申请人,并在可能出现的任何情况下执行航空法"。文章还指出,沃利前一年在加利福尼亚州雷东多联合高中教授五门航空科学课程时,是23年来第一位"联邦航空管理局私人飞行员执照和基础地面笔试学生通过率69%"的教员。

两年后,她还成了美国联邦航空管理局系统适航分析项目的第一位女性。"那可好玩了。其实有点儿像坐办公室的工作,但有需要的时候,我会去不同的学校为私人飞行员进行笔试,或者进行检查,看看他们执照资格如何。我也会检查学校和飞机。我把文件准备好就给秘书海伦,然后她负责把它们打印出来,格伦每次都很满意。"

担任联邦航空管理局检查员期间,她还作为观察员与美国国家运输安全委员会一起处理过几起事故。1974年,国家运输安全委员会邀请她成为一名全职调查员。这对于沃利来说可着实是意外之喜。"我简直不敢相信,"她说,并表示自己不够格,"但那人说:'你会去每一所飞机制

第五章 美国人在巴黎

造学校、每一所发动机学校,或者我们想让你去的任何其他学校。如果在加利福尼亚、亚利桑那、内华达或夏威夷发生了事故,你得去取飞机残骸,送到一个地方检查,还要在地面在现场进行检查,我们会有人帮你一起,你也会有专门处理这些工作的地方。'"

她接受了,完成了她的岗前培训。她的第一个任务是处理1975年1月的惠蒂尔空难,一架塞斯纳150和一架德哈维兰小型通勤飞机在加利福尼亚州惠蒂尔上空相撞,事故造成14人死亡。按沃利的话说:"我发现我总是不断想到这场悲剧。从那以后,我才知道调查员不能让情绪影响自己——尤其是不能影响工作。"当年1月15日《洛杉矶时报》关于坠机的文章称沃利是国家运输安全委员会唯一的女空难调查员。

1975年7月21日,同一份报纸上发表了另一篇关于另一起空难的文章,将当时36岁的沃利描述为国家运输安全委员会"最新且唯一的女性调查员"。然而据今天的美国交通部网站显示,沃利只是"第一批"调查员之一。

"我是第一个女的。"沃利说。无论如何,她确实打破了更多的性别限制,也乐见自己的新角色:"特别好,我喜欢做调查员。"

开启新角色仅仅六个月后,有一次沃利在接受采访时被问及她的工作,她承认这是一项"有时痛苦、艰巨的工作",但也很有意义。"你努力的结果有可能防止另一次坠机事故,挽救其他生命。"文章配图是一张黑白照片,照片中沃利留着齐肩长的中分头发,在飞机残骸下工作,图说中将她称为"空难侦探"。

她穿着一件像是工人工作服和飞行服混合体的衣服。"那是我们的制服,"沃利说,"一般我的制服正面有我的名字,背面是国家运输安全委员会。我记得好像不是蓝色就是灰色的,确实有点儿像飞行服。"

40年后,沃利坐在巴黎洒满阳光的长椅上,列举了造成空难的主要原因。她说,最主要的原因常见于飞行员失误、天气、燃料——"许多坠毁的飞机都没有足够的燃料"——还有发动机故障。她接着向我解释了空难发生后她的工作流程。

"你看啊,我们就在这儿坐着,我们假设空难就在我们面前。假设有人不小心结果飞机失速了。他不知道怎么让飞机从尾旋改出[①],结果就坠毁了。飞机掉下来的时候,要是和地面发生好几次撞击,一部分机身就会解体然后可能就被埋起来了。了解了这一点之后,我就必须到处挖一挖,找找不同的部分。如果是掉下来还能保持水平,那还好,要是直接掉下来,那可完了,那就是一团糟。"

这个在洛杉矶办事处工作的五人团队中,每个人都有电子警报器,警报发生的空难情况,大家轮流值班——24小时"待命"值班。由于办事处工作覆盖四个州,沃利到达事故现场的交通工具多种多样。有时她

---

① 改出是指从不正常、不稳定飞行状态转换到正常飞行状态的过程。——译者注

第五章 美国人在巴黎

自己开飞机去,或坐其他飞机的机组座位。要是距离更近,她就开车。有一次,洛杉矶办事处附近的圣费尔南多谷发生事故,沃利便开着她的劳斯莱斯——曾经属于伊丽莎白王后的那辆——前往坠机现场。"他们都喜欢它,"她说,但事后格伦告诉她,"我认为你下次应该开公车。"

警方离开后,沃利就接管了事故现场。"我做的第一件事是全面拍照——照片非常非常非常重要——然后我会从引擎开始。我还是不太喜欢上来就把很多东西都拆解了。我喜欢全方位调查事故飞机、机翼、升降舵、方向舵这些。"

这确实听起来很像做侦探。"确实像侦探啊。然后我来决定向大家提要求,看我还需要哪些信息。要是飞机掉在了鸟不拉屎的地方,就是那种很偏僻的地方,我就得需要一台卡车然后把残骸运到机库或者车库去。如果一架飞机以45度角坠毁……"她犹豫了一下,仿佛在重新组织语言,然后继续说,"呃,如果机组成员是四个人,他们都会死,而且前面的两个会被压得不成人形。验尸官不是总能立刻赶到,有时他们会留下些东西,我必须自己把它拿出来。"我意识到她所说的"东西"和"它"指的是残肢。"要是验尸官业务不熟练,我能比他们更早把尸体拉出来。"

飞机制造商通常也会派代表到现场。"如果是塞斯纳,那他们公司的人就会来,我们会一起工作,我可以从中学习。每个月我都要处理一次事故。我们办公室排班是每隔一个周末值班一次。如果我周五待命,那到了周六晚上就是我当班。"

她的工作还包括采访和调查坠机现场以外发生的事情,以便全面了解事故。"有塔台、空管、雷达、气象等部门的人员,你得和他们核对他们对那趟航班了解的信息。这些数据和情况我都要放到我的报告里。"

这些报告包含详尽的细节,"一份报告可以有三四英寸厚"。

还是那个老掉牙的问题,作为一个女性,在一个男性为主的场景下工作是什么感受?"我得记住他们是在和一个女孩一起共事。他们不知道我在干什么,"她说,"但是我在三年的时间内赢得了这些州这些人的信心,因为我作为调查员做得很不错,可以说声名在外。这些男的也从来没有对我用词不友好。我跟他们说你要是想这么说话,我就先走一步。"

起初,作为轻型飞机发生的小型坠机事件的现场调查员,沃利只有一个人。"直到后来华盛顿特区国家运输安全委员会才分配给我一支队伍。他们甚至会派人出差到现场帮助调查员。现场一般只有消防员、警察,还有帮助挪飞机的人。我要到现场,但是事故现场起火的时候,先是消防部门负责。直到他们说可以交给我了,我才负责。等我开始的时候,电话已经响个不停了。"

尽管调查员工作的本质都是调查致命事故,但沃利喜欢她的工作。"真的很好。从来不会觉得无聊,"她说,"我喜欢我的工作。我在国

第五章 美国人在巴黎

家运输安全委员会共事的许多人都是退役军人,他们都只想赶紧干完完了。"

在处理民用空难方面,她也有优势。"民用机的话,我比这些人更懂行,因为我飞过通航飞机。喷气式我反而飞得少,因为喷气式飞机在我那会儿并不流行。那时候的人还没有这么多钱。我很幸运,亲爱的。那些男人不确定我是不是真的知道自己在干什么,但在两三年内,我就做到最顶尖了,我老板约翰·格伦夸我说:'沃利,你做得很好。'"

沃利此后陆陆续续负责调查过三个美国本土州和夏威夷州内发生的数百起事故。大部分事故的调查时长都长达一周。这些飞机有的坠毁在树林里、建筑物上、深山里,甚至有的掉进了火山里。

她充满户外经验的童年或多或少帮她减轻了部分空难带来的影响。"我处理过死去的动物,埋过它们的尸体,"她说,"所以对我来说,捡起一具尸体或一些尸块就像捡起一只青蛙一样。"

沃利乐观的态度,全面周到的工作方法,对不同飞机的熟悉程度以及对细节的关注都大大有利于她的工作。但有时候,还有更细腻的情感问题需要处理。"我得和那些失去了亲人的家属们打交道。"

由于遇难者的亲属不得进入或靠近事故现场。"我都是后来才见到他们,不是在现场。他们往往都震惊于事故的发生,无法接受。"

我问她如何面对这些人。比较棘手的情况下,沃利说,她会"像你我现在这样,很自然地与他们沟通。当然我不会给他们看照片。我会温柔地告诉他们是天气的原因，他们飞进了云层……或者他们可能没有注意仪表，飞机无法继续飞行……之类的"。

几年后，连沃利都需要集中所有的力量和专业知识储备来处理一起重大的空难事故。1978年9月25日，这起事故登上了各大报刊的头条新闻。"这是我处理过的时间最长也最困难的事故调查。"

太平洋西南航空公司182号航班是从萨克拉门托经洛杉矶飞往圣地亚哥的热门通勤航班。当天上午9点01分，这架波音727正飞往圣地亚哥市中心的林德伯格机场，准备降落。与此同时，一名飞行教官正在一架塞斯纳172私人飞机上对学员进行仪器培训。这是一款当时很常见的小型飞机，一年前沃利在达拉斯带我飞过同款飞机。

当182号航班以2600英尺的高度接近几英里外的跑道时，客机与塞斯纳飞机相撞，小飞机立即发生爆炸，而大飞机严重受损。一位当时正在参加一场新闻发布会的县摄影师用他的相机捕捉到了182号航班，飞机右翼喷出火焰和浓烟，向一处居民区的中心处倾斜下坠。目击者惊恐地看到人体从机身内坠落。根据飞机上的飞行记录器，从空中相撞到坠毁地面的时间只有短短13秒。这是太平洋西南航空公司成立29年来的第一次坠机事故，也是加利福尼亚州和美国航空史上有记录以来最严重的空难。

飞机残骸摧毁了22座房屋，造成144人死亡，其中包括客机上全部乘客135人、塞斯纳号上的两人以及地面上的五名成人和两名儿童。当

第五章 美国人在巴黎

天值班的国家运输安全委员会首席调查员沃利在事故发生两小时后抵达现场。

即使几十年后,沐浴在巴黎的阳光下,恐怖的场景仍然让沃利记忆犹新。"实在是太可怕了。182号航班碰到了从右侧驶来的塞斯纳172。塞斯纳上的人并不知道客机正在下降。182号航班落地滑行和最后撞毁的过程中大概破坏了20个街区上的房子,最后坠毁的地方在四五个街区之外。"

沃利整理出了残骸的照片证据,用于复原事故发生的过程,同时记录了目击者的证词。她将塞斯纳172飞机剩余的残骸收集到一个机库中,记录其所有部件,接着回到事故现场记录客机的情况。"整架飞机的零部件掉了一路,有好几英里长,我们最后没办法,只能把它从现场拉走,运进机库。我花了几个星期的时间才把所有的飞机碎片整理到不同的机库里,然后再来看到底发生了什么。"

调查过程甚至包括测量树梢的角度,因为喷气式飞机在其致命的下降过程中也切断了一些树木。

这是对沃利克服情绪障碍的一场残酷的意志力考验,她想尽她所能完成调查来帮助还原事故。遇难者的尸体和残肢无处不在:大街上、后院里、树梢上。一名空乘人员的尸体砸穿了一辆汽车的挡风玻璃,飞溅的玻璃划伤了车内的一名妇女和婴儿。有关部门将尸块和骨头碎片放入塑料袋中,送到圣奥古斯丁高中体育馆,那里成了临时的停尸房。

事故的调查不只是收集尸体残骸,更是解开一个全方位待解的谜。"我听了对话录音:空管、地面控制、雷达控制这些。"

在向媒体发布的黑匣子录音中,驾驶舱内一共有四个声音,都是男性。从驾驶舱里记录下的最后一句话是:"妈妈,我爱你。"

沃利坚称驾驶舱内至少还有一名空姐。"我有时候也飞过太平洋西南航空公司。他们总是在驾驶舱里开派对。我很清楚,因为我也在驾驶舱里,我们总是玩得很开心。当时他们玩得太嗨了。我听到有女人在笑。"

这样矛盾的说法很难被纠正也很难被证实。媒体从未报道过驾驶舱内有其他人。黑匣子录音也没有任何女性声音。沃利坚持说她说的是实话:"我不知道到底怎么回事,但你可以听到四五个男孩和女孩的笑声。我知道它在里面。"

她也不是很满意自己在加拿大电视连续剧中的人物形象,该部剧记录并重现了这场空难,也展示了人们从中学到的血泪教训。"拍电视剧的人来找我,我跟他们介绍了全部,就像我告诉你的那样。我听了所有空管的东西。可是等电视剧开播,里面有个很蠢的女孩,而不是像我这样身穿制服的漂亮女孩。她说话傻里傻气的。"沃利不高兴地说,"我是负责人。消防部门离开之后就是我负责。她不是那个管事的。他们说驾驶舱里只有四个人。他们听了空管的录音,但是没人应答。客机下降得太快了。他们没有向大家说出那次事故发生的真相。"

第五章　美国人在巴黎

我后来在油管上看了《空难调查》（*Air Crash Investigation*）的相关情节，这部电视剧在部分国家播出时名为《求救》（*Mayday*）或《空中事故》（*Air Accident*）。我仔细看了他们原景重现的部分。片中扮演沃利的那个负责拍照取证的国家运输安全委员会调查员女士问道："还有幸存者吗？"她没有穿制服。她身穿一件淡桃色的长裤套装，一头深棕色的长发挽成一个马尾，看起来更像是一名时尚摄影师，而不是一名空难调查员。难怪沃利很不满。后来，当一位年长些的男性国家运输安全委员会调查员抵达，默认他来自华盛顿，片中他才是真正的现场负责人。自此之后，沃利在这部电视剧中的角色戏份被砍到了最少，几乎毫无存在感，尽管这个年轻的沃利分身依旧坐在讨论组里。

剧中，驾驶舱内的机组人员直到着陆前还在开心地打闹。"尽管他们很有趣很放松，但他们非常专业，"一位知情人表示，"'抓住我们的微笑'是他们的座右铭。是一种特殊的体验，很好玩。"

毫无疑问，这是一个复杂而富有争议的案例。圣地亚哥林德伯格机场靠近居民区，长期以来一直受到有关居民的反对。据1980年2月27日《洛杉矶时报》报道，太平洋西南航空公司40岁的罗伯特·查普曼（Robert Chapman）机长刚刚因安全问题辞职，他列举了由于航班转机时间短而导致的"极高风险"的疲劳程度。他将空难归咎于疲劳，并将事故归咎于182号航班机组人员。太平洋西南航空公司在坠机事故中失去了37名机组成员，也将查普曼解雇，称其为"心怀不满

193

的前雇员"。空中交通管制和182号航班之间的通信肯定也存在问题，也有报道称坠机附近存在第三架飞机，但由于缺乏证据，这一理论被驳回。

美国国家运输安全委员会官方报告的结案报告显示，事故的可能原因是太平洋西南航空公司机组人员未能遵守适当的空中交通管制程序，同时存在其他问题。后来我又检查了文字抄录，驾驶舱内只列出了四个声音的录音，但是我从时间码中意识到，这些只是坠机前一分钟的部分文字转录，一直到坠机结束。沃利一定是误认为驾驶舱里有空姐，官方报告也没有包括这一点。

沃利在美国国家运输安全委员会工作十年有余，一直到1985年退休。这期间她也一直用私人的时间开飞机并做飞行教员。"我真的很擅长教别人。在国家运输安全委员会工作那会儿，我不当班的时候还在教别人开飞机。我没跟他们说我在做这个。但是在处理过450起事故之后，我捡了太多尸体，做了太多调查，我想要把我的学生都带出来，让他们个个成为优秀的飞行员，"她说，"我想的是，你看死了那么多人，你在干什么？是，你在调查，但是你并没有让人们变得更好——我的所有学生中，没有一个人出过飞行事故。"

沃利作为出色的飞行教员生源不断，但她同时承认，作为一个"女孩"，在20世纪80年代仍然很难找到一份正式的飞行员工作。我试着纠正她让她用"女人"这个词，但她始终没能改口。"之前有过一个航空

第五章　美国人在巴黎

公司跟我说，我在所有测试上都表现完美，但是他们说'我们还是不能雇用你'，我问为什么，他们说'因为飞机上没有女卫生间'。"

很多年以后，沃利读到首批女性民航飞行员中有位应试者曾经针对这个问题做过功课。她的应试策略是提前准备了一张纸，一面写着"女"另一面写着"男"，然后在面试的时候说"直接把这个挂在厕所上"。这个机智的女人得到了这份工作。

我看着头顶上又一架飞机飞过留下的航迹："所以飞行才是你的初恋是不是？"

"没有其他的答案，"她说，"这是我这辈子做过的唯一一件事。"

她最爱的机型是塞斯纳182或者双翼机斯梯曼，都是她在20多岁的时候拥有过的机型。"我拥有斯梯曼的时候正在教飞行特技，"她说，然后表示自己可以驾驶塞斯纳182表演穿环（loop，即做筋斗动作），尽管这并不是一款用于特技表演的飞机，"要是150或者172就不行了，马力不够。我更喜欢飞单翼飞机。"

那有过飞行高光时刻吗？"我喜欢竞技，"她说，"我都数不清我到底参加过多少比赛了，粉扑德比、从棕榈树到松树飞行大赛（Palms to Pines Air Race），还有去墨西哥参加的比赛。有个比赛叫扑克跑（Poker Run），你要飞去五个不同的机场，每个机场取一张牌，最后回到终点看手里的牌。"

这绝对是一个崭新的世界，飞行员在这个世界里飞过上百英里来

195

竞逐太空

打牌。

粉扑德比这个名字其实很滑稽,这是沃利最喜欢的比赛,官方名称全美女子飞行员竞技大赛(All Women's Transcontinental Air Race),但更多的人记住的是这个喜剧演员威尔·罗杰斯(Will Rogers)给大赛取的外号。"赛程是从东海岸飞到西海岸,所以你得每三个半小时就加一次油,"沃利解释道,"然后你再重新起飞,晚上他们会记下你的时间。所有的一切都是精准计时的。比如你从A飞到B去加油,那就是要扣你的差点①了。这种两三天的比赛我大概都要加四五次油。你得特别仔细地看你的航图②然后也得配合好副驾驶。"

从棕榈树到松树飞行大赛也是全女子大赛。比赛赛程从加利福尼亚州的圣莫妮卡出发——那里的植被是棕榈树,一路到俄勒冈州独立市,终点的植被已经换成了松树。对于沃利来说,1975年是一个不错的年份。她在当年的飞行大赛上斩获第二名,同年还击败了79名选手获得了太平洋飞行大赛(Pacific Air Race)的冠军,后者的赛程是从圣地亚哥到圣罗莎。

---

① 差点(handicap)或可又称让分点,通过引入差点,可以让不同层次的机型在更加公平的竞争环境中参加比赛。——译者注
② 航图是一种用于辅助飞机导航的地图,可以帮助判断所在方位、安全飞行高度、飞行最佳路径,以及飞机失事时的最佳迫降场地等。——译者注

第五章 美国人在巴黎

大家的飞机型号都一样的话,怎样才能战胜对手呢?"不同的飞机因为马力不同有不同的比赛差点。比如一架斯泰森有100马力,而一架塞斯纳182就有200马力。你已经有了航图,那我就对着找合适差点的机型比赛,先在低海拔的航线上飞,比如1000英尺的,看看速度如何。然后再到5000英尺,因为比赛有时候需要翻山越岭。我会花上几个月的时间挑飞机,我要达到最完美的效果。"

即使所有参赛的女性飞行员都要求驾驶同一款飞机,飞行员专业程度的差异也会导致她们选择不同的合适自己的高度和路线,确保发动机发挥最佳性能。"你提前一个月要先付了酒店住宿费,伙食费还有其他的这些。非常贵,还有飞机的租金、油钱,还有你开飞机之前也得让机械师再做一遍年度检查。这就得有2000美元了。《小姐》($Ms.$)杂志赞助我好几次。我会在飞机一侧印上他们的杂志名,他们很喜欢,每次都会大写特写一番。"

有奖金吗?沃利哼了一声:"我只拿过奖杯。"

"当然还有名气。"我补充道。"对,我说的什么话,没错!我会不惜一切代价带你参加比赛,"她说,"你这一路就可劲儿尖叫吧。"

我默认沃利说的尖叫是因为比赛十分刺激。我问她什么最刺激,她毫不迟疑地回答说:"跳伞特别棒。还有一次是在俄克拉何马州静水市开滑翔机,一路爬上14 000英尺。"

当她返回地面,有位男士不相信她能把滑翔机开到那么高,她教他直接看机载仪表盘。"他看了,然后说:'哦好吧。'然后我说:'你看。'"——语调里是充满自信的道别而不是打招呼——"然后就走了。"

一直以来,沃利在生活中都习惯于向质疑自己的人证明他们错了。而她的父母,尤其是她的母亲,弗吉尼亚·夏伊·芬克,总是不遗余力对女儿表示支持。沃利经常提到自己的母亲。当她第一次在史蒂芬斯学院获得私人飞行员驾照之后,她母亲是最早一批搭乘沃利驾驶的飞机的乘客之一。"我非常高兴她和我一起,她对能坐飞机上天也很开心。这是她梦想成真的一刻。"

她的母亲于1998年1月去世,享年95岁。"我们关系非常好,"沃利说,"我工作四五年之后才知道一件事,那时候我带她去参加一场飞行比赛,她告诉我说她1919年就坐过飞机了,在伊利诺伊州奥尔尼,坐的是类似于斯蒂尔曼的一款飞机。那时候有个男的把飞机停在了教学楼外,她就想坐进去试试。他对她说:'一分钟一块钱。'所以母亲去找了朋友,凑了10美元,然后找到这个飞行员。他带她飞上了天,还做了筋斗和翻转的动作。所以她在还上学的时候就接触到了飞行。"

这次初体验给沃利母亲带来的冲击是巨大的。"她回家就跟她父亲说:'我要开飞机。'外公是名企业家,拥有一家银行。他说:'我的女儿不能开飞机。'这事对她打击很大。所以等我出生之后——再加上陶斯

第五章　美国人在巴黎

山精神——他们都特别开心我能有想上天的本能，高兴坏了，因为我实际上在实现她的梦想。"

那一刻我感觉我们在暖意融融的阳光下，坐在埃菲尔铁塔旁的长椅上，可以就这样边看飞机边聊天整整待一个下午。但我们还得去巴黎北站赶火车。沃利最后一次抬眼看了一下巴黎的天空。

我们坐欧洲之星从巴黎去往伦敦的路上，沃利聊起来我们过去这几天见到的每个人。"我们做了好多事，我学到了好多，我有点儿担心我会记不住这么多。"

第二天她就要返回得克萨斯了，我心里想着她出发之前要给她打印行程单，还有我们这趟旅行的照片、采访的人物的姓名还有采访的总结。和往常一样，沃利回国后的行程又是满满当当。一个月接着一个月，她要在美国各州之间飞来飞去，要去做有关航空或者航天的演讲，或者要去参加各种仪式。几周后的5月，就在沃利通过自己的航天员测试的半个世纪之后，沃利·芬克的名字即将被刻在华盛顿特区的美国国家航空航天博物馆荣誉墙上，以表彰她"对我们探索蓝天和宇宙所做出的努力中的贡献"。

沃利还提到自己9月要短暂拜访新墨西哥州。她解释说，这次旅行是维珍航空为未来航天员顾客们安排的几次活动之一，这次的目的地是美国太空港。

所谓的太空港类似于机场。五年前这里刚刚落成，是商业太空旅行新生未来的一部分。太空港最终将容纳来自许多不同机构的私人太空飞机,这些太空飞机将把小型卫星和付费乘客送入太空。

这也将是沃利太空之旅的起点。这一切听上去都很不可思议。

"我可以带个人一起去,"沃利说,"要不你和我一起吧?"

第六章　美国太空港

2017年9月。一辆车停在了我在阿尔伯克基住的酒店门前。说好听点儿，这车很有历史感；说难听点儿，这辆小小的红色本田就是一堆废铁。唯一值得高兴的事是沃利不是这辆车的司机。根据我从英国出发前我们的对话，这辆车是当天早上在机场接她的一对夫妇的，这对夫妇将会开车送我们去镇子另一头的沃利的朋友家。

当沃利坐进驾驶座，我无法掩饰自己的惊慌。

"不是你朋友开车的吗？这不是他们的车吗？"

"不啊，"沃利愉快地回应着，"这是我的车。我一去新墨西哥就把车放在他们那儿。"

我的声音高了八度："我以为是他们开车带我们去啊。"

"没事，"她很自然地说，"我来开就行。"

这位男性朋友肯定觉察了我的恐惧，我把行李放进后备箱的时候，他轻声说了一句"祝你好运"，然后微笑着走开了。

副驾驶的座位出奇的矮，而且座椅里有过弹簧的话现在也早都断了。我上次坐车离地如此近还是在MG汽车一代GT——MGB GT里，那是一款英式双门跑车，1969复古款，带有镀铬保险杠、木板仪表板和"超速挡"开关，这个开关只能在顺风条件下以非常特定的速度在下坡时转换为五挡。可惜的是，这辆在我刚认识我先生时拥有的座驾在我们的儿子出生后被置换成了一辆小面包，因为跑车里放不下婴儿座椅。那时我才发现，你要是开着一辆雷诺风景上街，是没人冲你招手的。

一看见本田的旋转手柄，对我当年那辆MG汽车的怀旧之情一股脑袭来。沃利告诉我，车上的空调坏了。反正气温也是20世纪80年代那般热，我干脆摇下了窗户。本田像个老人一样咳了几声，我想起我的MG也有不启动的习惯，同时还有爱坏的毛病，它会坏在伦敦市中心，堵在高峰时段，卡在主要路口。经过几轮钥匙点火的摩擦，本田的发动机终于开始工作了。然后哔哔声开始了。

"不应该啊！"沃利嚷起来。

我简直像陷入了如《土拨鼠之日》一般的时间循环中，历史再一次上演："你没系安全带啊。"

"不对啊，不应该啊，我已经跟他说了给我重新走线，这样以后不系安全带也不会哔哔叫了。"

在一通简单的电话和一阵激烈的讨论如何跳线之后，警报声终于解除了。横跨小镇的旅行总算开始了，而且不管我喜不喜欢，沃利都是司

第六章 美国太空港

机。尽管有这些令人紧张的时刻，我能再见到沃利还是发自内心感到高兴，而并不只是因为我们马上就要开始我们去美国太空港的公路之旅。简单说，我想她了。到目前为止，我们经常能在电话里正常地交流，也能互相发电子邮件，但是没有什么比得上一个完整真实的、有血有肉的、活灵活现的沃利。过去六个月的某一个瞬间，这个话痨、偏执、大方、偶尔难相处，但非常讨人喜欢的女人成了我的朋友。

作为沃利的"宾客"受邀拜访美国太空港实在是一个令人欢喜的惊喜。遗憾的是，这个邀请对于维珍银河来说却是一场惊吓。他们略带困惑地告知我，沃利的同伴已经定了别人。但也许因为邀请我的人是沃利，维珍银河破了例，事实证明这是一次非常慷慨的破例。沃利可以有两位客人与她同行。我总算拿到了入场券。

这次旅行要求沃利和她的两位同伴自行前往新墨西哥州南部的太空港，在那里将会有"惊喜安排"，但客人们要为住宿和餐饮自行埋单。具体行程包括从埃尔帕索接机，如果从太空港最近的机场抵达，那么可以安排拓展活动或徒步旅行，以及带导游的太空港参观，从而方便客人们了解理查德·布兰森的太空船二号的最新进展。而沃利想要的只是一个日期：她什么时候能上太空？

在我们共同开启沃利的未来探索之旅之前，我想先短暂回顾一下沃利此前的旅行。沃利和水星13号其他成员进行航天员测试的洛夫莱斯医学基金会已不复存在，但它曾经的所在地就在附近。这处民间机构通常被称为洛夫莱斯诊所,是美国载人航天的诞生地。威廉·鲁道夫·洛夫莱斯二世在这里负责了最初的水星7号航天员选拔过程,并凭借他当时开明的态度,几乎让其他13名女性有机会追随他们的脚步。

洛夫莱斯在1963年见证了一位苏联人成为世界上第一位进入太空的女性,但遗憾的是,尽管他尽了最大的努力,却没能看到第一位进入太空的美国女性。1965年,在他被任命为NASA太空医学主任一年后,洛夫莱斯在科罗拉多州阿斯彭附近一次私人飞机失事中去世,事故同时也夺去了他妻子和同机飞行员的生命。他的其他家庭成员则继续经营着相关业务。在高速公路上,我目光所及的不少医疗和保健相关的建筑上都有洛夫莱斯的名字。这位新墨西哥州人留下的遗产不止一处。

到诊所旧址的一小段车程却比想象中长得多。有几次,沃利不是在马路正中间开车,就是跨着两车道行驶。在我们转向中间车道后,我们身后的车猛一通按喇叭。当沃利从主干道拐进一条小街后,我才觉得稍微安全了一点儿。

"我觉得就是这附近了。"

在一个巨大的停车场里,沃利围着几座医疗中心大楼绕了好几圈,直到我们走到了死胡同。她显然是一头雾水:"好吧,我不敢相信发生了这种事。"

"你觉得这就是旧址了吗?"

"不知道,他们把整栋楼都拆了,"沃利语气里透出一阵不耐烦,

第六章　美国太空港

"我问问吧。"

她朝一位过路人招手："你好，这儿是以前的洛夫莱斯诊所吗？"

"不是，"那人回答道，"在那边。你去老停车场就找到了。是那个30层的高楼。"

沃利有些沮丧："我从没想过我会花这么长时间找它。我要进去看看。我好像刚才在这后面看见门了……"

车厢里一阵警报声大作，和安全带的警报声不同，这让我很紧张："这是什么声音啊？"

但是她人已经不见了。驾驶舱一侧的门敞开着，我们停在了停车场的路中间，还好当时车不多。

几分钟后，沃利回来了，她得知这栋现代建筑只有前部还保留了部分当年的老楼。"你看，"她无不骄傲地说，"我说得没错。就是这儿，只是变样了而已。你带相机了吗？"

刚刚沃利去调查的时候车里的警报声已经停了，现在却又响了起来。沃利又一次跳出了车，大步流星朝远处走去，冲我大喊着往这儿走往那儿走。她大叫着让我调整角度拍照，一边提醒我不要把百事的标志拍进照片里。哔哔声还在继续。

"沃利，你车没停好。"

她无视了我："我认出这里了。我们一会儿开到前面去，这部分就会更清楚。"

205

这栋建筑在1961年的时候是什么样子?"有两三层楼那么高,前面是楼梯,路边的入口建得很漂亮。街对面有个汽车旅店来着,但是我忘了叫什么名字。全是开放式的,没有隔断……"

我们开车穿过繁华的主干道去看楼的正面。沃利终于意识到了警报的哔哔声:"这是什么声音?"

"我觉得是因为你没系安全带。"

"以前没这么响过啊。而且我不是跟你说了吗,他都修好了啊。"

"反正我的系着呢。"

我们又拍了很多照片。想抓拍一张沉思状的沃利是不可能的,每张照片里她都咧着嘴,乐开了花,露出自己洁白无瑕的牙齿,双臂打开,向上举着。"你又摆这个姿势了。"

"没错,我那天在教堂门口也给人摆了这个姿势,然后那人说:'这是我拍过最棒的姿势。'"

回到车里,哔哔声像节拍器一样继续响着。沃利没有打算处理的意思:"一会儿就不响了。"

并没有。

所幸的是去另一位同伴家的路程只有大概十分钟。我几次紧紧抓住我的座椅,因为有好几辆车被沃利逼得让了道。我们来到了一个风格独特的街区。每栋房子的建筑风格都有所区别,大多是单层的,有弯弯的拱门或曲折的墙壁,还有通向人行道的小花园。相同的是,它们都有

第六章　美国太空港

同样光滑的鲑鱼粉或赤土红色的外墙墙面。"这些是土坯砖做的，"沃利说，"就像我在陶斯的土坯房一样。"我觉得陶斯这个词很难念："就和房子、虱子和耗子一样。"①

在其中一栋漂亮土坯房前的花园里，一只头顶一撮毛身后一条奇长尾巴的古怪的鸟在几簇刺梨仙人掌前跳来跳去。我忍不住大喊："那是个什么玩意儿？"

沃利猛踩刹车，靠到我这一侧，看向窗外。几秒钟后她大笑起来。"怎么，你没见过跑路鸟②吗？"

"你是说动画片里的哔哔鸟吗？"

"对啊！"

"真没见过。跑路鸟！我喜欢。"

我对着这只在仙人掌中蹦跶的可笑小鸟傻笑起来，而沃利却觉得可笑的是我。

这一定是一个古怪的场景，两个女人坐在车里傻笑。对我发现的简单快乐她也会付之一笑，然后又会让我们一起更加乐不可支。这就是我们性格重叠的地方。我们俩都能很快看到大多数事物有趣的一面，并且

---

① 原文为 house, louse, mouse 与 Taos 的发音类似。——译者注
② Roadrunner，学名走鹃。——译者注

竞逐太空

对任何激起我们喜悦的事物都充满热情——无论是驾驶舱、太空舱,还是像这次一样的,一只小小的跑路鸟。

沃利在一年前的女性航天会议上结识了这位同伴。洛蕾塔·霍尔(Loretta Hall)当时正在就水星13号发表演讲,赫然发现台下观众中正坐着当年的成员。她们此后便一直保持着联系。洛蕾塔通过电子邮件向我介绍了自己。由于我们要共享同样的同伴预算,我们选择共享维珍银河未来航天员下榻的酒店,在位于拉斯克鲁塞斯的英坎多酒店同住一间房。这其实有点儿冒险,毕竟我们从未见过彼此,但至少通过邮件可以感觉到洛蕾塔很友好,而且我们也有很多共同话题。我们都对太空有同样的热情,而且和我一样,她也喜欢小酌红酒怡情。她还提出在三天的旅行中负责当地交通,并在旅行前后邀请我和沃利暂住她家,帮我们节省开销。这对于银行余额来说是一个可喜的减压消息。三个月前的6月,我在计划之外到访了纽约。一年前我和沃利一起制作的纪录片《太空英雌》——那部差点儿把我搞得神经衰弱的纪录片——获得了纽约艺术节的国际广播节目奖。在颁奖晚宴上,我获得了一件奇重无比,却极其华丽的装饰风格奖品,并在简短的获奖感言中向沃利和"所有志存高远的女性"表达了敬意。

洛蕾塔在一栋土坯房的车道旁迎接了我们。不知为何,我总感觉她只有三四十岁,但她实际上已经71岁了。沃利不到79岁。也就是说,我即将和两个七旬老人进行一次穿越新墨西哥州的公路旅行。这将是《末

第六章　美国太空港

路狂花》老年版，当然还多带了一位。

一头利落的灰白短发，洛蕾塔温柔而聪慧的举止让我立刻对她产生了好感。她还是工科学生的时候就和自己的丈夫杰里相识，后来成了一名高中数学老师。1985年，在做了多年全职妈妈后，她开始撰写有关建筑和工程的文章。退休后，洛蕾塔发现了自己对太空历史的热爱，尤其是有关她所在州的历史。她最近的出版物是《离开这个世界：新墨西哥州对太空旅行的贡献》(*Out of This World: New Mexico's Contributions to Space Travel*)。她还为孩子们写了一本有关太空港的书，书内插画来自于她的女儿。简而言之，整个新墨西哥州我都找不到更好的导游了。

洛蕾塔做了一张公路旅行的地图，摊开平铺在厨房中岛台上。沃利看着一旁的奇亚-亚麻-藜麦麦片棒和即食桂格燕麦片不住地点头表示认可。她又打开冰箱检查里面的瓶瓶罐罐。其中一瓶是石榴蓝莓汁，不是蔓越莓汁，但沃利还是很开心。洛蕾塔给我指指其中一个架子上的长相思白葡萄酒，"这个待会儿喝。"她说。

洛蕾塔向我们介绍了第二天的规划路线，目的地是拉斯克鲁塞斯的酒店，计划是分散三个小时左右的车程，中途顺路参观甚大天线阵（Very Large Array，VLA）射电望远镜阵列。甚大天线阵不是一台望远镜，而是一组27根天线（外加一根备用天线）的阵列，横跨圣阿古斯丁平原22英里（35公里）。每个圆盘直径为82英尺（25米），所有的圆盘一起工作，就好像构成了一个更大的望远镜。所有数据整合起来，可以相

209

当于一架22英里（35公里）宽的巨型天线的分辨率，灵敏度可等同于一架422英尺（129米）宽的天线。

望远镜使用无线电波研究宇宙，无线电波与微波、红外线和可见光一样，是一种电磁辐射。无线电波是地球上无线电通信的基础，我们也可以探测到来自太空的无线电波。如果一个天文物体具有不断变化的磁场——譬如恒星（如太阳）、行星、气体云或被称为脉冲星的旋转中子星——那么它就可以发射无线电波，而这样的无线电波可以在整个宇宙中被探测到。

大多数射电望远镜，如甚大天线阵，都位于干燥的沙漠地区以避免潮湿的环境，因为空气中的水分子会干扰其中的无线电波，影响射电天文学研究。但是这里尤其吸引在天体物理学和天文学领域工作的女性以及像我这样的科幻迷还有另一个原因：电影《超时空接触》（Contact）。其中，女演员朱迪·福斯特（Jodie Foster）扮演埃莉·爱罗维博士，这个角色的设计灵感或多或少来自现实中的地外文明搜寻计划（Search for Extraterrestrial Intelligence，SETI）的天文学家吉尔·塔特博士（Dr Jill Tarter）。但电影和现实的相似之处就到此为止了。电影中，人类第一次成功通过无线电信号与来自另一个太阳系的智能生命相遇。

这部电影让我最难忘的是那位虚构的女天文学家的坚强、智慧和决心。令我惊讶的是，沃利没有看过这个电影。"但我听说过朱迪·福

第六章　美国太空港

斯特。"

我匆匆走进卧室，打开笔记本电脑。原来2017年是《超时空接触》上映20周年。完美。在半小时内，我敲定了对甚大天线阵天文学家里克·珀利博士（Dr Rick Perley）的采访，用于每月的博芬传媒太空频道播客。从2011年以来，我和我丈夫同时也是航天记者和科学记者的理查德·霍林汉姆（Richard Hollingham）共同制作播出这档节目。珀利正在索科罗，我和他确定了这个地方距离甚大天线阵不远，也是他主要工作的场所。与电影《超时空接触》不同，天文学家不再以望远镜为基地，也不再像朱迪那样戴着草帽坐在望远镜下方，意味深长地凝视着天空。

第二天一早，沃利急匆匆把我们赶上了洛蕾塔的车，我们的第一站是前往索科罗的美国国家射电天文台与珀利博士会面。据洛蕾塔介绍，这大约是一小时的车程。旅程开始后不久，沃利的评论和提问就开始了。这一次，作为司机的洛蕾塔分担了最多火力。沃利的注意力从一栋楼跳到另一栋楼，从一个话题转到另一个话题。

"你说，这些楼都是通向哪里的？哎对了，你说图书馆、博物馆啥的，是不是也得自己买画？你到底有没有空气循环器？好了，我们得留神找找鞋店了。"她的一只鞋的鞋跟必须比另一只高一点儿，现在需要微调了。

"我们出发得有点儿早，"洛蕾塔小心着自己的措辞，"鞋店可能还没开门。"

"我估计我得弄些铜线，绕在脚腕上。圣达菲市中心的酒店叫啥来着？就是之前是旧医院的那个……你的钱包里有指甲锉吗？我有个指甲长倒刺了……这些山叫什么名？"

洛蕾塔比我有耐心多了，但耐心没有持续太久。她直接递给沃利一张地图。

沃利仔细看了一遍："这地图是1912年版的啊。"

"我们搬到阿尔伯克基的时候买的。"洛蕾塔面无表情地回答。我喜欢这女人。

沃利打了好几通电话，给不同的朋友大声留言，事无巨细地解释着自己和谁在一起，要去哪里，然后又开始了她的提问。

"你们还能去卡尔斯巴德洞吗？你们还记不记得贝弗利·巴斯？我教过她家孩子开飞机。她在'9·11事件'之后在甘德帮了好多人。'9·11'的时候我也在天上飞，然后塔台让我立刻降落。她的故事还被拍成了音乐剧。"在谷歌的帮助下，我后来了解到贝弗利·巴斯（Beverley Bass）是美国航空首位女机长，如今已经退休。2001年9月11日，美国发生恐怖袭击的时候她正在飞行途中当值，从巴黎飞往达拉斯。和很多航班一样，她的飞机也被要求掉转航向飞往位于加拿大东海岸的纽芬兰岛甘德。她和其他飞行员的故事被改编成了一部百老汇音乐

第六章 美国太空港

剧《远方来客》（*Come from Away*）。

这深刻地提醒了我，沃利可能有时候像一个听力不好、行为古怪的老太太，讲的故事有时过分为了诗意浪漫而变得牵强，但它们往往都包裹着不可思议的事实：那就是，她的生活的确如此非同一般，远超大多数人的经历，才让她的经历有时候听起来像小说，或者像一个疯女人的胡言乱语。

但后来我常常想，如果我90岁了，坐在养老院里，盖着格子呢毯子，我也会向任何愿意听的人念叨："我以前可是上电视的……我和一个航天员搞过月球越野旅行……"又或者，"我曾经飘浮在空中……"大多数人也会以为我在胡说八道。然而事实是，这个一直要白葡萄酒而不是茶的暴脾气老太太曾经是BBC电视台的记者，她曾与阿波罗17号的吉恩·塞尔南（Gene Cernan）一起乘坐过复制版月球车，并在50多岁时像一名真正的航天员一样，在欧洲航天局的零重力飞机上体验过失重。

只有老天爷知道沃利在那些不了解她的背景和历史的人眼中是什么形象。我问她有没有在民航公司工作过。"干过一个半月，亲爱的。在亚利桑那州的内华达太平洋航空。这公司不太行。"

我做了点儿功课，这家公司20世纪70年代初期成立于亚利桑那州图森市，如今还在正常运营。有得有失，兵家常事。

213

"你停车的时候能不能车头躲着点儿太阳？我母亲总是这样说的。往北绕开太阳，停进阴凉地里。"

我们在位于索科罗的国家射电天文台的科学运营中心，沃利正在指挥停车。洛蕾塔倒车停进一个停车位，突然一阵熟悉的警报声，这次发问的人却是沃利："这是什么声？"

"是车，"洛蕾塔回答道，"要是离什么太近了它会发出警告。"

当我采访珀利博士时，两位女士都静静地坐在房间里，珀利博士同时还是负责阵列升级项目的科学家，计划将甚大天线阵变成卡尔·G.央斯基甚大天线阵。我的第一个问题自然是：卡尔·G.央斯基（Karl G. Jansky）是谁？答案是，他是一名美国工程师，正是他发现了来自地球以外的无线电波，推动了射电天文学的发展。我们还了解到，因为圆盘是安装在轨道上的，因此通过改变彼此之间的距离，可以将甚大天线阵改造成几种不同形状的布局。我们会在参观过程中看到它的布局。

之后的一路对司机洛蕾塔来说并不容易。

"在点火开始之前，人得离开多远才安全？卡尔·央斯基还活着吗？那些山是什么？"

路上的限速也一直在不停地变——每小时30英里，每小时50英里，每小时40英里，每小时30英里——每次新的限速带来的刹车减速都让我胃里一阵翻江倒海。当警笛声大作，洛蕾塔立刻发现了原因并靠边停车："我超速了。"

第六章 美国太空港

警车停在后面等着我们。在英国,交警并不配枪,而我看过了太多美国电影,那些随意开枪的警察一看到司机去手套箱里拿驾照就会开枪射击。

"他怎么不下车?"我开始紧张起来。

"他得查下车的登记情况。"

后车的警察还在车里,洛蕾塔已经从她的手袋里拿出了自己的驾照。太好了,少了一次被枪击的可能。最终,一名警察走近,扫了一眼车里的三位乘客,走到洛蕾塔打开的车窗前和她问话。

"你知道你在30限速区开到48了吗?"

她知道了。71岁的洛蕾塔拿到了她人生中第一张超速罚单,还有一张80美元的罚款单。警察走的时候说了一句我们谁都不喜欢的送别常用语:"祝你今天过得好一点儿。"

但我们也知道这一天会好起来。即使从远处看,卡尔·吉德·央斯基甚大天线阵也令人惊叹。28个白色望远镜圆盘排列成Y字形,散开数英里。随着我们的车子越来越近,可以看到延伸到平原或圣马特奥山脉的轨道。游客中心甚至停着一辆铁路守车,就是美国版的警卫车厢。当我们走向最近的望远镜时,传来一阵紧张又刺耳的金属拉伸的低吟声。重达230吨的望远镜正慢慢移动到一个新位置。

"好家伙,"一个同行的游客说,"我来这都看了10多年了,还从没见过哪个动过。"

这确实是壮观的景象，随之而生的是一阵诡异的声音。在拉伸的低吟声背后，这些金属几乎是在演奏着一种缓慢的旋律。它让我想起了电影《第三类接触》。也许外星人ET真的在努力和我们建立联系。

在电影《超时空接触》的剧照和海报中，有两张在影迷中辨识度最高。除了那张戴草帽的朱迪·福斯特，还有一张是她把一副耳机放在耳边的照片。两张的背景都是一个个巨大的白色望远镜圆盘，正如我面前的场景。我没有帽子，但因为采访设备带了耳机，我照着朱迪的姿势拍了照，后来我把它发到网上时，发现许多其他热爱科学和天文学的女性也做过同样的事情。大家都爱《超时空接触》。

"你们谁知道甚大天线阵是怎么布线的吗？"

答案是异口同声的"不知道"。

回到车里，我们继续南下，沃利越发激动起来："太空港就在地图上！"

"我就说这是个真地图吧。"洛蕾塔说。

沃利还在地图上找到了埃尔帕索，其他的维珍银河未来航天员会从这里被接到住宿酒店。我猜他们当中很多坐的都是国内航班而不是国际航班。

"埃尔帕索机场有多大？"

沃利想了想。"嗯，"她说，"你要是把跑道跑过头，就到墨西哥了。"

第六章 美国太空港

根据美国太空港官网介绍，这是世界上"第一个专门打造的商业太空港"。尽管它经常与理查德·布兰森相关联，但所有者实际上是新墨西哥州。占地18 000英亩，拥有6000平方英里的禁飞区。

维珍银河是太空港的永久租户之一，其他客户还包括SpaceX、UP宇航公司（UP Aerospace）、EXOS航空航天（EXOS Aerospace）和EnergeticX Pipeline2Space。我查了一下最后这家公司，EnergeticX Pipeline2Space "使发射物将有效载荷送入太空"。该公司由一群年轻的工程师创立，计划将小型"立方体卫星"——一种通常比鞋盒大不了多少的微型卫星——放入一个尖头子弹形容器，在地下1000英尺的管道内，使用喷气发动机将容器发射到亚轨道空间。这确实是一条通往太空的管道。名副其实的司如其名，或者说如其"管"。①

维珍银河为客户和同行者们组织的这次旅行不仅是为了让他们看到太空港并了解全部进展，大概也是为了保持大家对项目的兴趣。这些持有太空船票的人当中，有的已经在候补名单上等了七年，比如沃利。"和我同时期的还会有很多人，"沃利说，"大家都会变得非常焦虑。"

阿尔伯克基向南几百英里，只有一条主干道，即25号州际公路。沃利讲起自己如何又滑雪又玩低音鼓的故事，我漫不经心地听着，不时附

---

① 因其公司名中 Pipeline 译为管道。——译者注

和一句。我听到她说到了布兰森,但她指的是密苏里州的布兰森,她的教区组织居民坐大巴参观过一次后,她如今每年都要去。"11月的布兰森有所有的圣诞节目。有点儿本事的都去那儿表演。他们一天有三场演出。我可喜欢了。"

她每次去都住在同一间酒店的同一个房间:"135号房,一层靠左。然后我会去玩飞艇。过去六年我年年去。我拉了好几次肚子。"

飞艇上的沃利,想来也是很有趣的画面了。我想象着她在照片上的笑脸和张开的双臂,紧接着,一块路标让我大吃一惊,忍不住读出了声:"大象屁股?"

沃利大叫起来:"那念孤山(bute)不念屁股(butt)!"

无论如何,我还是拍照记录了这个写着"象山水库"(Elephante Butte)的路标。但这只是一个开始。离太空港最近的小镇叫真相或后果(中文名直译为特鲁斯或康西昆西斯)。我当然很清楚有些英国乡镇的地名很奇怪,比如"挠屁股"(Scratchy Bottom)、"蠢蛋"(Bell End)、"布朗鸡"(Brown Willy)。但这个缩写T or C的镇子却让人觉得更可笑。更有意思的是这个地名的由来。这个小镇原名温泉镇(Hot Springs),一直到20世纪50年代改成了现在的T or C,而这仅仅是为了让一档名为《真相或后果》(*Truth or Consequences*)的广播节目在这里播出自己的十周年节目。不过这都对我们的旅途没有影响,因为我们并没有在T or C停留,而是往南又开了大约40英里,抵达了我们的目的地

第六章 美国太空港

拉斯克鲁塞斯。显然，对于维珍银河的未来航天员们来说，这里的住宿更适合。

严格说，沃利在1960年就已经成了非维珍银河赞助的、没那么惹眼的"未来航天员"，当年的她因为读到了《生活》（*Life*）杂志中关于杰里·科布的报道，才了解到成为女性飞行员进而成为航天员的路径。2010年7月，她正式成为维珍银河品牌下的未来航天员，这一次她花了20万美元，买了一张船票。这是沃利的又一次信仰飞跃，背后反映的是她的一种信念，即未来所有人都可以进行太空旅行，而不仅仅是男人。女人们需要付出的只是一张票的价格而已。

沃利的太空飞行将从维珍银河的太空船二号开始。包括沃利在内的一些持票人已经在加利福尼亚州莫哈韦沙漠中的一个机库里近距离检查了这架太空飞机。一个月前，我们全家在美国旅行观看日全食，我甚至亲眼见过了莫哈韦的设施。当然不是太空飞机本身，只是机库的外部，因为——尽管我努力尝试争取——我不被允许进去参观。显然，复杂繁多的工程正在那里紧锣密鼓地推进中。于是我只是开车绕着那里转了转，在外面闲逛，拍了几张我儿子在莫哈韦航空太空港大楼前倒立的照片。大楼紧锁着，我们也进不去。然后我们注意到了警告牌，写着"不要动歪脑筋"，这样的警告牌环绕着维珍银河和附近的XCOR宇航公司（XCOR Aerospace）的机库。

XCOR制造了凌仕号太空飞机，机上的商业航天员席位在2013年由男士美容产品凌仕组织的一场全球竞赛中标为奖品。我当然参加了这个比赛——一部分是为了提高对女性的关注度，因为这则性别歧视的广告活动引起了很多女权主义者的不满，另一部分也是为了进入太空。第一阶段是要确保线上投票数。从来自英国和爱尔兰的87 000名申请者中挤进最后的250人后——根据蒂姆·皮克的说法，走到这一步，上太空的概率比欧洲航天局的航天员的概率已经要高得多——然后我在伦敦购物中心，在众目睽睽之下完成了在充气式基地内的英国陆军突击课程。我是最年长的女性参赛者之一，也是全场最慢梯队里的一员，而且课程项目也是最不体面的。这当然与水星计划完全不可比，但也值得一试。然而XCOR"由于不利的财务状况"于2017年6月解雇了所有员工，这对于获胜者和那些在太空飞机上工作的科学家和工程师来说无疑是一个噩耗。

　　幸运的是，虽然不是我们期待的那艘太空飞船，但我们确实看到了一艘飞船。遗产公园（Legacy Park）位于莫哈韦太空港前的一小片草地上，矗立着一个造型独特的大家伙，外形酷似交通锥。这是一台罗顿火箭大气层内验证机。企业家、工程师和前NASA顾问加里·赫德森（Gary Hudson）于1996年在莫哈韦成立了旋转火箭公司（Rotary Rocket Company），专门生产这种商业航天飞行器。罗顿火箭将成为一种有人驾驶的垂直起降飞行器。入轨后，它将使用安装在其机头上的带有三个旋转叶片的发动机直立降落回地球上，就像一架直升机。赫

第六章　美国太空港

德森计划要向低地球轨道的卫星提供发射服务，许多人认为这完全是异想天开。

赫德森确实比他所处的时代领先了几十年。不幸的是，公司在2000年资金耗尽，关门大吉，罗顿火箭从未能进入太空。然而，来自该公司的四名员工继而创立了XCOR。

但据报道，这家后继者创业公司的大门并没有彻底关闭。在其裁员期间，行业分析师比尔·奥斯特罗夫（Bill Ostrove）在接受《福布斯》杂志采访时表示，太空旅游需求增长缓慢是部分裁员的原因，此外"他们的主要竞争对手维珍银河专注于送卫星而不是送人上太空"。

这指的是2017年3月成立的维珍轨道（Virgin Orbit）。两年前，维珍银河宣布将通过发射器一号火箭送小型卫星上太空，火箭将从被布兰森称为"宇宙女孩"的波音747下方发射。维珍轨道是发射器一号计划的衍生产品，与维珍银河共同运行。

这是一个很好的战术决定，但发生在XCOR身上的事情也提醒着我们，好点子不一定能带来好结果。即使坐拥正确的技术、支持和近20年的专业知识，该公司仍然无法使其商业化。难怪沃利很着急。

充满西班牙殖民风格的拉斯克鲁塞斯英坎多酒店以清凉的饮料和欢快的喷泉欢迎了我们三人。在我们的房间里，洛蕾塔和我对着床间地毯上的白色一次性酒店拖鞋咯咯地笑了起来。房间里还有两件配套的浴袍和两个意料之外的礼篮，里面装着水果、零食、软饮料，还有——最重要的——一个银色的印着维珍银河太空飞机的水瓶。幸福生活的秘诀在于：要乐见这些太空主题的小玩意。

沃利的房间在隔壁走廊里。我和洛蕾塔都洗完澡后，她来串门了。我和洛蕾塔都穿着毛茸茸的长袍，湿头发上裹着配套的毛巾。

"啊呀，你们看看你们，"她叫出了声，然后略带伤感地接了一句，"我就只有我自己。"

我意识到其实沃利也会希望我和洛蕾塔共住一间。她是如此独立，但她又是如此需要陪伴。我暗暗提醒自己要一有时间就去看看她。

一小时后，我们神清气爽地来到室外游泳池旁，与我们的维珍银河东道主和其他一些未来航天员会面，享用迎宾酒。沃利在之前的一次旅行中遇到了理查德·布兰森和他的母亲，虽然从来没人能确认布兰森的行程，但我们提前得知了他不会参加此次旅行。几天前，飓风艾尔玛在穿越加勒比海的途中摧毁了他和成千上万其他居民在内克尔岛上的家。

一张矮桌和几把椅子构成了一个小酒吧，服务员在棕榈树下端着小吃穿梭在座位间。和往常一样，沃利选择了不含酒精的饮料。洛蕾塔和我则畅饮玛格丽塔。由于这是一次私人旅行，我在此不会公开其他未来航天员的身份。但我看到的第一个人让我小兴奋了一把。有那么一瞬间，我以为那个人是斯坦·李（Stan Lee）。正是他与艺术家杰克·柯比（Jack Kirby）一起创造了蜘蛛侠、蚁人、黑寡妇、绿巨人、黑豹、钢

第六章　美国太空港

铁侠、X战警和神奇四侠。小时候我就总在学校操场上假装自己是神奇四侠里的隐形女侠。除了与李有着惊人相似的外形，这位坐在我面前椅子上的老人还戴着漫威迷们熟悉的茶色眼镜。最令人惊讶的是，他看起来比沃利还要老得多。

我错误地认为沃利是候补名单上最年长的未来航天员。但是这位R先生——顺便提一句，确实不是斯坦·李——似乎已经90多岁了。后来我发现R实际上只有89岁。而他优雅迷人的同伴已近期颐之年。起初看到这么多白发苍苍的未来航天员让我震惊不已，但在与一对瑞士父子交谈后，我才明白，豪掷千金的是父子中30多岁的儿子。

维珍银河的工作人员包括一名荷兰人马丁，还有两个英国女人蒂费和克莱尔，我们在伦敦总部也见过她们。在场的每个人都做了简要的自我介绍。其中有个日本人通过从几家公司同时购买太空船票对冲下注。他的女性同行者同时报名了日本的另一场太空冒险，要将骨灰送入太空。维珍银河的代表坐直了身子，明显额外留意了这位客人。另一位持票人，一位和善的美国人，已经退休，大约60岁出头，表示他曾经卖掉过自己的票。和他同行的是一位男性伴侣，蓄着胡子，一头金发。人群当中还有一位前NASA员工，她穿着设计师衬衫，从外表看不出年龄，热情活泼，让我想起水星13号成员杰里·特鲁希尔，有着同样低沉的嗓音和不断的俏皮话。在之后的饭桌上，其中一名持票人在我旁边的座位坐下。"我不确定我有没有精力挨着沃利坐，"他低声开玩笑说，"她是

223

一把手枪,一个火球,带着自然的力量。"

这话没错。她的精力不仅对于一个78岁的人来说过于饱满而充沛,对于38岁的人来说也是。

开胃菜过后,有位同行的未来航天员姗姗来迟:一位年轻的来自英国的B女士,17岁拿到硕士学位,从事海外房地产开发。她事业成功,性格开朗,非常讨人喜欢,戴着一条醒目的航天员图案的黑白围巾。我从没有见过这样的围巾——我太熟悉我的太空商品库了。我和沃利都盯上了这个新玩意儿,于是我问B女士这围巾在哪里可以买到。

"是香奈儿的。"她回答说。我想要拥有同款围巾的希望立刻破灭了。B女士的小女儿也用自己的存款给母亲买礼物,已经给她买了同系列的香奈儿太空徽章。这使我意识到有钱人和我们确实不在同一个世界。那条围巾的设计师是"老佛爷"卡尔·拉格斐(Karl Lagerfield),B女士不仅认识他本人,而且经常找他买衣服。显然对于香奈儿来说,太空也是一个大课题。那天晚上我上网查资料才发现,"老佛爷"的太空主题在六个月之前的三月刚刚结束了时装大秀,这就意味着,太空绝对会成为本季最潮流的主题。谢天谢地,还好我有几件NASA的T恤,虽然我买不起那条围巾,但我也能做一回时尚达人。

第二天早上,沃利连连夸赞我的直筒连衣裙:"你穿得跟我一样。简单大方。我的母亲总是很时髦的,她穿衣服很有品位,永远都很完美,还会参加各种委员会。我则完全相反。她想让我去纽约出人头地。

第六章 美国太空港

嗯……反正我不太像她。"

我从没见过沃利穿裙子。她总是穿着工装裤制服,衬衫清清爽爽,熨得服服帖帖。今天她穿的衬衫是蓝色牛仔布的,胸口右侧口袋上印有红色大写字母"WALLY",正下方是一行字写着"安全裁判官",左口袋上绣着"太空船二号"和维珍银河。

人们被分成了几组,或者参加前往迪屏温泉(Dipping Springs)的远足活动,或者参加当地的拓展活动。沃利自然选择了后者。这次是参观拉斯克鲁塞斯挑战者中心。1986年1月28日,那个寒冷的早晨发生了惨烈的航天飞机事故,这个中心便在此次失败后成立。那应该是挑战者号航天飞机的第十次常规发射。在那之前的三年前,它将美国第一位女航天员萨利·莱德送入了太空。但这一次,在升空73秒后,一台助推发动机失灵了。令所有人不敢相信的是,航天飞机爆炸成一团巨大的白烟,并产生了另外两股朝相反方向分裂的羽流。NASA发射评论员用"显然是一个重大故障"描述这一事故,但远不止于此。

船上七名机组成员全部遇难。航天员的朋友和家人在卡纳维拉尔角现场眼睁睁看着这场惨剧发生,同时目睹这一切的还有在CNN直播中的数百万观众,其中不乏许多学生。这是美国太空史上骇人听闻的时刻。死者包括朱迪斯·蕾斯尼克(Judy Resnik),一位经验丰富的航天员,也是美国第二位进入太空的女性,以及一位将成为首位太空教师的女性,莎伦·"克里斯塔"·麦考利芙(Sharon "Christa" McAuliffe)。

225

竞逐太空

　　此前媒体的大部分报道都集中在麦考利芙身上。这位来自新罕布什尔州的学校教师从10 000名申请者中被选中，成为第一位进入太空的美国平民。她曾计划在轨期间为学生上课。为延续这次任务的教育目的，在事故发生几个月后，机组成员的家人帮助创建了挑战者空间科学教育中心。第一家挑战者学习中心于1988年在得克萨斯州开设，如今在三大洲已经开设有40多家。我为BBC报道了1999年10月在美国以外开设的第一家挑战者学习中心，位于英国莱斯特。通过此次报道，我已经熟悉了这种学习形式：学生在搭建的控制室、外星基地或空间站实验室的现实环境中完成各种任务，从而达成促进科学和工程学教育的目的。沃利并不知道会发生什么，但当她看到房间里挤满了学生，而我们的任务负责人穿着蓝色航天员飞行服时，她就被深深地迷住了——我们接下来三个小时的任务是去月球。

　　活动的前半部分，当沃利在做任务控制时，我和一个10岁大的女孩搭档，一起在太空实验室进行着科学实验，测试水系统样本的污染情况。每隔一段时间，会有紧急情况打断常规的工作，我们需要做出相应的反应。好玩极了。

　　"我能看到你！"当我们交换任务，我进入任务控制中心时，沃利兴奋地大喊起来。在那里，我通过监视器观察沃利，她享受着此次模拟太空旅行中的社交活动，与每个人聊天，毫无疑问，也提出了很多问题。

第六章 美国太空港

后来,在午餐时,我们与那些参加远足的人交流了今天的活动,显然他们并不知道这次拓展活动会如此有趣,其中一位未来航天员受到启发,决定在他的家乡帮助资助建立一家这样的中心。

午餐后,四辆白色路虎汽车——维珍银河的赞助商之一——载我们去太空港。沃利立即打电话给朋友留言:"现在是新墨西哥时间下午3点40分,我正在前往理查德·布兰森太空港的路上……"

当然,严格意义上说,应该是新墨西哥州的太空港,但我们没有在边境站停留,一路开到艾普霍恩(Uphorn)[①]标志处转弯。平坦的道路很快就变成了泥泞的小路,四辆一模一样的车子接连扬起尘土。这里就像惊悚片中即将执行秘密任务的场景。整条路终将重归坦途,但这24英里尽是颠簸和漫漫黄沙,望向远处可以看见沙漠灌木丛和绵延的山脉。一路上,沃利不断向司机约翰发问:"后窗玻璃上这些线是干什么用的?我在后座上怎么能看电影?这个小冰箱怎么开?"

像她的许多问题一样,很多时候沃利并不会停下来看看自己是不是其实知道答案就问出口了,而且往往还没等约翰解释完,她已经开始了下一个问题。我们最后终于远远地望见了太空港,但只是一个轮廓。它

[①] 并未查到此地,但是确有 Upham 这个地方,不知道是否为作者笔误。——译者注

几乎与这里的风景融为一体，矮矮的，呈棕色。形状很不一样，让我想起老式太阳镜或那种翅膀上带两只大圆眼睛的蝴蝶。

"嗯之前也有人说像蝴蝶，"约翰说，"还有人说像女性的某些器官，或者瓢虫的。"他笑起来，"其实就是因人而异，你说像什么就像什么。"

我又仔仔细细瞄了太空港许久。虽然我本身就是女性，但我没觉得它和我哪个器官长得像。

这座世界上的第一个私人太空港位于白沙导弹靶场附近的乔纳达·德尔·穆尔托沙漠。这样的地理位置为未来太空飞行创造了绝佳的条件，由于靶场设有禁飞区，因此不会受到商用飞机的影响。尽管太空港目前仍空空如也，但还是有一道安全门，我们提交了护照或驾照用于查验。不知怎么回事，这让沃利很不高兴，她一反常态地冲着警卫发脾气："别把我的驾照弄坏了。"

可它本来就要散架了，仅仅靠胶带粘在一起。我不确定沃利是否注意到警卫看起来颇为沮丧。我们不断靠近太空港里的建筑物，在快到一座巨大的由土坯、钢和玻璃做成的砖红色半月形雕塑时，我们停了下来前去拍照。

我们其中一些人步行完成了最后的几百米到达了入口，一旁的路标写着小行星环城公路和半月街。从这里看，太空港算不上美轮美奂。它很朴素，颜色采用了低调的棕色，弯曲的墙壁通向两个"蝴蝶翅膀"或

第六章 美国太空港

"虫眼"之间的一扇锁着的门。我们的维珍银河导游提供了一些事实和数据——太空港总占地面积18 000英亩,跑道长12 000英尺,也就是3658米,超过了两英里,即3.7公里。沃利大吃一惊:"我可以起飞和降落六次!"

在太空港2012年正式开业之前,沃利不仅飞跃过这片土地,也在这条跑道上两次完成过起飞和降落,但她已经想不起来具体的时间了。

大门打开是颇具戏剧性的一刻,但里面却没有什么好看的。一条空荡荡的、波浪状的弯曲走廊引导我们前进。不多久,墙壁就变成了窗户。在我们的右边,向下看,是太空船二号。这着实激动人心。一楼的入口创造了一种错觉,我们所在的走廊实际上是机库上方几层楼高的桥式人行道。

这架太空飞机是机库中唯一的交通工具,比我预期的要小。它是白色的,下部呈黑色,看起来就像一架私人飞机。沿着机身有四排三个圆形舷窗式窗户供乘客使用,五扇窗户供驾驶舱使用。与传统维珍飞机上的风格相似,太空飞机弯曲的机头在驾驶舱下方画着一个封面女郎式的女航天员,她看上去像在一个无形的横杆上高高跃起,做福斯贝里经典的背越式跳高。飞机的中间部分没有机翼。尾部采用大型上翘的尾翼,类似于20世纪60年代凯迪拉克的尾翼。照相机闪光灯开始咔嚓工作起来,但吸引我的是走廊尽头的灯光。这是一个令人难以置信的场景。我们现在在机库前部,面前是一扇巨大的、三层楼高的窗户,从这里可以俯瞰跑道，背景是远处的连绵的山脉。这一切用叹为观止来形容并不夸张。我们实际上是通过一个没有标记的后门进入了美国太空港。太空飞机很酷，但蓝天、沙地灌木和远山的风景更是让人眼前一亮。这座福斯特建筑事务所出品的建筑是地球上开始太空之旅的绝佳地点。这里是一个完全超脱于尘世的世界。

整栋建筑都有大量的自然光，而且由于地处沙漠深处，场地上还有11个用于取水的钻孔，其中4个正在工作。导游马丁讲解的声音在建筑物周围回荡，让人难以听清。沃利努力分辨着他分享的数据和事实，而我透过巨大的玻璃窗，兀自凝视着窗外的世界。路虎现在已经停到了跑道停机坪上。

我们再次坐上汽车，沿着太空港空旷的跑道行驶。跑道超过2英里（3.7公里或12 000英尺长），42英寸（107厘米）厚，包括14英寸（35.6厘米）的混凝土层。我把头从天窗探出去，扑面而来强劲的风几乎要把我脸上的肉吹翻过去。我已经模拟了自己的太空发射。沃利正忙着检查风向袋。

"看到风进入风向袋了吗？那是从西方来的。因此，如果我们向北起飞，我们会遇到左侧风。如果我们向南起飞，我们会遇到正确的侧风。永远都要迎风而行。"

到达跑道尽头，四辆车排成了一排，开始发动引擎。彼此比肩的感觉就好像我们要么是即将开始比赛，要么就是要开始拍广告了。司机告

第六章　美国太空港

诉沃利系好安全带——比赛即将开始。

路虎的加速让我们所有人都吓了一跳。惊讶过后，当汽车达到每小时130英里时，沃利、洛蕾塔和我都兴奋地大叫起来。这是我们坐过的最快的车。我们没有赢得比赛，但对于这一车三位心态正年轻而总年龄和已经超过200岁的乘客来说，这绝对是一次精彩的集体赛车初体验。

回到太空港大楼，电梯将我们带到三楼的一个区域，这里将来会成为未来航天员的休息室，也会向朋友和家人开放，见证他们的太空之旅。宽敞的洞穴状空间，附带一个巨大的弯曲部分，多个垂直的窗户从下面的地上延展出来，俯瞰着跑道。我们正在见证商业太空旅游的起步阶段，我对那些买票的人充满钦佩。他们与企业家、科学家和工程师一样，是这个未来不可或缺的一部分。如果没有这些持票人和他们的购票承诺，这一切都不会发生。

我问到刚才从高架桥上看到的太空船二号是否可以飞行，令我惊讶的是，它竟然不是真品，只是英国2012年范堡罗航展上的全尺寸模型。大部分持票人在莫哈韦见过真品，但还是觉得有点儿骗人。马丁告诉大家，飞船前部的复制品最终会在休息室展示，这样人们就可以坐在里面，了解真正的飞船长什么样子。沃利小声嘟囔起来："他们上次就是这么说的。"

马丁还简要介绍了未来航天员的程序和飞行过程，其间白骑士母舰会盘旋并缓慢爬升到50 000英尺左右，它所搭载的太空船二号位于其下方。"一旦到达指定位置,航天员就会发出释放信号。分离的瞬间会很精彩。"而太空船二号将在大约15秒内从0加速到音速。

旅行的最高潮,沃利和她的同伴们将能够看到弯曲的大地、宇宙的黑暗和"星星的白",尽管这样说有点儿无力,但其实每个人都可以在晚上看到。从起飞到降落的总时长将在90分钟到105分钟之间。导游还提供了更多信息。航天员将飞行"80英里高",然后在太空中停留几分钟,那是梦想成真的时刻,最后完成"羽毛飘",重返大气层。

克莱尔也给出了初步的时间表,尽管她不情愿给出明确的日期:"如果一切顺利,我们应该在明年(2018年)年初进入太空,之后我们将在明年年中左右的飞行中证明可重复性。然后就将进行另外三个月的试飞。"

沃利的脸色彻底垮了。这种保证"目前莫哈韦一切进展顺利"以及所谓"达到了我们的阶段性时间表和里程碑"听上去毫无意义。我们喝完鸡尾酒,我无意中听到沃利在追问导游。他们落后时间表太多了,为什么不能快点儿完成任务?

太阳落山时,我们在阳台上共饮香槟,为未来航天员们敬酒,但沃利显然不为所动。这并不是她不知感恩,而是她在来之前已经参加过类似的参观活动了。在她看来,进展还远远不够。的确,对于一位78岁的老人来说,时间并不再像酒杯里的酒那样可以无限供应。

"我五年前就听布兰森说过同样的话,"她抱怨起来,"结果他自己到明年年底都不能上太空。这全都是扯淡。"

沃利经常用"该死的"表示自己的不满,这是我第一次听到她真切地骂人。然而实际上太空港显然已经取得了进展。从莫哈韦到太空港的交通路线已经铺设完毕,太空港运营中心已经开始启用,那是一座拱顶的小房子,就在消防站旁边,真希望这个消防站永远都不要出警。

从数十年对太空任务的跟踪报道中,我学到了一件事,任何与太空任务相关的发射日期几乎总是会推迟。在航天工业中,无论是科学仪器、有效载荷卫星还是发射台本身,延迟都是流程中公认的一部分。你必须准备好打持久战,并且要有耐心。

我与她讨论了其中的一些问题,沃利勉强认可了部分进展:"是,之前这儿没有窗户,也没有灯,那会儿还只是在建消防站,所有的卡车都出去了。"但她仍然看起来很痛苦。

我把维珍银河的一位代表叫到旁边:"沃利没有机会早点儿飞吗?她比其他人都老很多,而且这是她50多年来的梦想。"

他们无能为力:"严格来说我们不能这么做。她前面还有别人。"克莱尔满是歉意,"我们很爱沃利,要是可以的话,肯定会调整的。"

楼下的机库地面上,太空船二号(模型)的尾翼后面已经摆好了一张晚餐桌。飞船有17扇窗户:5扇给两个飞行员,6名乘客上方和侧面共有12个圆形舷窗。看上去太空旅行会很舒适。"我要坐在右边,就在副驾驶的后面。"沃利说。如果幸运的话,她也会坐在一个女人身

竞逐太空

后，因为前NASA试飞员凯莉·拉蒂默（Kelly Latimer）是维珍银河的飞行员之一。

在这里，我得以近距离仔细观察了航天飞机上的气动彩绘[①]航天女郎。从她弓起的背上散下一条金色的长马尾。这位女航天员头戴鱼缸式头盔，身穿紧身的黑白太空服，满满的《太空英雌芭芭丽娜》的复古风，她戴着及肘长的手套，似乎还穿着巴斯克内衣。我想知道海伦·沙曼会怎么看这身装备。更令人不适的是，女郎的人物形象设计是基于2010年沃利在太空港落成典礼时遇到的一位女性：布兰森的母亲，伊芙。

媒体对落成典礼的报道中有不少沃利与布兰森、新墨西哥州州长比尔·理查森（Bill Richardson）和阿波罗11号航天员巴兹·奥尔德林在跑道旁的合影。"我们大约聊了十分钟。"她说，"他们都很好，很有礼貌。我们聊了不少干货，比如什么时候要出发之类的。但布兰森总是说明年……"

她的太空之旅是否总让人感觉遥不可及？

"确实是越来越近了的，但是我不想再等一年了。我想在偶数年上

[①] 气动彩绘即使用空气喷枪压缩空气使涂料雾化成细小漆滴，进行表面涂装。——译者注

天空，比如2018年。"

"你有什么迷信的吗？"

"没有，我就是喜欢偶数。我们这一路开车过来，我发现这里的进展没有我预期的那样好。对我来说，他们做得不够快。我想看到它快点儿发生。每个人都会说已经有了供电线路之类的话和许多专业的内容，但我可不好糊弄，我可是机械师。如果他们愿意，他们可以做得更快。"

我本想说这是出于安全考虑，但也被驳回了。"不。我认为这与安全无关。我去过莫哈韦。他们就是干得不够快，因为他们还有其他事情要做，他们还要再建两架太空飞机。"

维珍银河确实在加利福尼亚的莫哈韦工厂建造了另外两架太空飞机，用于构建一支太空飞机机队。这的确具有经济和商业意义，因为已经有超过650人购买了机票。而且一旦太空飞机证明了自己的安全性，随着太空旅游航班的启动，该公司认为，对航班的需求只会进一步增加。

当天的晚餐包括了一道颇具航天风格的菜：类似航天员头盔的玻璃碗里盛放着甜点，下面是干冰。餐后，我们都走到太空港外面，欣赏它在夜空下的曲线美。黑暗中的点点灯光预示着商业太空飞行雄心勃勃的未来。

这是一次精彩的旅行，但第二天，我们在等洛蕾塔开车到酒店门口的时候，沃利罕见地带着一丝思忖下的忧虑。

"我没多少日子了。"她说。

这是我第一次听到她承认自己的年龄终究遏制了自己的志愿。我有点儿想哭。在这少有的、意料之外的脆弱一刻过后，我更想要帮沃利上太空了。

第七章　一个包罗万象的储藏室

在美国太空港和外星人阴谋论发源地罗斯威尔不远处，我看到了我的第一个不明飞行物。至少，它看起来真的很像UFO。正如你能想到的，它在一个军事基地里：新墨西哥州的白沙导弹靶场。这是美国最大的军事设施，占地3000多平方英里，位于图拉罗萨盆地内，横跨五个郡。除了在导弹和原子武器研制上发挥关键作用外，许多德国科学家，包括前纳粹党成员和党卫军军官维尔纳·冯·布劳恩，也被悄悄运出德国，成了回形针行动的一员，并帮助最终形成了美国的太空计划。

安检人员检查了我们上交的护照和驾照，告知我们只能留在靶场博物馆区域内，并只能以圣安德烈斯山脉为背景拍照，禁止对着博物馆拍照。在这样一个值得纪念的日子里，沃利、洛蕾塔和我却是仅有的访客：三个女人在这一个终极的男性世界里，这个极其壮观的——可能也有点儿不祥的——战争游乐场。

这个导弹公园里有各种各样的导弹，如此冰冷的武器却以各种欢快的造型展示着自己。这些导弹都在白沙进行过测试，包括几枚潘兴导弹和一枚爱国者，一枚黄黑相间的V2火箭和一枚红石导弹。但是其中一些战争机器带来了不一样的结果：它们成了运载探索太阳系的机器人探测器，使人们能够在国际空间站上生活和工作。它们还对当今新兴的商业太空飞行业务带来了影响——正是这项新业务使得沃利·芬克购买了从地球上空进入太空的旅行。

红石导弹最初由冯·布劳恩设计作为地对地弹道导弹，后来被用作木星C火箭的第一级，于1958年1月31日将美国的第一颗卫星，探索者1号，送入轨道，三个月前，苏联的首颗卫星，斯普特尼克1号，抵达预定轨道。红石火箭此后在1961年助力水星7号的成员艾伦·谢泼德（Alan Shepard）成为第一个进入太空的美国人。同年，尤里·加加林创造了太空历史，成为第一个绕地球轨道飞行的人。也是这一年，沃利通过了她的测试，成了全员女性的水星13号计划的一员——这些女性曾想和男性一样，遨游在星际间。

飞碟形的"UFO"在导弹中显得格格不入。如果你不考虑外星人的可能性，这艘飞船也像一把巨大的、敞开的、四条短腿蹲着的金属阳伞。事实上，它是气球发射测试减速器，是1972年NASA在白沙基地用于测试海盗号火星着陆器的四台减速器之一。在靶场以东150多英里的罗斯威尔镇，充满氦气的气球会在将飞行器提升到所需的高度后释放测试减速器。然后，这艘古怪形状的飞行器使用其四枚火箭以略高于音速

第七章 一个包罗万象的储藏室

的速度飞往白沙，同时旋转以保持稳定。这段历史我可并没错过。

1947年7月8日，几名目击者报告说，一架不明飞行物在罗斯威尔坠毁。罗斯威尔陆军机场工作人员迅速保护了现场并展开调查。这个消息后来登上了美国各地的头条新闻，《罗斯威尔每日记录》（*Roswell Daily Record*）的头版写道："罗斯威尔陆军机场在罗斯威尔地区靶场捕获飞碟。"

美国政府否认了这些报道的说法，称其与实验性气象气球有关。但目击者坚持自己的说法。其间，美国各地发生多次不明飞行物目击事件，因此人们对相关话题的兴趣很高。传闻说罗斯威尔的残骸中有生命体，其中一具甚至可能还活着。人们声称，这些无毛的、儿童大小的身体只可能是外星人，它们看起来是非人的、小小的灰色生物，有杏仁状的大脑袋和大眼睛，但没有耳朵或鼻子。甚至有传言说外星人已经被解剖，还拍摄记录了尸检过程。

距离这一事件已经过去了70年，但那个外星人的形象一直延续到了今天。从电影《第三类接触》《保罗》到电视剧《星际之门》，这种灰色生物如今已然成为现代科幻小说中的外星人标准。罗斯威尔也成了世界不明飞行物之都。然而，1972年，军方从罗斯威尔释放了一种前所未见的旋转飞碟形飞行器，在空中以极快的速度飞向美国军事基地。具有讽刺意味的是，有关UFO传闻的制造者和辟谣者都是美国人自己，就这样还总有英国人觉得美国人不懂什么是讽刺呢。

竞逐太空

冯·布劳恩并不是这个军事基地与太空唯一的联系。美国工程师、现代火箭之父罗伯特·戈达德（Robert Goddard）和1930年发现冥王星的天文学家克莱德·汤博博士（Dr Clyde Tombaugh）也在那里工作过。从1946年起，汤博在这里工作了九年，他改造了一台支持白沙火箭测试计划的实验性导弹跟踪望远镜。后来靶场部分试射导弹的声音——包括"长矛""奈基"和"战斧"——甚至被剪进了《星球大战》。1978年，卢卡斯影业的本·伯特（Ben Burtt）在《星球大战2：帝国反击战》发行之前曾为影片所需的声音库多次访问白沙靶场。他已经凭借第一部《星球大战》电影获得了奥斯卡奖，并向博物馆赠送了一顶拍摄期间使用的达斯维达头盔以感谢他们的帮助。

白沙靶场有一座让人称奇的博物馆，里面摆满了大大小小，各种或雄伟或精致的展品，小到与太空相关的照片，大到实实在在的导弹零件。1982年，哥伦比亚号航天飞机甚至曾经降落在白沙跑道上。然而，沃利却一反常态地垂头丧气且安安静静。她想在阴凉处坐一会儿，但我怀疑她的嗜睡不仅仅是因为热。我猜也许是昨天访问美国太空港让她意识到她的太空之旅没有预期那么快，这样的打击与失望一时间挥之不去。沃利看也没看一眼身边数目众多的导弹就走开了。我在博物馆里逛了大约半小时，我才在其中一栋建筑中找到了洛蕾塔，却没有找到沃利。现在我已经习惯了沃利自顾自的探索方式。在某些时候，她总是会朝着意想不到的方向跑掉。

第七章　一个包罗万象的储藏室

当我们终于在一个详细介绍靶场历史的展区重新见面时，沃利说自己刚刚一直在散步。我提醒她，我们在一个军事基地里，而且不可以离开博物馆——随意去其他地方散步可能会导致她被捕。她脸上的表情说明了一切。我决定不再追问，话说到这里已经足矣。

沃利找洛蕾塔要车钥匙，说要去车里取个东西，我内心的小警笛立刻被拉响了。她一走远我就提醒洛蕾塔，沃利可能要开她的车。

"她不能这样啊。"洛蕾塔有些不解。

"我知道，但是她会的，她就这样。去年在得克萨斯她就是这样对我的，几个月之前在佛罗里达也是。不管沃利说她要拿什么，都是借口。我跟你打赌，你相信我，你的车肯定不在老地方了。"

从洛蕾塔的表情可以看出我一定听起来荒谬、偏执，也可能两者兼而有之，甚至像一个把简单的气球发射测试减速器坚持说成是不明飞行物的阴谋论者。借口可能有很多，我坚持说，但洛蕾塔不能相信其中任何一个。我突然感到一阵尴尬。也许是我小人之心了？结果，离开大楼时，我们发现洛蕾塔的车并不在几分钟就可以走到的停车场，而是在我们面前的一个残疾人停车位里。沃利靠在车上，漫不经心地看着地图。洛蕾塔明显被这个场景吓坏了。

"沃利，"我埋怨地说，"你可没保险。"

她胡乱说着博物馆很棒，自己怎么想要找个阴凉地儿。"我是在帮你的忙。"她温顺地补充了一句。

241

返回阿尔伯克基之前，我们的下一站是新墨西哥太空历史博物馆：这是一座明亮的现代建筑，外形类似于火箭的第一级。建筑的窗户反射出万里无云的蓝天和俯瞰阿洛莫戈多镇的萨克拉门托山脉。入口外是一个意料之外的惊喜：一个水星太空舱的全尺寸复制品。如果历史对她更好一些，沃利本应该是舱内的乘客。更棒的是，这与今年早些时候我和沃利在佛罗里达州肯尼迪航天中心看到的真正的水星太空舱不同，这一次，她可以坐进太空舱内。沃利在水星太空舱旁上前走了几步，爬了进去，尽管舱体设计只能容纳一人，她还是招手让我也进来。她检查控制装置的时候，我终于把屁股塞进了她旁边的座位里。

"好的，"她解释起来，"首先这里有滚转、偏航和俯仰——这就是你用控制杆可以做的事——这应该有控制杆。然后这里是温度，时钟，控制燃料，下降率……看你下降的速度有多快。这是空速表。天哪，它以每小时40英里的速度开始，然后上升到……我看不清……"

"100。"

"好的。这里是舱内气压，然后是湿度百分比、氧气、紧急开关、直流电压、电流表、自动母线还有交流电压开关……"她陶醉于所有的技术细节，拿仪表标注的状况开着玩笑。无数双模拟驾驶水星号的热心观众的手毫无疑问给控制面板留下了自己独有的历史痕迹。"有些开关我都看不清了。我猜这是配平片。"

"所以你当年就是差点儿能开这个对吧？"

第七章　一个包罗万象的储藏室

"没错！我还是很惊讶的，这些仪表和我在塞斯纳172上的一样。这里有一点点不太一样。我不知道什么是逃逸塔和座舱……"

"你也就差几个按钮不认识？"

"嗯，就左边的。哦！"她突然欣喜地抬高了声音，"这个太了不起了！"她发现了更多的按钮。"启动时间……反推……运行时间……这能准确地告诉你你需要做什么。哦，老天，这真的太令人兴奋了。"她沙哑的咯咯声回荡在整个太空舱内。

"这对你来说本来其实应该挺容易的。"

"是啊，现在我得看看该怎么出去了。来，宝贝，帮我推下屁股。"沃利又看了最后一眼，"老天爷，真的可以坐进去啊！我看过它太多遍了。"

在博物馆内，沃利发现航天飞机的模拟器出乎意料地复杂。"探索号，这里是休斯敦。高度太高了，"一个声音警告道，"你需要尽快降下来。"

沃利问道："起落架在哪儿？"我还没来得及说出口我不知道，整台机器发出一声破裂的巨响。"糟糕。"沃利说。

尽管把航天飞机摔了，沃利还是很快恢复了镇定，接着继续端详玻璃柜中展出的一圈任务布贴臂章。每个NASA太空任务，以及世界各地的许多航天任务，都会同时发布一块刺绣臂章，以某种艺术表达形式代表这一任务，可能是航天飞机以非写实的弧线离开地球，或者像阿波罗

11号的臂章那样，它被做成了一只鹰降落在月球上的形象。一般参加任务的航天员的姓氏会被缝在边缘。沃利找了许久艾琳·柯林斯的名字，却没有找到。她通知了一名博物馆工作人员，告诉他们要更新他们的馆藏品。

然后，她仔细检查了博物馆名人堂墙上相框里的照片。展出的少数女性中包括第一位进入太空的女性瓦莲京娜·捷列什科娃；第一位商业航天女性太空旅客阿努什·安萨里；航天飞机第一位女性指挥长艾琳·柯林斯；1993年，苏珊·赫尔姆斯（Susan Helms）成为第一位飞入太空的女性美国军人。2001年3月11日，赫尔姆斯的第五次任务后，她还成了最长太空行走纪录的保持者。她与NASA的同事吉姆·沃斯（Jim Voss）一起完成了8小时56分钟的舱外活动。

NASA的佩姬·惠特森（Peggy Whitson）还不在名人堂里，但我认为她应该榜上有名，因为几个月前她已经完成了她的第八次太空行走，打破了女性航天员的纪录。令人惊讶的是，水星13号的任何一位女性成员都没有得到认可。连新墨西哥州本地人沃利自己也不在名单内。但照片墙却向爱德华·迪特默（Edward Dittmer）致敬，是他训练了第一批进入太空的黑猩猩伊诺斯和汉姆。1961年1月31日，汉姆成了世界上第一只航天黑猩猩，在水星太空舱中进行了16分钟的亚轨道太空飞行。在那几天后，沃利正式向阿尔伯克基的洛夫莱斯诊所报到，参加她的航天员测试。这次轮到我生气了：我为沃利抱不平，一位航天黑猩猩的训导

第七章 一个包罗万象的储藏室

员居然在沃利和其他水星13号计划的女性先驱之前被选入了名人堂，而这里甚至连水星13号第一位成员杰里·科布都没有。

沃利平静地接受了这一点，她的注意力被玻璃柜中汉姆的娃娃状飞行服还有外面汉姆的坟墓所吸引。汉姆（Ham）是"Holloman Aero Med"的缩写，因为它在附近的霍洛曼空军基地航空医学中心参加培训。基地的一块纪念牌上记录了汉姆1955年在喀麦隆出生，1983年死于北卡罗来纳动物园。

博物馆外的区域被划定为约翰·斯塔普航空航天公园，以美国空军医学研究员斯塔普上校（Colonel Stapp）命名，他也是一个一生寻求刺激的人，以科学的名义用自己的身体完成了许多极端测试。展出的蓝色雪橇轨道来自"雏菊轨道"减速器，该减速器用于对人类或动物进行过载测试。轨道名为"雏菊"是因为它采用的是和雏菊BB气枪一样的气动活塞装置，爆炸力将实验对象沿着轨道加速到每小时150英里，直到对象在同样巨大的力的影响下突然停下。该设备测试了多款飞机和航天器座椅，包括阿波罗指挥舱。但最出名的是它对安全带的贡献。斯塔普在他期望别人做测试之前，经常拿自己当小白鼠亲自做实验，甚至曾经达到过令人兴奋而危险的35G。

这让沃利想起了她在第二阶段测试被取消后所接受的马丁–贝克弹射座椅测试。那时的她决定凭自己的力量环游美国，完成与杰里·科布和"水星七杰"一样完成过的少量额外测试。

马丁-贝克是一家英国航空公司，该公司设计了一种方法来挽救飞行员的生命，即引爆飞行员座椅下方的炸药，将飞行员弹射出飞机，从而远离危险，随后飞行员便可由降落伞安全带回地面。这个测试其实就相当于是垂直版的人体炮弹，或者就是等同于雏菊轨道。飞行员在知道自己身下有炸药的情况下，将自己绑在座位上，以使椅子沿着导轨的支撑塔向上加速。他将头和脚紧靠在椅子上，双肘向内，然后拉动开关。砰！由于重力是向下的，脊柱有被压缩的危险。弹射座椅的作用是平衡这些力，以便飞行员可以在紧急情况下撤离飞机而不会造成背部损伤，否则可能会导致椎间盘破裂、椎骨骨折，在最糟糕的情况下，甚至导致脊柱断裂。

　　听上去太恐怖了。就像沃利说的："他们让你坐进椅子里，把你弹出去，然后你就直直地落下来。"

　　她回忆说身体周围缠满了各种电线："他们想看看你的身体在这种运动情况下会怎样，快速上升，快速下降，着陆的时候晃晃悠悠的。我头疼得很厉害。"

　　她也没有告诉他们，她在一年前的一次滑雪事故中背部严重受伤，被迫使用了背部支架。当然，如果她说了，他们大概率会拒绝她的测试申请。

　　我们驱车返回阿尔伯克基的路上，看到路旁一个巨大的坚果形招牌立在一家大车店旁边，上面写着"开心果乐园"。新墨西哥州真是一个

第七章 一个包罗万象的储藏室

可爱的地方。我慢慢放松下来，但沃利还在担心她在太空飞行名单上的排名。她显然已经和几位未来航天员聊过这件事，因为她知道他们其中一些人的排名——谢天谢地在沃利后面——但其中一个排在第67位，比她高得多。"但他是创始投资者之一，"她大方地说，"所以他们被优先考虑。"

洛蕾塔的车发出警报声，这不是安全带的警告。如果轮胎轧到路边的白线，警报就会响起来。"我一直都远离白线。"沃利说，我的眉毛已经惊讶得不能抬得更高了。她又拿起了自己亮粉色的手机，屏幕壁纸是她和海豚一起游泳。他们都在微笑。

显然，电话都转到了语音信箱，因为她在留言之前喃喃着"我永远打不通"。"嗨，艾琳，我是沃利……我刚去完新墨西哥太空历史博物馆，到处都能看到你的照片，还有你给我的布贴。我只是想说，我为你感到骄傲。希望你能打电话给我，我很感激我能认识你。想着给我，沃利，打个电话。"

很明显，这个电话是给航天飞机第一位女指挥官艾琳·柯林斯的。沃利要了每个人的电话号码。虽然最初都会被这样的举动吓一跳，但人们通常会留电话给她。她拨通了另一个号码："嗨，亲爱的，我想现在是韩国的凌晨4点。理查德·布兰森让我们忙得不得了，真是不可思议，一直到半夜。我得好好给你讲讲这一切。我以为你走之前会给我打电话，但你没有……"

她接着打电话给另一个朋友确认一些日期。后来经过确认,沃利的确在2009年在太空港的跑道上飞过也降落过,完成了两次连续起落,并在其周围盘旋。然后她检查了洛蕾塔的相机:"等我们回到家,我想看看你的相机用什么样的电池充电器。我刚刚有个想法,你家那边有西维斯或者沃尔格林①吗,我能打印照片的那种?"

第二天,回到洛蕾塔家,我们看了几部来自太空博物馆档案馆的短片。博物馆好心地允许洛蕾塔把它们带走做研究。其中一部片子展示了约翰·斯塔普上校本人在一条完好的雏菊轨道上。他所承受的过载让他的眼白在瘀伤的眼眶中变成了血红色。小乔·基廷格上校(Colonel Joe Kittinger Jr)评论说:"他很勇敢,毫不畏惧……顽强,从不放弃……他从未成为将军,因为他不是政治家。他以错误的方式惹了很多人,无视他的上级……"

我不禁想到,斯塔普的一些特征在沃利身上也能找到。她来自那个勇敢无畏的先驱时代。她让我想起了汤姆·沃尔夫所著的《太空英雄》里的查克·叶格。这位打破音障的人是一名试飞员,也是一名具备成为水星7号航天员所需技能、勇气和飞行经验的合格候选人,由于他没有大学学位,因此根本没有资格参加测试——严格来说,约翰·格伦或斯

---

① CVS 和 Walgreens 都是美国的药品零售商。——译者注

第七章 一个包罗万象的储藏室

考特·卡彭特也没有资格参加测试，但他们都成了计划中的一员——但也许也是因为叶格根本不认为在太空舱里的飞行可以被叫作飞行。这显然是他经常被问到的一个问题，因为在2017年10月12日，他在推特上写道："问，为什么NASA没有选你做航天员？答，他们知道我不想在我坐下之前还得擦掉座位上的猴子屎。"

沃利在通过正确的渠道申请成为一名航天员时，她可能也没有NASA要求的工程学或数学学位，但毫无疑问，她也拥有"正确的东西"，比如太空英雄一般的素质。沃利以她自己的方式，没有一点儿恶语相向地，带着一丝叶格的斗志，踏上了她的航天员之路。

洛蕾塔也让人惊喜连连。两年前，她自愿参加了宾夕法尼亚州国家航空航天培训与研究中心的太空测试。这个航空航天教育和培训中心是第一个获得美国联邦航空管理局批准符合商业载人航天飞行培训要求的机构。内容包括离心机测试过载对人体的影响——这与沃利在20世纪60年代初期进行的测试完全相同。

这是我们三个人共同的经历。2013年，我曾多次体验英国唯一的人体离心机。该离心机位于法恩伯勒[①]，从前是政府军事设施的一部分，

[①] Farnborough，位于英国汉普郡，别名范堡罗，即著名的英国范堡罗航展所在地。——译者注

现在由国防科技航天公司奎奈蒂克（QinetiQ）运营。

  离心机本身于1955年投入使用，旨在模拟飞行员以及当时未来的航天员候选人所体验到的过载。它位于一个圆形房间内，有一只低低的机械臂与地面呈水平，以医务人员所坐的中心为轴。机械臂末端有一个有窗的吊舱，就像一辆供单人乘坐的小型缆车。控制室正面是玻璃，非常复古，里面是和20世纪50年代中期刚刚启用时相同的灰色面板、黑色旋转表盘和圆形玻璃仪器显示屏。

  教练把我绑起来，让我放松，但我其实并不紧张。如果有什么情绪的话，那就是过度兴奋。他告诉我，如果感觉不适就保持身体紧绷。我会在吊舱内进行3次旋转，从2.6G开始，这是人体可能会在木星上感受到的重力大小。每次体验持续15秒。第一次，我的耳朵像是爆开了。当离心机停止时，我的胃像刚坐完过山车一样一阵乱翻，耳朵又仿佛爆开了。到了3G，我突然一阵兴奋，让我感到有点儿眩晕。教练让我试着触摸自己的鼻子。我把一根手指放在鼻子上时，我的手臂感到一种阻力，就像在汹涌的潮水中游泳一样。等到我们最终达到3.4G，我的身体承受了几乎是自身重量3.5倍的力。这种压力很不舒服，很难受，但仍然令人兴奋。

  到这时，当控制室操作员再对我下达指令时，我已经无法将手从膝盖上抬起，更不用说摸鼻子了。我感觉到我脸上的皮肤被向脑后拉去。指挥室里传来教练遥远的声音，在吊舱里回荡："现在我们知道你15年

第七章 一个包罗万象的储藏室

后长什么样了。"

3.4G已经超过了航天飞机机组人员在发射或着陆时所经历的过载。这让我对航天员多了一份尊重。农药喷洒机或特技飞行员们，比如沃利，可以轻松拉5G～6G甚至7G。教练告诉我，战斗机飞行员则可以承受高达9G的压力，但他们会穿抗荷服。而我则穿着我来到这里时穿的衣服。

还好我没有向洛蕾塔吹嘘自己拉过3.4G。参加宾夕法尼亚州国家航空航天培训与研究中心实验时，她69岁。"我在离心机里拉了6G，"她老实地说，"还有维珍银河太空飞机的飞行计划。没有我想象中那么糟糕。"

洛蕾塔不仅体验了比航天员在发射到空间站期间承受的过载要大得多的力，还体验了沃利和所有未来航天员在维珍银河太空飞行中会遇到的更小些的3G的力。和我在一起的，不是一个，而是两个非凡的女人。

在课程中，洛蕾塔学会了"钩子机动"（hook），这是教给战斗机飞行员用于反过载的机动动作，以帮助防止失去知觉。

"六次深呼吸，再来一次……"沃利做出演示，"保持五秒钟，然后呼气。等你感到过载从头到脚的方向袭来，血液开始离开脑袋的时候，就开始……"沃利猛吸一口气，"……让血液流回你的脑袋。"

洛蕾塔向我们展示了她在离心机中旋转的DVD光盘，并解释说她还参与了医学研究实验，包括使用冥想和放松来对抗焦虑。该研究的许多发现都很有趣。例如，患有心脏病或糖尿病的人可以承受商业航天飞行中的过载。可见太空旅游的未来是光明的。尽管任何从商业公司购买太空飞船票的人都需要事先体检，但这些实验意味着，太空旅行将不仅限于那些拥有超人体格的人，比如今天的航天员们。一旦更多的商业航天业务开始正常运转，预计票价也会下降，而这可能才是阻碍更多人参与这项冒险的原因。

DVD看完，沃利跳了起来："我后背疼。我得开车出去转转。我得活动活动。"

洛蕾塔看起来十分疲惫。我当然也是，所以我建议改为在附近散步。但显然沃利不能接受我的建议，而且她还振振有词："我没有合适的鞋子。我需要一些新鲜空气，亲爱的。得换换环境。"

"你开车算什么锻炼？"

沃利又改了说辞："我要吃冰激凌。我要吃点儿甜的。"

僵局。沃利从来不缺朋友，但是她一辈子大多数时候都是独居的。这可能就是为什么她很难妥协。如果她想做什么，便一定会付诸实践。总有人要让步。

"好吧，沃利，那我们去哪儿？"

"去哪儿都行。"

"去多久？"

第七章 一个包罗万象的储藏室

"就30分钟。"

我们驱车前往阿尔伯克基历史悠久的老城区。我坐在沃利那辆破旧的红色本田的副驾驶座上。因为我是英国人,所以一两分钟后我才反应过来这是在美国,而我们不应该在道路左侧开车。我一下突然想象出了一辆汽车径直向我们驶来。幸运的是,这个安静的砖砌住宅街区上只有我们这一辆车。但等到了主干道上,沃利慢悠悠地跨了两条车道开着车,我背上的肌肉更紧张了。

两座高楼在立交桥外拔地而起:洛夫莱斯心脏诊所和医疗中心。现实又一次提醒着我关于沃利的令人难以置信的历史。最近我注意到每当她重述接到航天员测试电话的故事时,她总是说:"洛夫莱斯博士让我'星期一就到这里'。"我想起了她接受NASA采访时的口述历史记录。几个月前我把它打印出来了,核对后我确认了她其实并不只是简单等了几天就到了这个所谓的星期一。沃利稍稍改口说:"也可能是一个星期……"

老城始建于1706年。在一片绿树成荫的街道,有一幢显眼的砖砌天主教堂,沃利坚持开车在这里转了几圈,一直要等到可以把车停在离冰激凌店更近的地方。这趟锻炼可真够辛苦的。幸运的是,有人终于在店外腾出了一个位置,但此时沃利已经改变了主意。

"我不想要冰激凌了,太甜了。"

"我们到都到了,进去吧。"

毫无疑问，所有的口味很诱人。她要了一个冰激凌球，然后抱怨起一个球的分量："这也太多了。"

不过沃利还是吃光了最后一口："真好吃，谢谢你。"

在隔壁的珠宝店，繁复的美洲原住民绿松石和白银制耳环、项链、手镯和皮带扣以一种意想不到的方式让她想起了她的童年。"我卖掉了妈妈所有的东西。"她遗憾地说。我第一次注意到她脖子上戴着一条精致的金链子，上面挂着一个纯金字母W，这条项链通常可能都藏在她的围巾或领口紧扣的衬衫下面。"我去斯蒂芬斯上学的时候，我妈妈把它给了我。她告诉我永远不要把它摘下来，我从来没有摘下来过。"

我看了看她脖子上的另一条金项链，这条上则带有一颗相当惹眼的钻石："那颗钻石是我的外婆的。我把妈妈的钻石做成了戒指。这颗比较大。"

她的其中一枚戒指是一场飞行比赛的奖品，一枚早已被遗忘的戒指，镶有一颗碎钻，周围一圈多色黄金制的叶子。"有些州可以开采三种不同类型的黄金，这是其中一个州的产品。"她说。

另一枚金戒指上带有飞行双翼，中央镶嵌着曾经属于她母亲的钻石。沃利一脸痛苦。

"你肯定是想你妈妈了。"

"我经常做梦，我总是……"她走神了几秒钟，然后快速转回话题，坚决地说，"可以和我母亲说上话。"

第七章 一个包罗万象的储藏室

我现在倒是很高兴我们出来兜风了。虽然沃利过于饱满的精神有时会让人筋疲力尽，但她总是充满活力、善良、慷慨大方，并且非常可爱。她有99%的力量，也有1%的脆弱，所以有时很难决定要把她摇清醒还是应该抱抱她。回到1997年，那时的我还不能完全确定我是否喜欢沃利。有意无意地，她这种绝对欢快自信的极强存在感让人感到难以亲近。她的独立加上几乎不可能示弱的性格也可能令人反感。或者，人们至少都是这样说的。但她也很开放和诚实，和她交往让人轻松愉快，这让沃利·芬克变得与众不同。她是独一无二的。从来没有人像她那样过过这样的生活。她已经活了一千遍了，她的生活有时甚至太丰富多彩了一点儿，人们常说的"要及时行乐"都远远概括不了她的生活。

我回到洛蕾塔家的时候已经又神清气爽了。她的丈夫杰夫在沙发上，电视里播放着福克斯新闻。

"我不是想找碴儿，"沃利又开口了，"你家有头条新闻吗？"

我们在新墨西哥州的最后一天，沃利的红色本田车坏了，完全发动不起来。它被遗弃在停车场，稍后由她的朋友处理。真是绝佳的休息机会。她在阿尔伯克基另一头的储物仓库里存了一些东西，离她在机场附近的旧公寓不远。沃利打开了严格控制温度湿度的房间，满屋的纪念品带我们一起走进了她的非凡过往。

房间里的纸箱、塑料箱和木箱里装着半个多世纪的回忆。房间里还有几把椅子，一个文件柜，背墙上有成堆的带框版画和绘画作品，一对滑雪板，还有一个窄长的带有青铜字母的红色标志。

"我的妈呀，"沃利从这堆杂物中翻出来一个东西，"我都忘了这个了！是芬克家的五角商店！"

我想要帮她把这块厚重的木牌抬起来，她拒绝了。她兀自费力地把木牌举了起来，我这才注意到她黑色马球衫的背面。这是维珍银河的赠品，上面垂直画着一列白色轮廓线，展示了一个人形伊卡洛斯之翼的演变，从早期的飞机类型到喷气式飞机、航天飞船，最后自然是最重要的太空船二号的独特轮廓。沃利把木牌举到走廊里，水平转了个方向，把正确的一面朝上。

这块木牌几乎和她一样高，从前就是她父亲在新墨西哥州陶斯市店门口的招牌，中间是"芬克家的五角商店"，两边各写着"古董"和"珠宝"，都是45度斜体字。正是在这块招牌下，沃利擦过鞋、卖过兔子、刻过弓箭，为自己谋划未来的小金库。她从小攒钱的习惯到现在都没有改。

我们有条不紊地检查了每个箱子。有一个里面满满都是航空奖项和奖杯，还有1951年她的劳斯莱斯赢下的"最高贵展品"奖；另一个箱子里是滑雪靴、背带裤、几套保暖内衣和厚袜子。她捡起几块印第安陶瓷碎片："这些东西肯定是之前对我来说很有意义来着。"

屋里还有《生活》杂志、相册和剪贴簿。她还找到了自己穿越非洲

第七章　一个包罗万象的储藏室

大陆旅行前后在新西兰买的三张羊皮、一架斯蒂尔曼双翼飞机模型、一些自制烛台和一个从非洲旅行带回来的黄铜摩洛哥水车。墙上贴着巨大的贴纸，上面写着"女人的位置在驾驶舱里"和"粉扑德比"。循着一阵金属的嘎嘎声，我们还找到了一套她收集的来自不同州的各色车牌，她的名字玛丽·华莱士·芬克首字母缩写各有不同，包括一块黄色的写着"WF"、新墨西哥州车牌上写的是黄色"MWFII"和几块写着"FII""I MWF"和"MWFII"的蓝色加利福尼亚州车牌。

她拿出一块又大又长的板子，上面有三张分别是美国、欧洲和非洲的地图，边缘是她从1965年到1967年去过的各个国家的国旗和名称的手绘标志。我在1967年12月10日圣达菲《新墨西哥人》（*New Mexican*）报纸上见过这块地图板，上面有南非的标志。在开车回阿尔伯克基的路上，沃利向我们讲述了在克鲁格国家公园和贵宾犬嘟嘟的故事，在其中一个故事里，她讲到自己如何离开了面包车，步行去拍摄大象。

"狗没被狮子吃了可真够走运了。"我说。

"小嘟嘟吗？没有。你永远都不能怪她，因为她真的很亲人。也许是随我或者我妈妈，我不知道。"

破例这一次，我把到嘴边的问题咽了回去，转而问她是如何让这只狗通过海关的。"我们到了英格兰，我知道我不能把贵宾犬带在身边，所以我把它放在包里，去洗手间鼓捣了半天然后就神不知鬼不觉地带过来了。"

放艺术品的架子上放着版画、瓦片做的土坯房画和一张即将降落在地面上的跳伞者的黑白巨幅照片。这是沃利第一次跳伞。一张带框的照片记录了1959年俄克拉何马州立大学Alpha Chi Omega姐妹会的78名毕业生。每个女孩都穿着相同的黑色露肩连衣裙。

数不胜数的证书展示着沃利的昂扬斗志和非凡成就。1955年,她16岁,当年她获得了美国步枪协会初级证书,获得"杰出步枪手"资格,因其"在俯卧、坐姿、跪姿和站立姿势射击时展示了不同寻常的技能"。我脑海中又出现了沃利替代桃丽丝·戴(Doris Day)出演《野姑娘杰恩》的形象。还有一张她作为"陶斯小子"的照片,穿着女牛仔的装扮,和她的帕洛米诺马维克多在一起。再大一点儿的沃利甚至参加过牛仔竞技表演。

"我想做牛仔。一个女牛仔。我妈妈为我准备了裤子、靴子、我的枪和一条腰带。我开始打枪的时候,每周三周四的晚上都背着我那个很沉的红包,里面装着我所有的子弹,在陶斯做女牛仔战斗射击,"她说,"我带着枪,走到大约半英里外的军械库,我打枪打了两三年。"

美国步枪协会的证书对射击的准确性有极高的要求。"我14岁的时候,百发百中。每个目标有五个靶心。一个十点。俯卧射击,就是你躺着的时候,你也得打枪,然后坐着、跪着还有无依托射击,就是站着。就是在这四个位置上,我在每个位置都打到了十个目标,每一发都正中靶心。"

第七章 一个包罗万象的储藏室

她所在的美国步枪协会俱乐部将结果转发给了华盛顿。艾森豪威尔总统给她发来贺信。"那对我来说很重要。我做每件事都很积极也都做得很好。这就是我成为加利福尼亚标靶射击射手的原因。我也在澳大利亚和新西兰参加过比赛。我都带着枪,"她说,"我可以骑着马,用手枪击中装有枪粉的气球。"

沃利自然也保留着1959年自己20岁时获得的商业飞行员执照。这是她作为航空飞行员的漫长职业生涯的开端。即使到了今天,沃利每周都会开飞机。她翻出了当年的申请表。沃利扔掉的东西并不多,这张表让我了解到,1959年4月,沃利身高5英尺8¼英寸,体重136磅,一双明亮的蓝眼睛上方有一头棕色的头发。

美国运输部联邦航空管理局的证书包括1971年10月在洛杉矶举行的80小时飞行标准检查员研讨会;1973年72小时课时的小型航空器操作认证和检查培训课程,这一课程根据美国联邦航空管理局135部规定开设,课程编号22100;以及1977年飞行教官的再验证课程,这一课程由阿梅莉亚·埃尔哈特和其他女飞行员于1929年成立的99s国际女飞行员组织洛杉矶分会赞助。

沃利认为埃尔哈特并没有死在海上,而是在1937年刺探日本军情时,由于燃料耗尽,被迫降落在海滩上,导致被抓获。一位她教过的日本皇子释放了她,后来她秘密返回了美国,并以艾琳·博勒姆的名义在佛罗里达度过了余生,于20世纪80年代去世。整个故事听起来很疯狂,但从1965年开始这样的说法就甚嚣尘上。自从认识沃利以来，我学到的一件事就是永远不要无视她任何古怪的说法。她只是过着不同寻常的生活。谁又能知道她的这个说法会不会也是真的？

房间里还有一张1979年美国联邦人事管理局颁发的"监督和集体成绩"证书，后来，国家运输安全委员会颁发多张证书表明沃利1982年在华盛顿特区完成了她的飞机事故报告课程，在1983年完成了直升机入门课程，1984年完成了美国联邦人事管理局的技术写作课程，同年还拿到了南湾成人学校的加利福尼亚州计算机编程入门课程证书。

所有这些证书和奖杯都见证了她不断学习，并追求冒险与自我提升的生活。在一张1975年国家运输安全委员会的基本飞机事故调查课程的镶框彩色照片中，沃利是17名男性中唯一的女性。这是我见过她头发最长的一次，几乎垂到了她的肩膀上。

沃利年轻时的照片——无论是相框里的、相册里的还是随附的报纸文章上的——都充满了各种新的信息。我是在她晚年才认识她的，那时50多岁的她已经满头白发了。这些照片都带着一种轻松，无忧无虑的感觉。大约从去年开始，我越来越常看到沃利焦虑的一面，她是如此渴望能够参加太空飞行。

如果我到了她这个年纪，并且有一张进入太空的飞船票，我会不会像沃利一样顽固地等下去？我是否会定期向维珍银河发送电子邮件和打电话跟进他们的进度？我打了这么多次，多到他们现在都能立即听出我

第七章　一个包罗万象的储藏室

的声音，多到我会知道他们所有人的名字？在跟进我的梦想进度的过程中，我会显得专一甚至可能很刁钻吗？是的，是的，是的，绝对是的。我们比我想象中更相似。

剪报记录了从始至终坚持自己梦想的女人。我找到了一份来自《陶斯新闻》的剪报，时间是1961年6月1日。我认出了这张照片，是在西尔堡军事基地拍摄的，穿着飞行服的沃利拿着头盔站在美国空军T-33喷气式飞机前。标题是"玛丽·华莱士·芬克通过太空测试"，报道开头写道："第一个进入太空的女人可能是一个陶斯女孩，她已经为自己的未来插上了翅膀。"

沃利一生中的大部分时间都是头条人物。然而，1961年无论是对沃利还是对人类探索地球大气层外世界的努力来说都是至关重要的一年。那一年，尤里·加加林成为太空第一人。这对我来说也是重要的一年，因为在这张令人回味的照片发表几天后，我出生在数千英里以外的英国。由于是产钳分娩，又踢又叫的我是真的被"拖进了太空时代"。

同时，这些剪报也让我们更深入了解了她父母的社交生活。她的母亲经常参加委员会活动，做志愿者，还有一次发表关于盆景的演讲，而且我特别喜欢的是，在一个花园派对上，她展示了"从陶斯广场采摘的长有24英寸茎的水仙花"。这些活动被《陶斯新闻》颇具仪式感地记录下来。"她是陶斯的族长，"沃利说，"总是穿得很漂亮。总是在招待大家。"

这些文章随着岁月的流逝变得斑驳发黄，沃利收藏的一本标记着"1958"的剪贴簿中有一篇文章，里面写道："12月26日晚上，洛齐尔·芬克家的房子已装饰一新准备迎接家庭招待会，芬克夫妇……优雅地接待了125位客人。夜晚人们跳舞很开心。"这让我领略到他们家的房子到底有多大。

"有各种各样的派对，"沃利回忆道，翻找着另一个箱子。"这是我外婆和外公。外婆永远都很优雅，这是1955年，你看。"

一群衣着光鲜的男人和头饰繁复的女人对着镜头摆姿势拍照。"我的父母有很多派对。"她的父亲不仅人前风度翩翩，人后也保持西装革履。"他去钓鱼时，也会穿着他去商店穿的衣服，穿背心打领结。"

沃利找到了一封她母亲写给她的信（日期是1973年3月）大声地读了起来。很多地方字迹已经看不清了。信的开头就透露出沃利之前的信里一定包括了她成绩显赫的剪报。

"亲爱的沃利，"她的母亲写道，"你绝妙的来信和那篇绝佳的文章是所有父母都为之祈祷的目标，但很少有人得此庇佑……很少有年轻人受到如此多的赞美……你是真正的忠诚、热爱家庭的美国人，无私、热爱学习，不畏惧在必要的时候进行自我批评……为我们的女儿感到无尽的自豪……"

信里也提到了他们的社会生活，会见朋友，去午餐会和古董展。结尾处写道："周三给我们打电话，让我们付费。爱你的母亲。"

第七章　一个包罗万象的储藏室

沃利咯咯笑起来："我总是在让接电话的爸妈付电话费，因为我没什么钱。"

她拿起一张黑白老照片，照片上一个年轻女孩身穿白色连衣裙、黑色长筒袜和系带靴子，头发上系着白丝带。她站在门廊前一栋房子的台阶上，阳台上放着一把摇椅。沃利翻过照片，发现那是她的母亲，7岁的弗吉尼亚·夏伊，摄于1907年伊利诺伊州奥尔尼市。

在1960年5月19日的《俄克拉何马城时报》上，沃利留着短发，在两个男人和几座奖杯前微笑着。他们都是俄克拉何马州立大学飞鹰俱乐部的飞行员。沃利"最近在俄亥俄州哥伦布举行的大赛上赢得了最佳男女混合飞行员奖，推动了飞鹰女孩不断前进"。

同年年底《每日俄克拉何马》的一篇报道称沃利是"唯一一个参加俄勒冈州立大学飞行教官培训计划的女孩"。在另一本1960年的剪报中，四个牛仔围着沃利，她骑着一匹乍一看是一匹野马的东西，弓着背，一只手高高举起，拿着一顶牛仔帽。这匹"野马"原来是一个55加仑汽油桶上的马鞍，用绳子拉着，由四个人操作。

另一篇报纸的文章说，沃利即将参加在伊利诺伊大学举行的全国校际飞行协会飞行大会："出席会议的将是玛丽·华莱士的母亲洛齐尔·芬克夫人，芬克夫人和她的父母W.C.夏伊夫妇过去几周一直居住在伊利诺伊州的马顿。下周他们将参加在圣路易斯举行的国家花园俱乐部大会。"

沃利的母亲不仅跟她参加过飞行大赛，还参与过一场空难的调查。"她帮我一起在土里翻找过指南针。"

令我欣喜的是，我找到了一份1961年4月刊的《大观》（*Parade*）杂志。这是一本周日发行的美国杂志，封面上的水星13号成员简和玛丽昂·迪特里希身着橙色飞行服，成为"第一对双胞胎航天员"。所有成功通过航天员测试的女性都多次被洛夫莱斯提醒要保守秘密，毕竟她们还要面对第二阶段的测试。

不知为何，这个要求似乎避开了迪特里希姐妹和撰写这篇文章的杰奎琳·科克伦。从这之后，所有的女性——包括沃利——都可以自由地接受媒体采访并讲述她们的故事。"因为双胞胎已经向《大观》泄露了天机，"沃利推测道，"这事让洛夫莱斯很不高兴，我们也是。"

《大观》杂志的配图上的杰奎琳·科克伦一头白发，她参与了测试相关的活动，而且有一部分测试经费是她赞助的，图片上的她观察着跑步机上的简·迪特里希，简还戴着一个面罩，正在做肺部功能检测。考虑到科克伦日后在听证会上阻止了这些女性进入太空，这篇文章如今读来更加奇特。她在开头写道："女性一定会像男性一样飞入太空——只是不会那么快。"

科克伦的话似乎部分是在为女性摇旗呐喊，但也对她们产生了碍手碍脚的影响。她预测女性将在1963年12月17日之前进入太空——这是一个特别具体的日期，因为那是莱特兄弟首次飞行的一百周年纪念日。她

第七章 一个包罗万象的储藏室

接着划定了一个更现实的时间范围，即六七年内。事实证明，她的第一个预测是正确的，因为1963年确实有一名女性飞入太空。只不过她不是美国人。

科克伦继续道"女性可以成为和男性一样优秀的'航天员'"，但在第二段她话锋一转："从经济角度讲，我国目前不能让女飞行员参与武装部队执行飞行任务，因为目前并无紧急情况也不存在人才紧缺，这样的决策只会劳民伤财。政府需要花费数十万美元才能培训一名合格的喷气式飞机飞行员。这样一个受过政府严格训练的飞行员不能只是偶尔参与飞行，他必须定期飞行。而对于女性来说，婚姻和孩子很可能会中断她们的飞行生涯。"

沃利在文章中把"玛丽·芬克"的字眼做了标注，同时标出了两个部分：一段指出通过的女性"以后可能接受专门培训，以航天员、工程师或资深技术人员的身份参加太空飞行"；还有一部分称该计划会成为"太空女性的第一个'发射台'"。

《大观》杂志这篇报道发出四个半月后，整个计划破产了。

科克伦是第一位打破音障的女性，在水星13号计划中她扮演着一个十分矛盾的角色。生于佛罗里达州的她出身贫寒，但现在——主要是通过婚姻——已经摇身一变成了加利福尼亚州的富豪。在她的经济支持下，女性有机会实现成为航天员的梦想，但也是因为她在国会的证词，直接导致了计划的搁置。杰里·特鲁希尔在1997年和我见面时谈到科克伦毫不避讳她的敌意。沃利是怎么看科克伦的呢？

"她对我一直都很好，因为我是陶斯人。"沃利说。科克伦喜欢这座小镇，也常来拜访。"我们会一起聊我们在那儿的熟人，还有艺术家。她对我还不错，比较满意我的表现还有我的体格。我跟你说，要是换成生了两三个孩子的女人，她们根本到不了我这个水平。我猜双胞胎应该就没结婚。"

继《大观》的报道之后，W.鲁道夫·洛夫莱斯医生亲自在《每日俄克拉何马》1961年5月28日刊的一篇报道中接受了采访，文中写道："国内一位顶尖医学专家周六在此透露，俄克拉何马州的第二位女性航天员已经为未来可能的太空之旅通过了医学和体能测试。"

第一位俄克拉何马女性航天员是杰里·科布。而沃利作为俄克拉何马州立大学的毕业生，又在本州工作，自然成了第二位。科布彼时刚刚被NASA局长詹姆斯·韦伯命名为NASA顾问。有趣的是，报道作者指出："洛夫莱斯医生的观点与本地一些科学家私下表达的观点相悖，他认为，女人终有一天会成就太空旅行。"

"未来总有一天，"洛夫莱斯表示，"我们不知道是何时，女人会走向太空，正如她们走进各行各业一样。"他同时透露有传闻表示苏联人可能正在计划送女人上太空。

一个月后，《每日俄克拉何马》1961年6月27日刊，一篇报道正式宣布沃利·芬克"梦想成为首位走进太空的女性"。报道列出了她的一系

第七章 一个包罗万象的储藏室

列飞行成就,包括在这一年前她被99s国际女飞行员评选为"美国年度最佳女飞行员"。

报道还援引了她在俄克拉何马州立大学飞鹰俱乐部的教练和飞行指导蒂纳·拉普斯利(Tiner Lapsley)。沃利是俱乐部里唯一的女性成员,也曾住在拉普斯利和妻子的家里。这篇报道提供了一个专业且更具人性化的视角,让人得以一窥如今这位热情又坚强的78岁老人当年21岁的花季。

"她总是想要和男生一争高下,"拉普斯利说,"她是一个格外积极的女孩子,你在她身上找不到一根懒骨头……她会给机械师帮忙,给机场附近除草,给飞机加油——很多男生都不爱干这些活儿,因为太累了。"

换句话说,在50多年后,沃利一丝一毫都没有改变。这篇报道还写道,沃利"打扮得像一个男孩子,总是穿着蓝色牛仔裤,肥大的飞行衬衫,一头短发"。成长过程中,沃利还"和最结实的那伙人玩冲撞式橄榄球"。

当时还有一份来自西尔堡的工作推荐信,高度肯定了她作为飞行教员的工作:"在西尔堡的历史中,从未出现过可以同时指导女性和男性飞行员的女教官。"

政府官员对拉普斯利说,沃利是"他们接触过最好的飞行教员"。

报道以这样一句话结尾:"除了全面体检外,还进行了针对各种压力的特殊测试，例如倾斜台测试、自行车测试、马斯特二级梯运动测试和冷压测试。而芬克小姐在所有测试中，几乎都拿到了高于平均分的成绩。"

文章见报的当时，只有五个女人通过了航天员测试。沃利相信自己的太空梦正在一步步成为现实。为了保持体能，她每天骑车16英里往返军事基地。但即便是那时的她也很清楚梦想成真还差关键的一步。"想要上天，我必须相信人类和上帝。"她说。

几个月后，9月21日，一篇后续报道题目写着《月球不分男女，史蒂芬斯毕业生接受女性航天员训练》。但已经太迟了。九天前，沃利接到了计划取消的电报。

我们离开储藏室的时候，我看了一眼表。"老天爷，我们已经在这待了四个小时了。"

沃利和沉闷的接待员道别，她来的时候试图和对方聊天但失败了。"谢谢你啦，亲爱的。我们在这都待了六个小时了！"

凭空多出来两小时，都怪时间走得太快。

那天晚上，我们和洛蕾塔亲密地互相道别，沃利和我住进了机场附近的一件酒店房间。我第二天要搭乘4点30分的早班飞机回伦敦，沃利回达拉斯的航班也是第二天，但时间没这么熬人。屋里放着电视，每隔几分钟，沃利就会拨弄着遥控器在几个台之间来回换。"我经常几个电

第七章　一个包罗万象的储藏室

影一起看,"她说,"我不看爱情片。太多亲嘴镜头了。"

我躺在床上,穿着睡衣,对着我的笔记本电脑不住地打瞌睡,我准备早点休息了。考虑到沃利看电视都会把音量调得巨大,而且要看到晚上11点,我们达成一致,我要睡觉的时候,她暂时先去前台看电视,一直到她的就寝时间。我听见她在卫生间收拾洗漱物品。她在说着什么,但是她的话混入空调和电视机的声音中完全听不清。

"我听不见!"我大声喊了一句。

沃利提高了嗓音,声音在卫生间的瓷砖间回响:"我说,你看了机场大巴的时间表了吗,别错过了。"

我从笔记本电脑屏幕前抬起头想要回答她的问题,却赫然看见坐在马桶上的沃利。卫生间的门敞开着,衣柜上的镜子正好反射出对面的卫生间。我们视线避开不看彼此,继续对话。她开始洗澡。门还是开着,浴帘也没有拉上,我惊讶于她竟毫无卑怯之意。沃利有时是绝对的矛盾体,她永远都穿着保守,如果对话内容和性哪怕稍微沾一点儿边,她都会变得安静甚至过于拘谨,然而却同时永远都那么坦然和自信。

那个短暂的瞬间,我静静地看着她洗澡,欣赏着她裸露的身体。78岁的沃利积极活跃的生活让她不仅精神饱满,身材也没有走样。在她肥大的衬衫和工装裤下,她的身体呈现出了一副更年轻的体态。

就在前一天晚上,我也刚刚意外见到了年轻时的沃利。我当时正在查NASA口述历史的转录资料,核对洛夫莱斯通知测试的时间和她到达诊所的时间。的确，和我料想的一样，那不是几天之差而应该是整整四周。这并不是什么重要的事实差异，何况随着人年龄的增长，时间总是会变得模糊。沃利在接受采访时也一直真诚而透明。只是，像我们大多数人一样，当一个人把一个故事讲了上百遍之后，新的版本难免会和老的版本出现差异。

正如大多数网上冲浪的经历一样，我找着找着跑题了。我发现2001年，澳大利亚摇滚乐队Spiderbait为自己的第五张专辑命名为《沃利·芬克的旅程》（*The Flight of Wally Funk*）向这位女飞行家致敬，整张专辑包括四首单曲《内耳发炎》（*Inner Ear Infection*）、《大多数男孩都很菜》（*Most Boys Suck*）、《多动症》（*A.D.D.*）、《裹着屁股的裤子》（*Arse Huggin' Pants*）。我在YouTube上听了几首——十分令人失望，不过我也不热衷摇滚乐。在Spiderbait的歌曲推荐视频中出现了NASA的口述历史采访，整段采访录制于1999年7月18日，地点是NASA约翰逊航天中心，那是我和沃利初次见面的两年后。我按下播放键，看完了这段接近一小时的采访，满心欢喜地看着屏幕上那个年轻了30岁的沃利。我意识到，那时的她比我大不了多少。

令人震惊的是，时间过去了30年，但沃利实际上看起来却没变样。她穿了一件清爽的蓝色衬衫，右边印着"Wally"的字样，左边是一架飞机，代表着一场飞行表演活动。在她的脖子上，我认出了她母亲那条精致的"W"图案的金项链。当她在镜头前挥舞着双手打手势的时候，

第七章 一个包罗万象的储藏室

我注意到了她手上那两枚沉甸甸的金戒指,一枚带有她母亲的钻石。60岁的沃利那一头秀发也像她笑起来满嘴的牙一样洁白。和今天的她一样,她的白发映照着她白皙的肌肤。她真的很美。

有趣的是,她惹眼的高分贝大嗓门在视频中却要温柔和缓许多,除了她那熟悉的爽朗大笑外,她的声音都变小了不少。她还是那么亲切又可爱,但整个人的音量仿佛都被调低了。如今她说话的声音就像我忘了摘掉耳机,边剪片子边和别人说话时的样子。我突然明白了这些年岁月的流逝也带走了她的听力,这才形成了她如今略显吵闹的表达习惯。

我从采访中听到了一些她给我讲过很多次的故事,那些20世纪60年代时的趣事——四岁的她穿着超人斗篷从谷仓跳下;那件为了承载5G过载的压力服是用"快乐寡妇"牌束身衣改造的——只是有些细微的出入。由于这场采访更为正式,所有的故事都听起来少了一点儿古怪的味道。而且由于她终究当年要更年轻些,讲述的过程也保留了更多的细节。但整个视频展示的都是一位亲切、聪慧、思想深刻、性格坚毅且成绩卓著的女人,一位了不起的飞行员,一位女权主义者模范。她鼓舞了很多女孩,始终倡导"女孩子"如果想要上太空,也要学习数学、科学和工程学,要勇于追求梦想。"一条狗去过,一只猴子去过,一个男人去过,一个女人也可以做到。"

在我们住的汽车旅店房间里,沃利粗略擦干了自己的身子,我一边把自己的视线从她的身上移开,一边在想我究竟有多幸运才能认识到她，同时也在思考，这个叫作沃利·芬克的女人身上的一种复杂的现实。她在有些领域完全无法集中注意力，而在有些领域却能保持全神贯注：这些领域主要是航空和她的太空梦。这种专注使她为航空航天领域里的其他女性打破障碍，敞开大门，并不断激励着她们。

在过去的60年里，她始终坚定不移地致力于实现自己的太空梦。对于女性来说，这是艰难的60年。女性为了不再作为各行各业里的少数分子走了很漫长的路，时至今日仍在继续走下去。当第一位男性英国航天员随欧洲航天局一飞冲天时，英国科学家、航天员海伦·沙曼几乎被历史遗忘，但同样作为苏联航天计划的产物，南非和伊朗的首位太空人也是女性。2012年，在瓦莲京娜·捷列什科娃历史性的太空飞行50年后，中国的首位女性航天员刘洋也飞向了太空。

女人，和男人一样，也为人类探索地外世界奉献过生命。除了挑战者号航天飞机事故中丧生的朱迪丝·雷斯尼克和克里斯塔·麦考利夫，劳里尔·克拉克（Laurel Clark）和首位印度裔女性航天员凯尔帕娜·乔拉博士（Dr Kalpana Chawla）都是2003年2月1日哥伦比亚号航天飞机着陆解体时舱内的罹难者（当时有七名成员罹难）。

到目前为止，大约已经有550人成了航天员，而其中只有十分之一是女性。尽管创下英雄壮举的是瓦莲京娜·捷列什科娃，然而此后59位走进太空的女性航天员中，有50人都来自美国。女性航天员之少也暴露了长久以来存在的性别歧视问题。科学家和前航天员叶连娜·多布罗克

第七章 一个包罗万象的储藏室

瓦申娜（Yelena Dobrokvashina）表示，女人少有机会飞向太空是因为男人担心如果有另一个性别的人分享他们的壮举，会折损他们的英雄气概。一年后，2014年9月，叶琳娜·谢罗娃（Yelena Serova）即将成为国际空间站内首位俄罗斯女性，在记者会上，她有力地驳斥了有关她要离开自己的女儿和如何打理发型的问题，成功扭转了局面。她指向她的男性航天员同伴，反问道："难道您就不关心我同事的发型吗？"

NASA航天员卡伦·尼伯格（Karen Nyberg）也经常被问到如何在国际空间站清洗自己一头长长的金发，对此不胜其烦的卡伦最后选择了主动出击，拍摄了一段洗头的录像，播放量惊人。但进步还是有的。2014年9月，印度成功地将其火星轨道探测器送入环绕这颗红色星球的轨道。而其控制室内的照片在世界范围内产生了更大的反响，照片展示了一群航天工程师庆祝任务的成功。这些工程师大多数是穿着五颜六色纱丽的女性。对许多人而言，这个形象是对曾经传统的全男性任务控制室的视觉再定义。如今，在多个航天机构里，有女飞行主管、女工程师、女机器人专家、女科学家和女医生。

迄今为止只有大约60位女性走进过太空，而她们所代表的国家更是少之又少——仅有十个国家曾派遣过女性航天员：英国、法国、意大利、加拿大、美国、中国、日本、印度、俄罗斯和韩国。一旦商业航天正式启动，太空中女性的比例会大幅增加，而她们的国籍也会更加多样化。对于太空旅行的创业者来说这只是一场生意经，而对于女性来说，

273

这将是她们与男人在太空资源开发利用问题上平权的绝佳机会。不管怎样，对于沃利来说，她都将突破新的界限。

没什么人比沃利更值得拥有一次太空飞行了，也许杰里·科布除外。后者于1959年通过了航天员测试，是首位通过测试的女性飞行员，也是让水星13号计划以及沃利的太空壮志成真的第一人。但科布已是86岁高龄，她的"发射窗口"基本已经关闭了。与此同时，沃利一直在一边攒钱一边时刻准备成为一名航天员，她刻苦研读太空旅行，利用媒体提供的每一个机会——从零重力飞行到与航天员一起接受一周的训练——一切都为了离她的梦想更近一点。

如果有一天她的健康出了问题，妨碍了她上太空怎么办？这个问题我一直犹豫要不要说出口。我和她一样，甚至连想都不忍心想这样的可能。"我要去，我要去，"她说，"我身体棒极了，我一直补充维生素，我每天走路都能走到每小时100英里。有个女的都说我走得太快了。不管，我要去。没有什么好质疑的。我身体状况非常好。我吃的唯一的药片就是维生素。"

沃利每天早上都会锻炼，走路速度之快连我都只能小跑着才能赶上。然而如此传奇般的身体素质是否可以长久，有时也会让沃利自己产生担心。"我在我家后院围墙那放了一把梯子，我那天爬上去清理。"她说，"结果不知道怎么了，我去年还没有这样。我的腿翻不过围墙了。我还得找个人托我屁股一把。"

第七章　一个包罗万象的储藏室

对于一位78岁的老人来说这其实已经很好了。"我要一直开飞机，飞到91岁。"她笑着说，"再往后我的体能可能就不达标了。我真希望我能每周飞10个小时。现在每两周才飞2小时。我能飞到5000英尺，玩失速。我那次带人开他的塞斯纳182，还翻了个筋斗。"

毋庸置疑，沃利已经准备好成为一名航天员。这是她保持健康的原因。对于她来说，商业航天成为现实也真是一大幸事，在过去的几十年间，成为一名备选航天员的路充满了竞争和压力。今天，那些近乎超人的要求可能还会排除掉很多优秀的飞行员——像沃利一样的飞行员，甚至那些像她一样达到奥运竞技身体素质的人。

如今的航天员会持有多个学位，研究生或博士——通常研究领域都是物理学、医学、航天或工程学——并且掌握多国语言。按今天的标准看，当年的"水星七杰"也不是人人都有资格上太空。当然，"七杰"们经历过的严苛的体能测试也很可能会阻碍部分现代航天员的职业发展。

但在20世纪60年代，那些在体能和精神上都处于巅峰状态的优秀飞行员是有力的航天员种子，他们可以达到任务要求的目标并处理各种情况。沃利·芬克，以及水星13号的所有女飞行员，个个都是精英，而沃利曾经是——如今依旧是——最特别的一个。这位了不起的女人曾经被剥夺了成为太空中第一个女人的命运，但她的一生，这不断抗争的一生，是多么精彩。沃利向整整一代女人展示了我们过去有能力——今天依旧可以完成太空旅行，不管是在幕后的控制室还是航天飞机的飞行员座椅里，而人类征服太空的历史中充满了数不胜数的勇敢女性，她们时刻准备好把自己绑在火箭头上，冲出地球，探索未知。女人们一直以来也同样有风云之志，而且最终可以鹏程万里——即使有时要背负着似乎来自全世界的惩罚感。

沃利马上80岁了。这是一场和时间的赛跑，那是历史亏欠她的时间。沃利的一生都朝着那梦想成真的一刻努力奋斗，那一刻她将从新墨西哥州的美国太空港一飞冲天，在浩瀚宇宙中享受那珍贵的几分钟时光，那片刻将如同一生一样宝贵，那片刻将成就这位非凡女性的毕生志愿。

我们很少讨论她的年龄，但这个问题却真实存在。有一次，我们吃完饭的时候，她没来由地突然告诉我，她已经在加利福尼亚州北好莱坞的瓦尔哈拉纪念公园公墓"折翼神殿航空之门"（Portal of the Folded Wings Shrine）定下了她的墓地。我抓住了这个机会提问。这辈子有没有什么事让她后悔，想要重新来过的？"绝对没有，"她坚定地说，"我做过的每件事都是我所热爱的，亲爱的。我确实希望我能晚生20年，这样就可以入伍，然后上太空了。这是我想要的。现在我什么都做不了了，只能给学校上上课，支持一下STEM教育。但是亲爱的，我这一辈子，一分一秒也没有后悔过。"

第七章 一个包罗万象的储藏室

第二天一早,我离开汽车旅店房间的时候,沃利还在熟睡着。看到这个永远活蹦乱跳的女人如此安详而平静地躺着,竟然让人觉得有一丝不适应,仿佛她是薛定谔的猫,在量子状态下,一切皆有可能。在那里,所有的太空梦都能成真。

参考文献与拓展阅读

公开出版的书中有不少的主题是水星13号计划。由于它们对于交叉引用和日期核对非常重要，我自己读过两本，但由于担心它们对沃利的介绍会影响我和她相处的感受，因此故意等到本书写完才继续读。这些书目如下：《水星13号：13位女性和她们的太空梦的真实故事》（*The Mercury 13: The True Story of Thirteen Women and the Dream of Space Flight*），作者玛莎·阿克曼（Martha Ackmann），兰登书屋2003年版；《不甘雌伏》（*Right Stuff, Wrong Sex*），作者玛格丽特·A.维特坎普（Margaret A. Weitekamp），约翰·霍普金斯大学出版社2004年版；《目标月球：太空竞赛中不为人知的首位女性》（*Promised the Moon: The Untold Story of the First Women in the Space Race*），作者斯蒂芬妮·诺伦（Stephanie Nolen），基础文库出版社（Basic Books）2004年版；《航天南柯梦：13个追梦的女人》（*Almost Astronauts: 13 Women Who Dared to Dream*），作者简·亚当斯·霍诺尔（Jane Addams Honor），烛芯出版社（Candlewick）2009年版。

显然我是不会透露沃利对哪一本不满意的，但我可以说，她的看法个人色彩比较重，就目前我读过的那本书的质量而言，其实是一本优质的书。虽然汤姆·沃尔夫的《太空英雄》（约翰森·凯普出版社，1980年版）讲的是水星计划里的男人而不是女人，但对于了解20世纪50年代以来的太空竞赛也值得推荐。这些男人们经历的测试和水星13号计划的女人们完成的测试一模一样，同样都受到洛夫莱斯博士的监督。所以与现在的故事仍有关联。读者在读书的时候可以把主角想成这些女人。1983年上映的电影版本也值得一看。不知何故，看到这些测试被场景重现让人觉得尊严扫地，同时也让测试变得更加真实和骇人。

我对报纸、杂志的引用都在书中写明了日期和题目。有关航天的事实和数据也和NASA或欧洲航天局核实过，有的是两个单位都核实过。

曾在洛夫莱斯诊所工作过的唐·基尔戈（Don Kilgore）博士有位亲戚对太空妇女计划有过较好的总结，题目为《生理学被遗忘的时刻：洛夫莱斯妇女计划（1960—1962）》（*A Forgotten Moment in Physiology: The Lovelace Woman in Space Program ,1960—1962*），作者为凯茜·L.瑞安（Kathy L. Ryan）、杰克·A.洛佩基（Jack A. Loeppky）和小唐纳德·E.基尔戈（Donald E. Kilgore Jr.），论文发表在《生理学教育进展》2009年6月第33期，第157页至164页。如果你对新墨西哥州的太空史感兴趣，你可以找下洛蕾塔·霍尔（Loretta Hall）的《离开这个世界：新墨西哥州对太空旅行的贡献》（*Out of This World: New Mexico's Contributions to Space Travel*），Rio Grande Books出版社，2011年版。如果你希望用过去女性的成就来激励年轻些的女士（还有男士），那么我推荐莉比·杰克逊（Libby Jackson）的《她的天地：了不起的太空女性的故事》（*A Galaxy of Her Own: Amazing Stories of Women in Space*），世纪出版社（Century），2017年版。

玛戈·李·谢特利（Margot Lee Shetterly）的《隐藏人物：太空竞赛背后的美国非裔女性》（*Hidden Figures: The Untold Story of the African American Women Who Helped Win the Space Race*）（威廉·柯林斯出版社，2013年版）并没有讲女性航天员或者飞行员的故事，但这仍是一本精彩的书，是当时男性主导的太空旅行环境中女性坚持大有作为的绝佳例子。

20多年来，我一直生活在水星13号的故事中。这本书结合了游记、传记，还有女性的太空史。这本书的主要来源当然是我与沃利·芬克的旅行，包含了1997年至2017年多次采访和录音。一路上，沃利保存了在达拉斯或阿尔伯克基的大量原始文档，我复核了日期和事实。在这段时间里，我也采访了水星13号成员杰里·特鲁希尔（Jerri Truhill）、莎拉·莱特利（Sarah Ratley）和艾琳·莱弗顿（Irene Leverton），以及NASA传奇局长克里斯·克拉夫特，还有洛夫莱斯诊所的唐·基尔戈博士。大多数航天员和科学家的引述也都来自一手采访。能保留原始的录

参考文献与拓展阅读

音素材为我提供了极大的帮助,而油管上沃利1999年对NASA口述历史的采访也让我体验到了穿越回过去的奇妙感,尽管这个音量让人感觉这并不是真正的沃利,毕竟她现在说话声音要大得多。

1997年,我为BBC制作的讲述水星13号的广播节目《太空英雌》现在在BBC网站上还可以播放。遗憾的是,我其中采访的两位女性,杰里·特鲁希尔和艾琳·莱弗顿已经不在人世,节目如今听来令人痛心,但我仍然希望,它能鼓舞人心。

致谢

首先,我想要感谢沃利·芬克为本书投入和付出的时间、精力、热情、友情、满满的幽默感和无处不在的笑声。她就是航天版的"永不沉没的莫莉·布朗",是全世界女性的灵感之源,无论老少。

BBC在我的人生中扮演了非常重要的角色。我曾经两次作为BBC的员工在该机构就职,又两次辞职,其间一直作为独立制片人和播音员为BBC工作。在其中一段离开的时间里,1997年我作为自由职业人,BBC通过独立公司Partners In Sound委托我制作一部关于水星13号的广播纪录片。这从此成了一条纽带,让我此后20年与其中不少女性断断续续建立起了联系,其中包括沃利,这也巩固了我制作有关女性历史和女性主义视角的节目的兴趣。

我为BBC制作的另外两部时间上更近一些的纪录片有力地促成了这本书,正是和沃利一起旅行让我想要做一些与简单的传记不同的作品,因为写传记远没有这么有趣。当然,如果不是史蒂夫·泰瑟灵顿

（Steve Titherington）建议由沃利来主持，这本书也无法完成。

谢谢维珍银河的克莱尔·佩利（Clare Pelly）和杰玛·维戈尔（Gemma Vigor）解答我的问题，并协助我前往美国太空港。我热切盼望着太空船二号早日成功，让沃利可以选一个自己喜欢的位置，坐在驾驶员后面，飞向太空。同样感谢空中客车防务及航天公司的杰里米·克洛塞（Jeremy Close）和阿比·赫蒂（Abbie Hutty），能够在短时间内组织接待我和沃利参观火星测试场，我们十分高兴；还有欧洲航天局的埃琳娜·菲利帕佐（Elena Filippazzo）、萨曼莎·克里斯托弗雷蒂（Samantha Crisoforetti）、扬·沃纳（Jan Woerner）；也要感谢NASA，在我13岁给他们写信表达想要成为航天员时鼓励我要树立远大的目标。尼古拉斯·布思（Nicholas Booth）值得一个大大的点名致谢，他很早就对本书的想法表示支持并一直鼓励着我；谢谢洛蕾塔·霍尔（Loretta Hall），向我这个陌生人敞开她家的大门，并让我走进她的生活，让我在离开时已然成为她的朋友；我也要感谢科学工坊（Science Factory）的彼得·塔拉克（Peter Tallack），还有我在西伯恩出版社的编辑林恩·加斯帕德（Lynn Gaspard），谢谢她相信这本书也相信大名鼎鼎沃利·芬克的魅力。

除了沃利以外，就我个人而言，我还想特别指出四位女性，是她们一直为我指明前方的道路：芭芭拉·扬（Barbara Young）、尼古拉·克尔（Nicola Kerr）、梅拉妮·詹姆斯（Melanie James）和佩妮·霍林厄姆（Penny Hollingham）。在一个女人们要为平权斗争甚至仅仅为了发声和认可不断抗争的世界里，她们的建议、力量和声音一直与我同在。

最后，我要感谢我生命中的两个男人：我的丈夫理查德·霍林厄姆（Richard Hollingham）和我们的儿子马修。理查德作为一名科技记者为我的早期草稿提供了宝贵的建议和修改意见，而贴心的马修十分理解我。谢谢你们一直支持我也一直宽容我的执着。

后记（2019年3月）

2018年11月，就在这本书出版几周后，我忽然收到了一封来自美国的电子邮件。

亲爱的苏·尼尔森：

我刚刚读完你写沃利的书，我对这本书很有兴趣是因为我和她一起怀着飞行梦长大。她在俄克拉何马州立大学的时候我在俄克拉何马大学教飞行课。她曾经悄悄对我说，就像你写的那样："我在参与一项秘密的航天员计划。"她也给了我洛夫莱斯博士的地址。我立刻给他写了信，表示我身体素质也符合标准，自愿加入他的航天员测试。我当时还叫吉娜·诺拉·史坦布，后来改姓了杰森。

洛夫莱斯博士很快回了信，我和詹妮·哈特一起完成了测试，是最后参加测试的两个人。不巧的是，我从来没有见过洛夫莱斯博士，当时他不在中心，也没有人和我说过成绩优劣的事。

竞逐太空

你有关沃利的描述非常准确，虽然我们这么多年并没有特别多的互动……我和其他12位女士中大部分相比，视角不太一样。我一直是做小型教练机飞行教学的，我也知道我不具备做航天员的资质。但我的确想要参加这些测试，挑战自己，冒险一试。我经常说，当年那些测试是我做过的最棒的事，虽然我当时是辞职去彭萨科拉测试，然后就变成了失业的"航无员"。

我当时需要一份工作，也决定不再教书，于是去了比奇飞机工厂，这在当时是多少人梦寐以求的工作。我在那做销售演示飞行员，全美国50个州都去过，我只飞新款飞机，飞过比奇公司的全部机型。就在上个月，我在"三个火枪手"演示队时飞过的飞机正式在位于田纳西州塔拉霍马的比奇飞机博物馆入展。我还写过一本书叫《三个火枪手的非凡飞行》(*The Fabulous Flight of the Three Musketeers*)，讲的就是我在比奇公司那些年的故事。当时全美国只有三个女人在飞机制造工厂做飞行员。杰里·科布在任航空指挥官，乔伊丝·凯斯和我在比奇。我很清楚我不会成为航天员，我从来都没有那几个女人有过的失望情绪……

……也许你是知道的。沃利和我交集并不多。我批评过她错称俄克拉何马州立大学是全国大学校际飞行协会比赛的冠军，明显俄克拉何马大学水平更高。啊，那些大学比赛啊。我打心底里希望沃利仍有机会上天，那对她来说就是一切。

后记（2019年3月）

  我觉得你写的沃利很有意思，她真的是独一无二的。奈飞拍我们的时候，他们把我们其中三个人集中到了一起，在我所在的爱达荷州，拍沃利、莎拉（·莱特利）还有我开飞机。所以我们也算是近期有过见面。沃利还和大学时期的沃利一样。我们女性飞行员很有幸也被当作有力、有趣、有成就的女人之一。你出色地让世人认识了沃利。

本着历史准确性的，你诚挚的，
吉娜·诺拉·杰森

这实在是意外之喜，也让我倍感宽慰。水星13号计划中还有别的成员欣赏我做出的努力，这不禁让我动容落泪。我给吉娜写回信，也问及了莎拉·莱特利，毕竟1997年那会儿我们见过面，后来我还给她寄了一盘节目的录音带。三天后，莎拉也给我来信了。

苏，你好：

  听闻你还记得我，我很高兴。是的，我也记得你，记得你在达拉斯参加妇女与航天主题大会期间一路狂奔去杰里·特鲁希尔家。是的，作为一个缝缝补补又三年的人，我从来不会扔掉任何东西，我相信我还留着录音。

  你这本书写得太棒了。我从头读到尾，喜欢得不得了。

竞逐太空

　　沃利是一个独一无二的个体,你对她的把握和刻画十分精准。她激励了许多人,而这种感召力持续至今。

祝好,
莎拉

　　这又一次让我泪流满面。写这本书耗费了我很多精力,我在其中倾注了颇多爱意和情感。对我来说,能得到吉娜·诺拉、莎拉和沃利的"水星13号式"认可是我的荣耀。

　　在收到她们的来信几周后,2018年年底,发生了一件大事。维珍银河那艘如今名为太空船二号团结号的太空飞机——那艘要搭沃利上太空的飞船——第一次飞离地表51英里(82公里),抵达太空边缘。虽然尚未突破卡门线,但如此高度已经超过了NASA、美国空军和美国联邦航空管理局对太空边缘的定义。

　　2019年2月,美国交通部长赵小兰授予该次飞行的两位飞行员马克·斯塔基和弗雷德里克·斯托考航天员之翼勋章。几周后,维珍银河再次发射飞船,这一次的飞行高度达到了55.85英里(89.9公里),飞船上的试飞乘客中包括了该公司首席航天员教练贝丝·摩西。

　　摩西因此成为首位搭乘商业航天飞船的女乘客。在飞行期间拍摄的照片上,第一次从太空看到地球的摩西兴奋地张大了嘴,这不能不让人满心欢喜地想到"水星13号"计划中那位最年轻的成员即将开启

后记（2019 年 3 月）

的太空之旅也会同样精彩，这场沃利·芬克追逐了一辈子的旅行就快成行了，而她自己的航天员之翼也即将张开，欢迎她到达那引人入胜的太空。

后记　沃利·芬克飞上了太空！（2022年11月）

我的书出版不出几周后，我收到了另外两名水星13号成员的电子邮件。

其中之一便来自吉娜·诺拉，她是1961年最后一批接受测试的女人之一，尽管她在新墨西哥州的诊所接受测试期间从未见过洛夫莱斯博士本人。"我经常说，当年那些测试是我做过的最棒的事，因为我当时是辞职去彭萨科拉测试，然后就成了失业的'航无员'。"

她当时在比奇飞机工厂工作——据她描述，这是"当时是多少人梦寐以求的工作"，后来成了一名该工厂的销售演示飞行员，在美国50州做新机型展示。"我觉得你写的沃利很有意思，她真的是独一无二的，"她写道，"我打心底里希望沃利仍有机会上天，那对她来说就是一切。"

后记　沃利·芬克飞上了太空！（2022年11月）

吉娜·诺拉的来信实属一场意外之喜，让人不禁喜极而泣。我给她回了信，信中还问及莎拉·莱特利，我在1997年见过她。三天后，莎拉也给我来信了。

"你这本书写得太棒了。我从头读到尾，喜欢得不得了。沃利是一个独一无二的个体，你对她的把握和刻画十分精准。她激励了许多人，而这种感召力持续至今。"

这封信又一次让我泪流满面。写这本书耗费了我很多精力，我在其中倾注了颇多爱意和情感。对我来说，能得到吉娜·诺拉、莎拉和沃利的"水星13号式"的认可是我的荣耀。

她们来信不久之后，2018年年底，维珍银河的太空飞机——如今名为太空船二号团结号——首次飞离地表51英里（82公里）。虽然尚未突破卡门线，这一飞行高度已然超过了NASA、美国空军和美国联邦航空管理局对太空边缘的定义。这对维珍银河来说是重大成就，也意味着对于一个没什么耐心的沃利来说，人类的首次商业太空飞行又更近了一大步。

2019年2月——沃利80岁的生日就在2月——美国交通部长赵小兰授予该次飞行的两位飞行员马克·斯塔基和弗雷德里克·斯托考航天员之翼勋章。沃利·芬克的"航天员之翼"也已触手可得，她本人的竞逐太空之旅也即将画上句号。但维珍银河的进展却比沃利预想中慢，她的沮丧也是显而易见的："他们怎么还没有上天啊？"

沃利从未公开表示过，但她本人很清楚，由于她年龄过大，留给她能用来实现梦想的发射窗口正随着维珍银河的每一次推迟发射而变得越来越窄。后来，水星13号计划中首位通过航天员测试的成员杰里·科布在2019年4月去世了，享年88岁。想到这位了不起的女性太空先驱竟从未进入过太空，让人不由得悲从中来，心痛不已。

2020年3月17日，莎拉·莱特利也去世了。这意味着，在世的水星13号成员仅剩下两位：吉娜·诺拉和沃利。时间真的在分分秒秒中过去，剩下的时间已经不多了，沃利不能留下遗憾（沃利必须要上太空）。

莎拉去世几天后，整个世界都经历了一场巨变。世界卫生组织正式宣布了一场新的流行病。新冠病毒夺走了上百万人的生命，同时由于人们出行受限和封控措施的实施，也缩小了我们的生活圈和视野。这场疫情导致很多企业无论大小都关门歇业，而那些设法继续运转的企业也不得不快速做出调整以适应如今瞬息万变的世界。

对于独居但热爱人与人面对面沟通的沃利来说，日子变得格外艰难。她的飞行之翼被彻底折断了。既然无法驾驶飞机翱翔天际，她在地面上尽其所能让自己忙碌起来，包括做本地志愿者帮助老年人喂饭（显然她不觉得自己也属于这个分类）。于是这个外向又善交际的女人，这个身处人群之中便可以让自己恢复活力的女人，在这个特殊的时期，为了避免感染新冠病毒，将自己大部分时候都孤单地封闭起来。第一次，

后记　沃利·芬克飞上了太空！（2022年11月）

我在和她打电话的时候察觉到她话中带有一丝怀疑，我们当时在聊疫情导致的商业航天飞行的推迟以及她的太空之旅。她说："我没剩下多少时间了，亲爱的。"

到了2021年夏，新冠疫苗在全球范围内越发普及，但我也开始怀疑沃利是否还来得及前往太空。接着，一个7月的清晨，我接到了航天记者莎拉·克鲁达斯的电话——这个女人实际上是我在做BBC广播纪录片《太空英雌》时推荐的主持人第一人选。正是这部纪录片让我的这本书成为可能，因为当时的组稿编辑否定了我的计划却转而选定了沃利·芬克。

"你听说了吗？"

"没有，发生什么了？"

"沃利要上太空了。"

"什么？"

"她要上太空啦！"

我兴奋地大叫起来，吵闹刺耳但充满喜悦的叫声让电话那头的莎拉也大笑起来。好不容易我才平复下来，和她确认我认为一件我默认是再明显不过的事实，毕竟沃利已经买了她的太空飞机票："是和维珍银河吧？"

"不是，"莎拉回复道，"是蓝色起源和杰夫·贝索斯。"

"什么？！"

至少可以说这是沃利的故事中最出乎意料的情节转折。贝索斯创办了亚马逊，拥有《华盛顿邮报》，并于2000年创立了他的航天公司蓝色起源。该公司在得克萨斯州拥有自己的发射场，用于发射其亚轨道发射器新谢泼德号，这一发射器以艾伦·谢泼德命名——那是最初的水星7号计划的航天员之一，也是第一个进入太空的美国人。

一个月前，贝索斯宣布蓝色起源要于7月20日启动其首次商业航天飞行——这一天也是登月纪念日。我脑海中的小人儿原本会下注赌维珍银河才会选这样一个有象征意义的日期启动商业航天飞行。贝索斯当天还透露了这次飞行的部分乘客名单。沃利不在其中。

我总觉得理查德·布兰森更会搭台唱戏出尽风头，但贝索斯这次做了一件如此令人瞠目结舌的大胆决定，牢牢锁定了全世界的新闻头条。他在几小时前通过照片墙（Instagram）宣布这次航天飞行中有一位乘客是水星13号成员沃利·芬克。她将免费搭乘这班太空飞机。贝索斯成功"窃取"了布兰森最具市场价值的持票者。

我立刻给沃利打了电话。她听起来有些昏昏沉沉的，我这才意识到我被兴奋冲昏了头，忘记了英国和得克萨斯州的时差。我把她吵醒了。但我祝贺她即将上太空的尖叫声很快让沃利也活跃起来。

"哦消息已经出了吗？我还不知道是今天就出！"

相隔千里，我们两人都沉浸在无边的喜悦中，叽叽喳喳说个不停，声音之大仿佛彼此近在咫尺，仿佛我们不需要电话相连。

后记　沃利·芬克飞上了太空！（2022年11月）

"我太兴奋了，"她大叫着，"我等这一刻都等了一辈子了，亲爱的。我要代表我们所有人一起上太空了。"

她已经在加大每日的训练强度以确保自己的身体在飞行开始前保持健康，只有一个小小的担心。"我一直在锻炼，但是我有点儿担心我的胯骨（髋关节）。你知道吗，上太空舱可没有电梯，你得走几段台阶一路走上去。不过你可别跟别人说。"

我当然什么都没有说。

我和她最好的朋友玛丽聊天的时候才知道，沃利还从自己的健身球上滑落磕到了她的膝盖。但她的一众好友绝不会对外透露这些。和沃利一样，我们不想让任何事情干扰到她的太空之旅。

关于蓝色起源对她的邀请，她已经发誓保密，只有玛丽知道这件事。贝索斯亲自到葡萄藤市的沃利家中拜访，给玛丽留下了深刻的印象。"他是发自内心地对沃利和她的成就感兴趣，所有的对话都是关于她的。"

我看了贝索斯在沃利家的视频，认出了墙上那些与太空相关的纪念品和照片。她给了贝索斯一个大大的沃利式的拥抱。两人都心满意足，贝索斯显然对自己为这次新的航天飞行找到了恰当的同行者感到无比愉悦。

于是，在参加航天员测试60年后，沃利·芬克终于要上太空了。而她抵达的那一刻起，沃利便会打败约翰·格伦的纪录，凭借82岁高龄，成为世界上完成航天飞行年纪最大的人。不仅如此，与原本计划的维珍银河的太空飞机式旅行不同，蓝色起源的这次飞行会让沃利在太空舱内由火箭发射升空——和从前的水星7号航天员们一样。不同的是，蓝色起源的太空舱不会落进大海里，而是会着陆在得克萨斯的沙漠中，也就是在降落伞和推进器的帮助下确保在坚硬的地表上完成软着陆。

我和沃利打完电话几小时后，我收到了一位维珍银河媒体官员的来电，此前我们在美国太空港见过面。"你知道了吗？"

维珍银河也被打了个措手不及。几天后，该公司发表了自己的声明，宣称他们也要上太空了，不仅如此，发射的时间安排在了7月11日，比沃利和贝索斯的发射时间提前了一周多。搭乘该次太空飞机的乘客并不是商业持票人，因为这实际上是一次载人试飞，但理查德·布兰森本人将会是机组成员之一。

尽管这是一场充斥着男性自我的自负之战，能看到布兰森和维珍银河航天员训练员贝丝·摩西尽情享受这次太空之旅仍然让人感到振奋。然而更精彩的好戏还在后头。

7月20日，我和全世界几百万人一起实时观看了沃利的航天飞行的视频直播。这是我的看法，也是很多人的看法。这不是蓝色起源或者杰夫·贝索斯的航天飞行，这是沃利的太空之旅。媒体的注意力也都集中在沃利身上。终于，她登上太空的时刻到了。这个世界终于又

后记　沃利·芬克飞上了太空！（2022年11月）

开始听到水星13号计划里的女人们的故事，她们通过的那些航天员测试，还有这个从未放弃过追逐梦想的沃利。如今，她的梦想终于要成真了。

当我看到摄像机沿着新谢泼德号火箭的发射架上上下下移动时，我想起来沃利的轻伤，忍不住有点儿担心。但我的担心多余了。（我本不需要担心）沃利在那里，不仅走起路来轻松自如，还带领着机组成员们爬上七段台阶，甚至一度小跑了起来。

当火箭发射升空，亚轨道飞行开始，我在客厅里激动地上蹿下跳，欢呼雀跃。

几分钟后，当太空舱飞越了卡门线，沃利和机组成员正式进入太空，享受零重力的时刻，我哭了。我知道我不是唯一一个落泪的人。她在那里，满头银发闪耀着光芒，飘浮在空中，她向窗外望着，深深沉浸在这段特殊的经历中。发射升空11分钟后，机组成员平安返回地面。沃利竞逐太空的旅程终于画上了句号。

好吧，并不是完全画上了句号。在这次飞行后，我给沃利打电话，她说了好几遍她在终于获得了航天员之翼之后向世界宣布的一句话：

"我要再上天去。"